Talent Strategy

人才战略

人才战略规划、梯队、盘点及激活之道

何欣 著

中国法制出版社
CHINA LEGAL PUBLISHING HOUSE

自 序

> 人跟树是一样的，越是向往高处的阳光，它的根就越要伸向黑暗的地底。
>
> ——尼采

这是一本写给所有企业管理者看的人才战略书。为了兼具战略高度与操盘落地的工具，融合职场温度和人文思考的深度，从2018年我的第一本书《重新定义培训：让培训体系与人才战略共舞》出版之后，我花了近两年的时间来仔细打磨它。对于业务管理者来说，它是一本"非人"的图书；对于职能管理者来说，它是一本战略性的人才管理图书。而在我的视角里，人才战略并不等于简单的人力资源部的工作规划，而是基于公司业务战略的人才供应链建设与组织能力提升的全盘思考，属于顶层设计与落地推动双线并行的工作。

对于企业来说，什么是"人才战略"呢？简单来说，人才战略就是：企业管理者通过战略性的人才规划及前瞻性的管理，确保组织能力与工作流程能够在适当的地点、适当的时机可持续地提供适当的人才，以满足短期及长期的商业目标。

解决问题是最好的学习。本书的整体脉络，将围绕六大关键问题分层次地完整展开：

第一是对人才战略的内涵理解。我们将以人才战略内涵的五个关注点入手，从"组织能力与工作流程""适当的地点、适当的时机""可持续地""提供适当的人才""短期与长期的目标"这五个方面来破解人才战略的内涵，从"立足现在、放眼未来"的视角来看待人才战略的两大工作方向——人的数量与质量问题。

第二是人才战略规划的基本过程。我们将建立起TTSC人才战略实施的基本价值链，从动态角度掌握人才战略规划的基本思路。同时，为了使人才战略与公司战略、市场环境三者之间有效关联，避免走进"专业的深井"，我特意将上一本书提到的"人才战略关键技能罗盘"升级到了2.0版本，并结合这两年最新的案例做了更为详尽的分析，以便所有人建立一种"身在士卒，心怀天下"的全局观。

第三是人才供应链的问题，这是人才战略打造的关键目的。"有没有人、人好不好用"是结论、是效果，"准确的""及时的"是过程、是效率。而让我们遗憾的是，现代企业管理当中有三大"智障"，也叫"三新堆"——堆人数、堆时间、堆规模，一切以"量、速、大"来取胜。要想达到人才"数量"与"质量"的均衡，就要通过"招培借留"四个维度打造一条企业的人才供应链。

第四是人才来源的问题，指向"有没有人"这一工作方向。我们将从"人才标准、人才盘点、群贤毕至"这三个角度，来探讨人才的来源与数量问题。要找到合适的人，就必须建立起企业内的人才标准、动态掌握企业内部的人才状态、建立人才来源的渠道，从而保证人才源源不断地供给——正所谓"群贤毕至，少长咸集"。

第五是组织能力的问题,指向"人好不好用"这一工作方向。我们将从"组织赋能、人才梯队、培养基地、组织激活"这四个角度,整体探讨人才的能力与意愿的问题。组织赋能是一项系统工程,包括了"意愿、工具、能力、力量"四个角度。培养是个重要的手段,但工具的进化、激励手段的多元化、面向未来人才的绑定手段与持续性培养基地的建立,则是更为战略性的思考点。

第六是风险规避的问题,属于对大家操盘角度的提示。我从近 20 年的人才管理实践出发,梳理了中国企业经常面对的 12 个人才战略典型问题,同时提出了相应的分析与建议(见表 1):

表 1　12 个人才战略典型问题及表现

典型问题	问题表现
人才渠道来源问题	未建立人才蓄水池或内外部交流机制,人才单靠外部引进
减员增效问题	一味认为减少人数可以带来人效的增加,忽略人的质量问题
人浮于事问题	组织结构或人才能力不足以支撑业务能力,结构性过剩
德不配位问题	关键人才与企业价值观脱节,重能轻德,无法胜任
空降兵阵亡率高问题	能引进优秀人才,却难以留住优秀人才
文化稀释问题	大量新员工进入企业,造成战略末端失效
激励创新问题	单纯依靠薪酬激励,忽略多元化激励创新
人才梯队建设问题	梯队建设没有前瞻性,或"选无所用",造成资源浪费

续表

典型问题	问题表现
薪酬的公平与平衡问题	极致追求薪酬内外部公平，忽略了财务能力与平衡性
短期绩效与长期发展问题	只注重短期人才的产出，不注重长期人才的发展
知识与经验的流失问题	企业走在"重复发明"的路上，经验成本过高
人才评价问题	缺乏有效人才评价工具，管理团队一言堂，产生劣性评价

作为延伸与补充，我在最后一章专门为大家列了一份特殊的"书单"。其中一部分推荐内容涉及本书当中的章节，另一部分推荐内容则涉及其他12本书籍。

治大国若烹小鲜。在书中我也提出了国家级的人才战略，以以色列、新加坡、日本等国的人才战略特色为案例进行分析。在分析培养基地建设的时候，延伸到"知名学府与国家之间的关系"，从"人才资源、国家意志、国家智库、战略支撑、国家治理"五个角度分析了国家级的培养基地对于国家这个大型组织的作用。横向类比，我们可以从国内外的不同组织角度，获取到更为宝贵的人才战略经验。

《国风·王风·黍离》中有这么一句话："知我者谓我心忧，不知我者谓我何求。"在最后一章的结尾处，我提出了一个"双P模型"（见表2），为人才战略实施中人力资源与业务单元的有效联动，做了角色定位与操作逻辑上的整体建议。人力资源工作最大的悲哀,就是既做了平台又做了选手。而业务单元在人才战略中最大的困惑,是既做了选手,还要自己去做系统或平台。

表2 双P模型

关键步骤(4个)	操作逻辑	Player(选手)	Platform(平台)
1. T——思考你的业务	业务战略	制定并宣贯业务战略	建立业务战略的宣贯机制
2. T——定义你的人才	人才标准	提出明确的人才标准	根据标准建立人才体系
	人才盘点	对本业务单元进行盘点	建立人才盘点的制度流程
3. S——打造你的人才	招培借留	根据自身业务需要亲自实施招培借留行为	建立招培借留的一系列流程及必要工具
4. C——激活你的人才	激活组织	提出本组织的文化、绩效及激励要求,并推动践行	建立文化宣贯、绩效管理、组织激励的各项制度流程

我将人才战略的成功归结为一个公式:

人才战略的成功 = 规划及实施人才战略的专业性 × 管理者承诺

与大家共勉。

何欣

目 录

第一章　顶层思考：破解人才战略的基本内涵

以终为始：所有对人的管理，必须基于一种战略性思考　007

从整体到细节：破解人才战略内涵的五大问题　015

管理者的两项基本工作：业务战略 + 组织能力　024

国家级人才战略：让人才领航国家未来　029

第二章　TTSC：规划由业务战略到人才战略的基本价值链

由业务到人才：人才战略实施的基本过程解读　038

全景罗盘：人才战略关键技能罗盘 2.0（由外到内地全盘思考）　046

资源分配系统：对人才战略中专业导向与动机导向的思考　058

第三章　人才供应链：围绕"招培借留"打造组织的人才供应链

数量与质量：人才编制的"动态失衡"及应对策略　066

4B 模型：人才供应链建设的四维渠道　073

第四章　人才标准：为组织人才画像，规避组织评价的风险

价值方向的选择：实践角度判断人才价值的四种方向　090

通用素质标准：从战略、文化到对员工、管理者的要求　096

能岗匹配：从要做什么到需要具备什么　100

　　人才画像：从"量化"到"生动化"地看待人才　104

　　三大典型风险：规避组织对人才评价的典型风险　110

第五章　人才盘点（IEA）：人才战略中的大数据思维及应用

　　综观全局：人才盘点的基本流程及保障要素　122

　　信息库建设（I）：收集关键岗位人才的基础数据　130

　　人才评估（E）：对关键岗位人才的能力与潜力进行评估　132

　　人才应用（A）——关键岗位人才盘点后的多维应用　136

第六章　群贤毕至：人才引进的渠道开拓与方法创新

　　业务视角：理解人才引进行为的四个本质问题　148

　　整体布局：对常见人才引进渠道及有效性的思考　152

　　定点爆破：中高端、低端人才引进的思路及建议　157

　　渠道创新：还有哪些新兴的招聘渠道　167

　　延伸视角：整个公司建立起"全过程招聘"的理念　172

第七章　组织赋能：全方位提升组织的作战能力

　　组织赋能方向一：激发团队作战意愿　181

　　组织赋能方向二：强化团队作战工具　183

　　组织赋能方向三：提升团队作战能力（员工能力提升的铁三角）　190

　　组织赋能方向四：增强团队作战力量（向内向外借力）　202

第八章　人才梯队：人才梯队建设的入库、在库与出库

人才梯队建设：入库的人才标准建设　210

人才梯队建设：在库中的人才培养建设　215

人才梯队建设：出库中的人才评估与任用　224

第九章　培养基地：人才战略中企业大学的定位与作用

战略视角：从战略角度看企业大学成功的原因　236

企业视角：通过一个国内企业大学定位的案例来反求诸己　241

从企业到国家：人才战略中知名学府与国家之间的关系　245

第十章　组织激活：七大引擎与留人的奥秘（激励与保留）

引擎 1. 总报酬模型：员工激励的多样性设计　255

引擎 2. 希望系统：Hope System　265

引擎 3. 四维通道：使人才发展的高速公路不再堵车　271

引擎 4. 人才绑定：从机制角度锁定关键人才　277

引擎 5. 事业合伙人：职业经理人的奔跑动机问题　283

引擎 6. 员工体验感建设：强化员工被组织期望的行为　289

引擎 7. "多种树"：留人的终极奥秘　291

第十一章　风险规避：中国企业人才战略十二大典型问题

典型问题 1. 人才渠道来源问题　297

典型问题 2. 减员增效问题　299

典型问题 3. 人浮于事问题　301

典型问题 4. 德不配位问题　304

典型问题 5. 空降兵阵亡率高问题　307

典型问题 6. 文化稀释问题　308

典型问题 7. 激励创新问题　309

典型问题 8. 人才梯队建设问题　311

典型问题 9. 薪酬的公平与平衡问题　312

典型问题 10. 短期绩效与长期发展问题　317

典型问题 11. 知识与经验的流失问题　319

典型问题 12. 人才评价问题　321

后记　327

第一章
顶层思考：
破解人才战略的基本内涵

2018年3月22日，美国总统特朗普在白宫签署对中国输美产品征收关税的总统备忘录，中美贸易战的大幕徐徐拉开，硝烟四起。当年年底，"贸易战"一词当选为2018年度经济类十大流行语。在一次朋友聚会中，我跟一位中南大学岭南学院的EMBA（高级管理人员工商管理硕士）同学、某手机屏幕生产企业合伙人聊起贸易战。他说，他们公司的制造基地发生了一次战略转移，很多工厂搬到了海外劳动力更为廉价的地区，除了派一些老师傅进行技术支援之外，大量工人实施本地化招聘，这样国内的工人就富余了。自年中开始，在他的授意下，公司人力资源部组织裁员，他们把员工的工资表拿出来，从工资高的员工开始裁起。因为他认为"不能转化为利润的就是成本"，工资高则意味着人工成本高，降低人工成本自然能省出利润。

我问他，那要是剩下一堆能力不强的员工，怎么办？

他说，在公司效益不好的时候，人工成本是一笔很大的开支，将工资高的员工裁掉，可以达到"一石三鸟"的效果，即：

1. 增长与存活：将省下的人工成本用于对公司增长性项目的投资，为公司获得宝贵的喘息时间。

2. 推广师带徒：剩下能力不强的人，可以交由能力强的人去带，带出来之后不仅又出现一堆"强人"，而且还节约了人工成本。

3. 引入"鲇鱼"：借机从外部招聘几个有活力的新人进来，搅一搅过于平静的组织氛围，让团队更有战斗力。

我问他现在效果怎么样，他回答了一句话：我十分痛恨公司人力资源部。

问及原因，他说，因为他们现在又开始招人了。能干的人大部分被裁掉了，剩下的人看似工资低，但能力也弱。公司业务还在发展，也不能混日子，只能花钱再招一些强人过来；而外面同级别的强人，往往要价比内部的人还要高，反倒又推高了组织成本。听他这么一说，我开玩笑式地回了一句：我也痛恨你们公司人力资源部，但我更痛恨你。

表1-1　××企业以"裁掉高薪员工"作为减员增效路径的误区

操盘方向	具体做法	遭遇障碍
增长与存活	降低人工成本、追加增长性投资	获得暂时喘息时间，但新业务发展依然需要人才
推广师带徒	强人带弱人，增强组织能力	薪酬高的强人已被精简，人才不够
引入"鲇鱼"	引进新鲜血液，搞活团队	新人效仿老人，快速成为年轻的"老油条"

从价值的本质而言，人才和商品有一定的类似性。在市场经济环境下，一个商品的价格越贵，往往代表两种情形：一是商品本身价值很高（含稀缺性），二是商品能够满足人们的炫耀性消费需要。人才这种商品也遵循市场法则——他的工资越高，大概率来说，对应的能力（稀缺性）或品牌效应往往越强。如果单纯按照工资的高低去裁员，那么很有可能会把能干的人也一并裁掉，

并不能达到提高人工效能的目的,"杀敌一千,自损八百",等想要做事的时候,就会发现人还是不够。人是真的不够吗?不,是人才不够。

2018年5月,我去英国剑桥大学游学,顺路参访了著名的MINI Cooper汽车制造厂。在他们的装配厂区,映入我眼帘的不是大群忙碌的工人,而是大面积出现的以ABB、KUKA(库卡)为代表的机械臂。在装配厂区,每100平方米左右的区域,大概只有1—2个工人。我问厂区的华人工程师,是从几年前开始大批量使用机械臂的?对方说,应该是5年前,原先每100平方米有8个工人左右,投入机械臂之后,只需要1—2个工人。出于职业敏感,我下意识地问,那么这5年内企业裁员裁掉了多少人?

如果按照纯理论推算,他们的裁员数量应该在50%—70%,这应该是一次大面积裁员。不料这位工程师告诉我,迫于欧洲强大的工会力量,他们想尽了一切办法,将最近3年的员工流动率控制在了15%之内。我很好奇:富余的员工去了哪里?对方告诉我三句话:

1. **前后转岗**:我们决定引入机械臂的当年,就暂停了所有职能板块(人力、财务、客服等)的人员招聘,即"只出不进",将业务线多余的人员转岗至职能线,在提供必要培训的基础上,让他们从事支持性岗位工作。

2. **"混编军团"**:将约20%的工人转移到了控股的新兴业务单元,和原有团队组成一支新的业务团队,"混编军团"式地开始新的业务工作。

3. 新增岗位：引入机械臂之后，出现了一些新增技术及支持性岗位，如机械臂的调试、维修，后台中控、调度等，我们将部分原有技术能手组织起来，在参加机械臂厂家培训的基础上，转岗至新增岗位工作。

我将 MINI Cooper 面临高科技生产进化后的"减员增效"操作思路概括如下（表1-2）：

表1-2 高科技生产进化后减员增效操盘路径（MINI Cooper）

操盘方向	具体做法	辅助手段
前后转岗	暂停职能部门招聘，将业务线冗余人员转移至职能岗位	必要培训、文化建设、团队融合
"混编军团"	将部分富余人员整编入新团队，新老结合式地工作	
新增岗位	将富余人员转移到业务增长带来的新岗位	

面对企业业务的暂时性下行、科技进步等原因带来的人员冗余，必要的减员手段有助于短期降低企业压力。但从长远来看，开源与节流，应该是将开源放在首位：钱是赚回来的，不是省出来的。**减员在适度层面上可以降低企业成本，让企业短期内获得喘息时间，但实际增效的原因却是由强大的业务战略和组织能力的协同带来的**。再好的市场环境也有倒闭的企业；再不好的市场环境也有生存得很好的公司。所谓赚钱，也可以叫"赚前"，只有把钱赚回来以后才能规划向前一步的操作——这很像网上的一个"段子"：要先吃饱才有力气减肥。

企业中人才的存在永远是一种"相对过剩",减员也可以看作减少某一个岗位上的员工:如果企业是在向前发展的,那么看似多余的人才可以通过转岗、再培训、储备、拓展新业务等手段进行横向消化,这是从结构上来说的。而从时间上来说,如果现有人才的能力不足以应对未来的需求,也会带来"相对过剩"——这和过去在经济领域里我们遇到的"钢产量过剩"问题的本质极为接近,都是一种"结构性过剩"。解决一个国家钢产量过剩的问题,既可以从提高钢本身的品质角度、打造细分市场角度进行消化,也可以从房地产、基建、造船、造岛等相关领域多元化解决,单纯地实施淘汰、扼杀性行为不能从本质上解决问题。

以小窥大,这就是一个典型的人才战略中的"减员增效"问题。

什么是人才?《未来人才学》中有这么一句话:"人才,是能够产生良好社会效应的、以知识信息活动的载体为基本形态的知识信息组合增强动力源,或者说,人才是一个具有专业智能并能自觉地为促进社会进步而从事创造性劳动的人。"

对于国家,胡锦涛关于加快建设人力资源强国的战略目标曾说:"必须坚定不移地实施科教兴国战略和人才强国战略,切实把教育摆在优先发展的战略地位,推动我国教育事业全面协调可持续发展,努力把我国建设成为人力资源强国,为全面建设小康社会、实现中华民族的伟大复兴提供强有力的人才和人力资源保证。"

对于企业来说,什么是"人才战略"呢?简单来说,人才战略就是:企业管理者通过战略性的人才规划及前瞻性的管理,确保组织能力与工作流程能够在适当的地点、适当的时机可持续地提供适当的人才,以满足企业短期及长期的商业目标。

人才战略和业务战略在本质特征上是一致的,在速度上是"同频"的(图 1-1)。很多人才问题的产生,都是因为脱离了业务战略而去谈人才,造成两者节奏脱节。在互联网行业有个词叫"算法",双方的算法不一致,就很难达成"协同作战"的关系。管理者在人才战略上产生多少风险,在业务战略上就会遇到多少危险。

图 1-1　人才战略和业务战略同频

> **以终为始:所有对人的管理,必须基于一种战略性思考**
> 关键词:战略导向、"粮仓"、价值时效性、人力资源池

请大家思考一个问题:

你所在的公司有两个区域,一个是上海区域,另一个是乌鲁木齐区域。上海区域当年营收 8000 万元,乌鲁木齐区域当年营收 600 万元,哪个地区的总经理应得的薪酬高呢?

显而易见,笼统地认为上海区域营收高,因此上海区域总经理薪酬高，或乌鲁木齐城市物价低，因此乌鲁木齐区域总经理薪酬低等单一的观点，属于"管中窥豹"。这个问题我也问过不少管理人员，整理了很多人的观点，主要有如下五个角度：

1. 从指标完成比例角度。假如上海区域年度指标为1亿元，完成8000万元；而乌鲁木齐区域年度指标为400万元，完成600万元，则乌鲁木齐区域总经理应得的薪酬高。

2. 从净利润收益角度。假如上海区域营收8000万元，成本7800万元；而乌鲁木齐区域营收600万元，成本320万元，则乌鲁木齐区域总经理应得的薪酬高，因为他保持了健康的增长。

3. 从任务完成难度角度。假如上海区域属于公司的强势区域，而乌鲁木齐区域属于新弱区域，那么从人、财、物的资源整合、任务目标的达成上看，乌鲁木齐区域面对的难度要大于上海区域，则乌鲁木齐区域总经理应得的薪酬高。

4. 从平衡计分卡角度（财务、运营、客户、学习成长）综合判断。哪一区域综合得分高，则能证明其保持了高质量的增长，该区域的总经理管理水平更高，则对应薪酬就应该更多。

前四个角度其实都属于常态化分析，是一种以静态化的绩效考核为轴心的思考路径。值得我们注意的，是第五种思考角度。

5. 从公司战略导向角度。若公司原有项目在上海区域，未来打算业务下沉，往二线以下城市走，那么类似于乌鲁木齐区域这样的项目就是公司未来的"粮仓"——如果成功则会提供源源不断的现金流，而若失败则会造成公司重大的战略调整和业务萎缩（若上海区域属于成熟的待退出区域则更为明显）。那么不管当下怎么样，都需要从薪酬、激励，甚至扶持角度重点关注乌鲁木齐区域。换句话来说，如果从战略的"立足现在、放眼未来"来看，乌鲁木齐区域总经理的薪酬并不是依据短期的乌鲁木齐区域营收而定的，他承载了更多的未来的战略意义。在乌鲁木齐区域初期营收低、遇到困难的时候，更需要给"拓荒牛"一定的保护机制。

从总体上说，"粮仓"型项目打造的思路，是"先种粮、再养粮、再收割"。让我们从一个农民打造粮仓的基本过程，来类比企业对应的业务动作（表1-3）。

表1-3 "粮仓"打造的基本过程

业务阶段	农民动作	类比企业动作
种粮阶段	将种子撒得足够广、面积足够大	尽可能快地抢占更大的市场
养粮阶段	让青苗长得足够快、足够高	让新市场尽快成长、开始创造利润
收割阶段	收割足够多的粮食输送到粮仓	让市场尽快成熟，创造尽可能多的利润

因此，在"粮仓"型项目打造的初期阶段，为了能够充分地抢占市场，营销成本、人工成本等必要的费用是很难省下来的。成本越高、利润越低，如果只考虑利润的话，那么显然乌鲁木齐区域总经理的薪酬就应该低；但如果考虑战略导向的话，乌鲁木齐区域总经理的薪酬不仅不会低，而且还会视其市场开拓的情况给予奖励，还需要新增一笔异地津贴。这就是对于"拓荒牛"必要的保障与激励，不然"拓荒牛"是很容易被"一刀切"的绩效

考核"考死"的。

那么,"拓荒牛"是否要一直被"保护"下去呢?实际上,上面这个案例就是2017年我在上海交流过的一家大型央企的真实案例(数据本身做了缩减),该公司正打算从上海做全国化扩张,在明确战略导向的思考之下,为了助推未来二线以下城市"粮仓"型项目的打造,将公司现有项目切分为三类:

表 1-4 战略导向下的组织考核思路(结合案例)

项目类型	发展时间	考量要素	考核思路
新项目	成立 1 年内	市场占有率	终端反馈、市场调查(委托专业机构)
发展中项目	成立 1—2 年	业务增长率	同比去年,看营收增长是否达到预期
成熟项目	成立 2 年以上	净利润回款	考核净利润回款,要求业绩贡献

这样的设计方式,就能确保"拓荒牛"按照"粮仓"打造的基本过程,获得人才应有的考核与价值评判思路,使组织达到合理使用人、评价人的目的。

在对上面这个问题思考的基础上,我提出一个观点:

所有对人的管理,必须基于一种战略性思考。

让我们将上面的问题再延伸一下:假设公司一直在上海发展,未来打算战略扩张到乌鲁木齐等地。那么乌鲁木齐新公司的团队应该如何组建呢?我给大家三个选项:

➢ 选项1:全员进行乌鲁木齐本地化招聘,理由是熟悉当地市场、到位快、价格便宜；

➢ 选项2：将上海公司总经理（或管理团队成员）调任至乌鲁木齐，由其亲自组建团队；

➢ 选项3：在乌鲁木齐本地招聘一名总经理，由公司人力协助其组建团队。

在上述三个选项当中，风险最大的是选项1，尽管其有前述三大优势，但最大的劣势就是"战略末端失效"，很容易导致"总部说一套，一线做一套"的风险。新公司不应该100%都是新人，应该新老结合、"混编军团"式地操作，这样才能使文化、标准化等公司管控要求有效落地，避免产生"南辕北辙"的结果。

而选项2与选项3最大的差异就是"一把手"人选。要管理一个新团队，"一把手"最好"用熟不用生"，因为忠诚度和默契度是招聘不出来的，只能靠内部培养。当组织开疆拓土的时候，一定要派能力强、忠诚度高的将帅，所谓"养兵千日用兵一时"。忠诚度、默契度高的将帅一方面可以很好地复制组织的标准打法给新团队，另一方面由于文化是一把手工程，新团队的文化也很容易被塑造起来。汉武帝时期镇守边关的大将都是当时能力强、忠诚度高的人，这也印证了"是金子，到哪里都会发光"的用人原则（选项2）。

继续往下延伸：若上海公司总经理被调任至乌鲁木齐，那么新任上海公司总经理的人选从哪里来？

➢ 选项1：从上海区域猎聘竞争对手总经理一名，经验丰富，容易上手；

➢ 选项2：从上海公司几位副总当中提拔一名，优中选优；

➢ 选项3：从本集团周边兄弟公司（如无锡公司）调任总经理一名。

上述三个选项当中，风险最大的也是选项1。**空降兵与组织的抗性，除了文化、标准化的差异之外，还涉及原有后备人员的机会被封堵之后带来的"报复性对立"，因此在组织内部缺人时，应该"先向内看，再向外看"。**输血血型容易不匹配，造血则融合度更高。选项3中，新任上海公司总经理的人选即便是来自兄弟公司，依然属于"半空降"人员，融入新团队的压力依然存在，"摩擦系数"越大，新组织重整的内耗就越高。因此，在内部存在后备的情况下，应当先把机会留给内部的兄弟们（选项2）。

在上面这个案例及其延伸的问题里，我们从人员的差异化考核、团队建设、用人策略等角度，分析了人才战略的几个管理细节。"战略性思考"，是所有人才管理问题的起点。

从企业经营角度，有一点可以确定的是：要想获得强大的竞争力，就必须更加认真地培养、网罗优秀的人"财"。正如日本战国时期著名政治家、军事家武田信玄的名言"人是城、人是墙"——对于公司而言，最重要的是人"财"。

但对日本这个善于学习的民族来说，从2005年开始，却出现了一个非常严重的问题——技术人员不断向海外流失。原本隶属于日本企业的技术人员因为重组或猎头，大多转投韩国、中国等海外企业，带走了之前在日本公司累积的大量技术经验。韩国三星集团成为日本技术人员最大的转职去处，在三星集团飞跃的背后，有日本技术人员培育的高超技术做支撑。松下、NEC、东芝、日立，这些公司都是技术人员转职到韩国三星集团的"大户"。三星积极聘用日本技术人员，把日本公司培育的技术经验最大限度地转化成了自己的优势。

以下是三星申请的专利中，日本员工参与最多的部分：

1. 在图像处理及通信技术领域，原三洋电机与富士通的员工最多；

2. 在光盘相关技术领域，原松下与东芝的员工最多；

3. 在有机EL（电致发光）相关技术领域，原NEC的员工独占鳌头；

4. 在电池相关技术领域，原松下与日立的员工最多；

5. 在半导体装置相关技术领域，原瑞萨电子的员工最多。

在与对手竞争激烈的最尖端的领域，三星的日本技术人员可以说表现出了极高的贡献度。但对于日本的技术人员，转职的下家是不是稳定的归宿呢？由于空降兵往往会受到文化、管理上严苛的挑战，加之技术人员身上的"价值时效性"特别明显，倘若得不到组织信赖，技术人员身上的技术一旦过时，也就沦为了"废品"。国内企业尚存在挑战，海外企业就更加严重。在跳槽去三星的485名日本技术人员中，有133人在一段时间内离开了三星，成为其他公司的专利发明人。这一比例高达27.4%，平均任职时间约为2年零6个月。

那么，已经离开三星的，究竟是哪些领域的技术人员呢？从这些人员在新公司申请专利的技术领域来看，半导体装置相关技术领域最多。从数据来看，三星在该领域的申请数量于 2006 年达到顶峰，之后不断减少，由此可以推测：三星受市场影响，对该领域做出了战略调整。另外，在三星大力发展的电池相关技术领域，也由于业务发展及其他竞争对手的挖猎，大量人才流失。

回到当初，日本技术人员为什么会流失呢？同样地，他们人才流失的背景在于原公司业绩恶化、战略调整，无法"养活"这些技术人员。要想克服这个问题，企业就必须从业务战略层面调整研发战略、事业战略、知识产权战略——但是，倘若把目光投向每一名技术人员，为追求更好的环境而跳槽很常见，就个人发展而言，这样的选择可以说是理所当然。

从一方面来说，人才的交流有利于社会技术的革新，但另一方面也会降低人才流出国的国家实力与企业竞争力。人才和商品一样，都具有自由流动的属性，任何一个国家、企业都很难直接阻止人才流失的现象。但我们至少可以从这个案例里得到如下经验：

1. 不必舍近求远，竞争对手就是我们的人力资源池。当我们寻找人才的时候，其实人才就和我们在同一个跑道里；同样，我们也是竞争对手的人力资源池。

2. 经验是依附于人体的，我们对人才的培养、实践有助于提升人才的经验，但人才的流失很容易带走本组织的经验。因此，既要培养人才，也要通过中长期的激励去"绑定"人才、留住人才［详见本书"组织激活：七大引擎与留人的奥秘（激励与保留）"一章］。

3. 根据公司战略去搜寻外部人才是一种购买能力的行为，但一定要使外部资源转化为内部的能力。因此，优秀空降兵的加入，不光要发挥其工作能力，还需要激励他，让他尽快把经验复制给组织，避免"人走茶凉"。我们付给空降兵的薪酬，其中有一部分就是"学费"。

4. 空降兵的忠诚度是培养难点，招聘无法招来忠诚度。因此，一方面要使空降兵软着陆，另一方面要注重人才的梯队培养，内外结合，两手都要硬。

5. 业务战略与人才战略是协同共生的关系。如果企业实力不够、业务下滑，会对人才的吸引、培养、激励、保留等带来影响；反过来，如果组织能力很强，也会使本来并不出彩的业务战略脱颖而出。

总体来说：经济是基础，经济结构决定人才结构。因此，人才对于经济社会发展能起到支撑和保障作用，也能起到先导和引导作用。在当前的知识经济时代，这种作用更加明显。20世纪，美国加州理工学院引进航空技术大师冯·卡门作为学科带头人，从此跃升为世界一流大学。而如今，马云之于杭州，段先念之于西安，都是这样。一个人才催生一个行业的现象更是不胜枚举，这就是人才对战略的牵引作用。

从整体到细节：破解人才战略内涵的五大问题
关键词：天花板、忠诚度 = 情怀 × 制度、五个流、立足现在与放眼未来

前文中对企业的人才战略下了定义：企业管理者通过战略性

的人才规划及前瞻性的管理,确保组织能力与工作流程能够在适当的地点、适当的时机可持续地提供适当的人才,以满足短期及长期的商业目标。从整体上看,这里面有一个重要的前置条件:企业决策层(即管理团队)是人才战略的天花板(图1-2)。

图1-2 企业决策层是人才战略的天花板

人才战略是否能够紧贴公司战略、是否有组织维度的精力投放,主要的制约因素在决策层。如果决策层在制定公司战略的时候仅仅依靠市场判断、完全不考虑人才因素,将会直接导致人才战略对公司战略的支撑不力。比如,看好一个市场,有财力支持(风投/银行)、有资源支持(研发优势),但在现有人才的数量(够不够)和质量(好不好)角度没有充分思考,那么对应的市场策略、产品线策略、竞品策略将很难开展成功,甚至会被拥有优势兵力的竞争对手在战场上"吊打"。如果我们把人力资源团队执行人才战略的专业性称为"蓝天之下",那么"管理者承诺"就在"蓝天之上"。

要从细节上破解人才战略的内涵,有五大问题值得我们关注。

问题1."组织能力与工作流程"

组织能力与工作流程,是人才战略中软硬结合的两大抓手,在能力和机制两个角度共同为人才战略护航。

通俗来说,组织能力就是支撑战略的软实力,是组织开展工作的能力。如果组织以高周转为导向,那么组织能力就必须突出"效率"与"速度";如果组织以高品质为导向,那么组织能力就必须突出"研发""质量"与"工匠精神"。2019年上半年,我在和一家航空公司交流的时候,他们写在培训室里的那段话让我印象深刻:我们是以追求客户满意度为导向的公司,我们的管理干部要做到——将复杂的问题简单化、简单的问题流程化、流程的问题客户化。这显然是一种以客户为导向的组织能力要求。

组织能力还涉及组织当中人的数量与质量问题。在大炼钢铁时代,我们曾提出"人多力量大",但显然还有一点"打铁还需自身硬",人才的质量才是决定组织能力强弱的关键,纯粹的数量堆砌或者是"只招不管"容易带来"人浮于事"或"乌合之众"。在群体组织中,人多并不必然得出"1+1＞2"的结果,德国科学家瑞格尔曼曾做过一个"拉绳实验":参与测试者被分成四组,每组人数分别为一人、二人、三人和八人。瑞格尔曼要求各组用尽全力拉绳,同时用灵敏的测力器分别测量拉力。测量的结果有些出乎人们的意料:二人组的拉力只为单独拉绳时二人拉力总和的95%;三人组的拉力只为单独拉绳时三人拉力总和的85%;而八人组的拉力则降到单独拉绳时八人拉力总和的49%。人越多，需要协调的精力越大，这种内部协调所耗费的精力，经常被我们称为"内耗"。

从国家"人才强国"战略的主要含义来说：一是着眼加大人才资源的开发力度，全面提高人才的基本素质，将人口大国转变为人才强国，通过提高人才的竞争能力，增强国家的综合国力和国际竞争力。二是着眼创新体制机制，做到广纳贤才，为我所用，通过提高政策制度对人才的吸引力和凝聚力，增强国家的综合国力和国际竞争力。可见，首先就是关注人才的质量、开发高品质的人才，其次是引进高质量的人才、激励高品质的人才。人才的数量是基础，质量是决胜要素。

工作流程是组织中的硬性要素，它包含组织运营的一系列决策过程、协同机制。我们从商业运营的视角，可以将组织内的工作流程划分为"五个流"（表1-5）。

表1-5 组织工作流程的"五个流"

五流	流程释义	推动部门
人流	组织当中人员的流动（入、转、升、离）带来的工作流程	人力资源部
资金流	组织当中资金的流动（融资、预算等）带来的工作流程	财务资金部
物流	组织当中物资物料的流动、现场管理带来的工作流程	现场管理部门
信息流	组织当中信息的传递带来的工作流程	信息化部门
商流	组织内外协同、决策审批带来的工作流程	总裁办、各部门

在人才战略中，激励、考核、薪酬、文化等管理制度都需要上述工作流程的支持，由上至下决策、相关部门推动执行，从机制层面保障人才战略的成功。举例来说，有的公司人流、资金流、物流、信息流都很通畅，但由于结构臃肿，导致商流很慢，很简单的事情要等待很多领导层层审批，这就带来"简单的问题复杂化"，会影响公司的执行效率；有的公司其他流程都很顺畅，但资金流出了问题，"一分钱难倒英雄汉"，战略也很难落地；还有的公司人流出了问题，导致项目落地了，没有合适的人来担纲运营或团队人手不足，造成"项目等人"的现象。凡此种种，都是流程对组织战略落地的影响。

问题2."适当的地点、适当的时机"

我们做任何人才战略都必须密联业务战略，而业务战略是必须考虑地点和时机的。商场如战场，所谓"天时、地利、人和"指的就是这个道理。我们的业务要进入什么区域，是国内还是国外，是进入一线城市还是二、三线城市，抑或是四、五线城市？我们的产品策略是什么，是多元化产品还是单一产品，是高品质产品还是高性价比产品？时机上我们怎么选择，是现在进入市场还是明年，我们此刻是优先发展新的产品线还是采取对竞争对手的跟随策略？不同的地点、时机所需要的人才数量、能力是不一样的。

举几个人才战略当中的典型场景。同样的薪酬与职位，你能够在长沙招到一个人，但不一定能在深圳招到。你在繁华地段设立的公司不一定需要考虑交通成本，但在城市郊区设立的公司就很可能需要安排大巴接送员工。异地人才的招聘可能会带来津贴、探亲等成本，但如果你的公司要出去开疆拓土，那么这种成本又是必需的。如果你是初创型的公司，那么你需要的管理人员就是"泥腿子"型，不仅要"上得厅堂、下得厨房"，甚至还要"自带资源"；如果你是个很成熟的老牌企业，那么你需要的管理人员则是"善于授权"、擅长"标准化管理"及"强执行力"的。不同的地点、时机对人才的选、用、育、留都会带来影响，在对企业战略的地点、时机进行分析的基础上，采取合适的人才战略是非常有必要的。

问题3."可持续地"

剧作家、评论家萧伯纳在谈到第二次世界大战对人类影响的时候曾经说过："不是因为或者说不仅仅是因为这场战争给我们这些成年人带来了灾难、痛苦、不幸和麻烦，它最让我憎恨的是当一颗炸弹投下来的时候，那些幼小的圣灵过早地离开了这个世界，谁能说这里头没有一个牛顿，没有一个莎士比亚，没有一个爱因斯坦，也许他们之中也有一个托尔斯泰，一个萧伯纳。"战争除了对一个国家当下带来伤害之外，更长远的伤害来自大量生命的消亡，它斩断了一个国家面向未来的人才梯队，这是一个国家的希望。

人才战略当中的"可持续地"指的就是组织从多个渠道（来源），以人才梯队（不断档）的方式，内外结合地打造人才，使当下与未来的人才不断档。

招聘、培养、借用、保留等人才战略的关键策略，都是为了从内外部、长短期给组织可持续地提供人才，很多企业实施的人才梯队、干部培养、人才盘点、继任计划等人才项目，也是为了避免"人才荒"，确保人才供应链跟得上业务的速度。形象地说，**人才是最应该先行的战略，一定要提前布局。** 对于公司实施任何战略来说，"资源"永远是战略投资的先决条件，而人才就是一种战略性资源。拿中国著名企业家柳传志先生的话来说，企业管理有三个关键词——搭班子、定战略、带队伍。为什么把搭班子放在最前面？如果没有志向统一的班子、没有关键人才，企业战略部署得再好，项目都"吃"不下来。

2018年我曾和福建一家服装制造企业交流，他们公司规模不大，人力资源部只有2个人，还都是刚毕业没多久的小姑娘，所以平时的主要精力就放在把工资发到位，做一些基础的人事工作上面。当我问他们老板公司的外部人才是怎么引进的时候，这位老板回答：我们在福建定点对标柒牌、才子男装这类头部企业，他们把人才招进来，我们正好缺这类人才的话，就加价20%—30%把他们挖走。

问及原因，他说：作为我们这类后端企业，业务规模、企业品牌都不如头部企业，那些企业有专业的招聘团队，可能要面试7—8个人才能招一个人进来；而如果通过猎头招人，可能也要花20%左右的猎头费用，我们直接加价20%—30%把人挖过来，既省了钱又省了时间，而且他们还帮我们"精挑细选"了人才，我们还能顺便通过这些人才学学他们的企业管理方式和文化，这个成本我觉得花得超值。

我接着问他，那如果人才不是为了钱怎么办？他说：那我们也可以给职位，如在那边是财务经理，到我们这里就给财务总监；那边是财务总监，到我们这里就给财务副总，总能想办法撬动他们的人才。我一打听才知道，这家公司有好几个"财务总监"。

像这家企业的做法，就是典型的"跟随型人才战略"——当一个企业的人才战略不够清晰的时候（不知道人从哪里来、人怎么培养等），那么前端企业、竞争对手就是最好的"跟随"对象，可以快速借助对方打造自己的人才梯队。但我们前面讲过：所有外购资源必须尽快转化为内部的组织能力，要小心"人走茶凉"。

问题4．"提供适当的人才"

只确保人才的数量是不够的，庞大而无序的作战单元会带来组织的"虚胖"。要确保人才的质量，就需要一套人才标准。对一个企业来说，岗位说明书（JD）、素质模型、胜任力都可以称为人才标准。华为、华润等企业在很多年前就开始做干部岗位胜任力的评估和建设，确保"人岗匹配"，这是一种很有前瞻性的建设思路。同样地，"情人眼里出西施"，不同发展阶段、不同类型的企业，对优秀人才的标准是不一样的，没有一种教科书式的理论可以随意回答我们自己企业的人才标准。本企业的人才标准一定是和我们的企业文化、管理团队的用人风格、未来的业务战略挑战相连接的。另一家企业的优秀人才，空降到本企业不一定合适，这就是人才标准与企业的"适配度"问题。关于这一点，感兴趣的读者可以在本书的"人才标准：为组织人才画像，规避组织评价的风险"一章中找到更多的答案。

我曾在微信朋友圈看到这么一则新闻，说是某企业想花100万元外招一位高管，其主要岗位职责就是将华为的全套人力资源管控体系复制到本企业，这是一个不可能完成的任务。除了100万元能不能招得到合适的专家级高管之外（事实上很困难），这里面还忽略了一个关键的问题，就是华为从1987年成立后不断累积的管理体系、企业文化，以及高管团队自身的管理风格能否通过复制在本企业落地。"独木难成林"，专业的不等于合适的，不去思考自身企业当前阶段合适的人才标准，而寄希望于空降兵的快速复制，无异于痴人说梦。

问题5."短期与长期的商业目标"

满足"短期与长期的商业目标"，意味着我们需要"立足现在、放眼未来"地布局人才战略。在企业当下和未来的商业目标下，我们的人才数量与质量情况如何？我们的人才是否满足现有的编制需求，现时的人才是否合适？未来我们可能进入哪些新的领域，有哪些新的产品线，需要提前准备哪些人才，提升哪些人才的能力？同时，是否要通过防范性的制度设计，来杜绝人才的流失，留住关键岗位人才？

一句话，人才战略产生的问题，是过程性的，要求先投入，做防范性制度设计，解决的是未来的问题。从"立足现在、放眼未来"的视角来看待人才战略的两大工作方向——"人的数量与质量问题"，大家可以参考如表1-6所示的思考逻辑。

表1-6 立足现在、放眼未来地思考人才战略

人才战略两大工作方向	立足现在	放眼未来
有没有人：数量（如何保证充足的作战单元？）	1. 当下的人才够不够 2. 如何留住关键人才（避免被挖猎）	1. 新的团队如何组建 2. 新人加入之后，避免"空降兵""文化稀释"等现象
人好不好用：质量（如何提升人才的能力与意愿？）	1. 培养提升原有的人工效能 2. 中长期激励保持其奋斗心 3. 建立人才传帮带的机制	1. 快速打造新的标准化打法 2. 降低"牛人"的不可替代性 3. 多样化的人才激励体系

> **管理者的两项基本工作：业务战略 + 组织能力**
> 关键词：扎堆效应、雇主名片、四个思考点、人才优先

前面我们说过，企业决策层是人才战略的天花板。在企业的人才战略中，管理者至少可以实现三点作用：

➢ 方向：根据市场思考自身业务战略定位，为人才战略提供作战方向；

➢ 协同：制定本组织的人才战略，并从权力与资源角度协同执行；

➢ 示范：提升自身及团队的能力，让优秀的人吸引更优秀的人。

人才的作用是对战略形成支撑，而作为战略决策者的管理者一旦没想清楚本组织的业务战略，人才战略就是无根之木；如果

管理团队没有任何人才意识，直接将人才战略工作丢给人力资源部门，对人才战略置身事外，人才战略的推动将举步维艰。同时，优秀人才的扎堆效应在任何组织当中都很明显：深圳、杭州能吸引人才，和马化腾、马云有很大的关系，这样级别的人才能吸引更多的人才前往——管理者本身能力的强弱、对人才的态度，就是一张巨大的"雇主名片"。

让我们来思考一个问题：当一个老板拿到一个新项目，或进入一个新的业务领域之后，他的脑海中想到的是什么？这个问题我问过很多创业者及企业高管，有人用典型的"人、财、物"来回答，有人回答"内外部资源"。而我的答案是如下四个：

1. **战略方向对不对、有没有偏差**。这决定了做这件事的意义，如果方向错了，那么速度越快，破坏性越大。如果你的公司战略是"去南极找北极熊，去北极找企鹅"，那么你的执行效率越高，只会让你在错误的道路上渐行渐远。我们过去讲的"南辕北辙"，指的就是这个场景。

除此之外，企业还要经常做"战略自省"，即要定期做复盘，检讨上一个阶段的决策是否有执行偏差，下一个阶段怎么走。有句话说"我们走得太远，以至于忘了为什么出发"，指的就是这个场景。国内有三家企业在复盘角度走在了前端，分别是联想、华为和万达，这三家企业都有军人般的执行力和强大的复盘意识。拿任正非的话来说，叫"避免组织重复发明"；拿王健林的话来说，叫"学习经验、避免犯错"。重复摸索、犯错都意味着高昂的学习成本，有效的战略自省可以降低这种战略成本。

2. 业务指标定多少、如何落地。有没有对应的业务目标，什么时候现金流回正，如何测算1—3年的业务发展，有没有指标落地及达成的思路，这都决定了企业的可持续发展。企业管理最可怕的情况就是"头悬梁、锥刺股，但就是不敢出门去"——战略规划得头头是道，但缺乏目标的执行力，这就会带来一种"PPT文化"。

某大型商业管理企业A公司，过去一直做线下商业管理，近些年考虑转型线上O2O（线上到线下）商业模式。他们花重金从一家电商公司挖猎了一位高管，但由于该高管过去一直以规划性工作为主，缺乏落地的执行意识，同时A公司又特别崇尚"PPT文化"，结果该高管忙了1年，每次在高管大会上汇报O2O的战略规划都头头是道，但一直拿不出落地的思路。1年过后，该高管拿着几百万元的年薪到另一家公司"做PPT"去了，A公司的O2O战略却举步维艰。"PPT文化"正在毒害着很多中国企业，我想这就像企业管理界的"心灵鸡汤"，在华而不实的歧途上一路狂奔。"一流的战略 + 二流的执行力"，远不如"二流的战略 + 一流的执行力"成功概率大。

3. 有没有人（数量）。要考虑在该业务领域内有没有合适的人才支撑你的战略及业务目标达成，人的数量是多少，人从哪里来。企业选定了"赛道"，下一步就是要找寻赛道上的"选手"：有没有足够的人来支撑1—3年甚至更长的业务成长，面向未来要储备多少数量的人才。用人之际而无人，就像关羽上战场之前发现青龙偃月刀被人偷了，只能赤膊上阵，战斗力大减，甚至有可能"阵亡"。

4. 人好不好用（质量）。组织能力建设的重心是人的质量问题，团队人数就是再多，但如果人员的作战能力低下，那作为将军的你依然"无人可用"。2019 年年初，刘强东怒斥管理团队"人浮于事""拉帮结伙"，淘汰部分不合格高管，并将人力资源负责人调整为公司一手培养的管理培训生。"东哥的咆哮"应该是对企业产生"大公司病"之后造成的"人不好用"的情况的一种反思性调整。

人多不代表组织能力就强。人多不仅会面临管理幅度、管理半径增加带来的复杂性风险，同时还会带来"文化稀释"之后的"战略末端失效"现象，造成组织的"失控"。一个管理者的高明之处，是在资源有限的情况下，去指挥团队获得胜利，而不应该盲目地把成败归结于人多人少。我把上述四个思考点做了整理，如表 1-7。

表 1-7　公司内部管理的四个思考点

思考点（四个）	决定成果	典型风险	管理维度
战略方向对不对、有没有偏差	业务的方向问题	南辕北辙	商业管理（业务战略）
业务指标定多少、如何落地	业务的速度问题	一流战略+二流执行力	
有没有人（数量）	人才的数量问题	无人可用	组织管理（组织能力）
人好不好用（质量）	人才的质量问题	人浮于事	

管理者在思考人才战略的时候，首先要关注其本质——战略。

人才战略和业务战略都是一种战略，是一体两翼的关系。而任何战略的共性特征，都是"立足现在，放眼未来"。通俗点说，就是"吃着碗里的，看着锅里的"。企业除了当下要生存，还要考虑未来如何活得好的问题。

在这个观点中，"人才"的要素处在企业管理的前端。由于战略制定和执行落地的主体就是人，如果你没有把这一项搞对，那么在其他两项上，无论花多大精力，都好似让一个羸弱的人狂吃人参，根本不受补。从"人才优先"的角度来说，人才是最应该先行的业务。对人才的思考，应该是一种战略性、前瞻性的思考。人才战略管理是过程管理，而非结果管理。

从人类社会的实际发展历程看，勇于创新的人才总是先行发展，带动后继者的发展，推动整个组织的目标落地。企业要想成功，管理者必须做到"左手业务战略""右手组织能力"。企业的"人才优先"战略是否做到了，不是一句口号，而要成为一种现实。我认为它的标志是：

1. 建通道：在企业的发展机制上，优秀的管理、专业技术人才有明确的引进、发展与培养通道，并建立了传帮带机制，推动知识及技能的传承；

2. 高回报：在人才的经济收益上，优秀的管理、专业技术人才处于较高定位，且强调中长期激励、与企业共同发展；

3. 跃龙门：在企业的文化价值观里，明确提出了对人才的尊重、求贤若渴的态度，并建立了内部的榜样机制，新人有成长为优秀人才的强烈动机。

国家级人才战略：让人才领航国家未来

关键词：小国而不寡民、科教兴国、关键人才、因地制宜、人才交流

> 没有一个国家，不管多么富裕，可以承受对人力资源的浪费。
>
> ——富兰克林·罗斯福

"治大国若烹小鲜"，国家与企业在本质上都是组织。在这一章的最后，我们以一个典型的"小国"——以色列在资源极度匮乏、内外交困的环境下走出自己特色的国家之路为案例，来思考人才战略在以色列落地的情况。

1948年，以色列宣布独立。到2014年1月，以色列人口已超过813万，其中犹太人611万人，是世界上唯一以犹太人为主体民族的国家。

从以色列全国看，60%属于干旱地区，20%为半温润区（北部），50%国土降雨少于150毫米。全国一半以上地区属于典型的干旱和半干旱气候，南部内盖夫沙漠占了国土面积的近一半。

经过了几十年的发展，目前以色列是中东地区现代化、工业化、经济发展程度最高的国家。以色列属于混合型经济，工业化程度较高，以知识密集型产业为主，高附加值农业、生化、电子、军工等部门技术水平较高。以色列的科学家在遗传学、计算机科学、光学、工程学以及其他技术产业上的贡献都相当杰出。以色列的研发产业中最知名的是军事科技产业，在农业、物理学和医学上的研发也相当知名。全球顶尖企业，包括英特尔、IBM、微软、惠普、雅虎、

Google、升阳微系统，在以色列都有研发中心。在纳斯达克挂牌的以色列企业数目仅次于美国，超过75家，包括全球最大学名药厂Teva，以色列最大企业、全球网络保全产品巨擘Check Point软体科技公司，以及著名的国防承包商Elbit系统。以色列向全球出口的主要产品包括计算机软件、军事设备、化学制品、农产品。

从农业角度来说，以色列的自然条件极其不利于农业生产，沙漠占国土面积的60%。全境的可耕地面积很少，约4400平方千米，占国土面积的20%，人均耕地不到0.9亩。草地面积为1400平方千米，占国土面积的14%。

为了解决农业问题，以色列将土地所有权收归国家，再由国家把土地出租给集体农庄统一经营，这些农庄就是"基布兹"和"莫沙夫"。以色列农民只需缴纳很少的租金，就可以在"基布兹"和"莫沙夫"从事农业，一般期限是50年左右。"基布兹"和"莫沙夫"这两种组织形式占据了以色列农业资源和农业劳力的95%以上，是以色列最主要的农业生产经营组织，极大地调动了农业人才的积极性。

为了在大面积沙漠的国土里做好农业，必须解决用水问题。而以色列农业在用水方面最有创新特色的就是"滴灌"了。在以色列的农田里，对每一个植物和树木都布置了有小孔的塑料管道系统——滴灌。滴灌是利用塑料管道将水通过直径约10毫米毛管上的孔口或滴头送到作物根部进行局部灌溉，它是目前干旱缺水地区最有效的一种节水灌溉方式，水的利用率可达95%。滴灌较喷灌具有更高的节水增产效果，同时可以结合施肥，提高肥效一倍以上。

以色列的上述成功，证明"小国而不寡民"也是可以国富民强的，其人才战略在支撑角度起了哪些作用呢？

第一，以"科教兴国"作为其基本人才战略。

在科教兴国战略下，以色列为其国民提供了庞大的科教投资，在20世纪60年代，以色列的教育预算平均占国家预算的11%；20世纪70年代中期以来，教育投资占国民生产总值的8%左右。同时，为创业提供政策上的支持，在国家层面打造、补贴创业孵化器，高薪聘用全球科技人才，做强组织对人才的薪酬偿付能力，打造以色列国家级的雇主品牌。

同时，建立了完善的教育体系和科研体系。第一，优先发展义务教育，通过《义务教育法》规定国家为3—15周岁的儿童提供免费义务教育；第二，大力发展高等教育，以色列人均教授拥有量居世界第一，每4500人中就有一名教授；第三，加强国际科技合作交流，截至2013年，共有150多家企业在以色列研究与开发项目中投资。对内加强人才培养，对外做吸引投资性的知识交流，以色列走出了因地制宜的人才战略。

第二，创新性人才（关键人才）培养是决定性的因素。

在关键人才培养上，以色列建立了天才学生鉴定程序和实施天才特殊培养计划，为了突出数学在人才培养中的地位，在高中阶段及早选拔数学天才，实施科技创新后备人才培养计划，同时建立了严格的博士生培养制度。

在人才的标准与评估上，为了提升天才儿童甄选质量，以色列开发了一系列科学的评估工具,并为世界许多国家采用。从小学二三年级开始,学校就对儿童进行甄选。天才学生的培养主要通过三种方式实施:一是特殊班级,使具有相似能力的学生一起开展学习;二是天才中心,天才学生可以从不同的科目中选出两门课程,每周会有一天的时间去当地天才中心在专家指导下进行学习;三是学校内的特殊计划,为天才学生提供更多的挑战性、独创性组合学习项目。

第三,打造人才交流平台,向全世界吸引及输送人才。

以色列以其突出的创新实力和全球首屈一指的创业生态而成为全球创新创业者及投资者的"创业圣地"。自 2014 年 5 月 20 日以来,以色列一年一度的"DLD(数码、生活、设计的英文缩写)特拉维夫创新节"吸引了全球超过 70 个国家的科技产业从业者、企业家、政策制定者和投资人参加——优秀的人吸引更优秀的人,这些人才聚在一起,既带来商机又孵化新的创意,让以色列向全球打造了一张金牌的"科技名片",同时向全球吸引和输送大量创新人才。

图 1-3 人才战略在支撑角度的作用

我国国务院前副总理刘延东在首届 DLD 大会致辞中也表示，中国改革开放 36 年来，实施科教兴国战略，创新活力得到前所未有的释放，经济总量增长了 142 倍，城镇居民收入增加了 71 倍，农民人均纯收入增加了 59 倍。中国能取得这样的成就，人才与科技创新发挥了不可或缺的支撑引领作用。

让我们由点到面地延伸一下：从国际上看，世界已经进入了知识经济时代，人才资源争夺空前激烈，很多国家和地区因地制宜地制定本国与本地区的人才战略，以保持竞争优势。从对本国、本地区内部以及外来人才的政策看，凡是对人才政策重视的国家或地区，目前在世界上都占有一席之地。尤其是对内部人才的培养、激励和对外来人才的接纳和认可程度，也直接关系到一个国家和地区的发展水平。

表 1-8　一些代表性国家、地区或共同体的人才战略

类型	国家	竞争性的人才战略
传统发达国家和共同体	美国	移民政策吸引、工作签证开放、招收留学生、美籍政策
	欧盟	改革移民政策、增加科研与教育投入、发挥民间社团作用、建立科技园区、招收留学生、放宽国籍要求
	加拿大	移民政策吸引、招收留学生、重奖回归人才
	澳大利亚	移民政策吸引、招收留学生、发挥猎头机构作用、改革国际政策

续表

类型	国家	竞争性的人才战略
新兴发达国家和地区	日本	移民政策吸引、招收留学生、国际合作、出台外籍人才保障制度及人才重视培养计划、建立科学城与国家风险基金、国籍政策
	韩国	建设科技基地、制订科技计划、建立海外高层次人才网络/社团和信息库、国籍政策
	新加坡	建设国家猎头、放宽国籍要求、优惠政策、开放廉洁高效的人才环境
	中国香港及台湾地区	资助科技机构、建立风险基金、吸引留学生
新兴发展中国家	印度	承认双重国籍、建立"科学人才库"、建立科技园区、创设"海外印度人日"、凝聚侨胞力量
	巴西	完善用人制度、建立民间社团、制订特别计划、国际项目合作、承认双国籍
	俄罗斯	发掘国家科技商业潜力、改革科研机构劳资制度、改革奖励制度、支持青年科技活动
	马来西亚	对回国留学生税收优惠政策、签证服务、人力资源部、与海外大学联合办学
	阿根廷	确定优先科研项目、加强科研与企业合作

人才改变世界，人才驱动组织。就像一个国家在国际竞争时要"制海、制空、制脑"一样，一个企业在市场竞争中也同样需要关注其"战略、文化与人才"：左手业务、右手人才，做实组织能力，驱动组织全面均衡地迎接未来的挑战。

第二章
TTSC：规划由业务战略到人才战略的基本价值链

在人才战略的实施过程中，组织内部最可怕的事情有两件：

1. 懂业务的不懂人才。作为和业务战略并行的企业战略之一，在很多企业，人才战略由人力资源部门制定并负责实施，这会带来执行角度的障碍。人力资源部门最大的价值是做好系统和平台，却无法保证成功实施。确保人才战略成功的主要推手，是公司最高领导和管理团队，这必须是老板的"一把手工程"。毫无疑问，总经理肯定是企业里最忙的一个领导了。但不管多忙，人才战略的实施都应该成为他最重要的工作内容。组织是个很现实的地方，一件事情如果老总不严肃对待，没人会相信这是企业真正要做的事情，经理们当然也不会加入。事实证明，管理出色的企业，其老总甚至一半时间都花在人才队伍建设上。

健力宝曾经是一家优秀的企业，对于健力宝的陨落，仁者见仁、智者见智。有广东企业家曾认为，健力宝最大的问题、最大的危机就是缺乏人才，尤其是缺乏中层干部以上的人才。他说："打个比喻，一个人只能担130斤的担子，再加上几十斤，腰骨就折了，你只有去找能担200斤的人才。"健力宝未能建立起有效的人才培养、发展与淘汰机制，不但自身缺乏人才，而且对外部的人才也不够重视，与许多有识之士擦肩而过，这与它曾经的竞争对手可口可乐形成了鲜明的对比。

吉姆·柯林斯在《从优秀到卓越》一书中提出了"第五级领

导者"的概念，他认为领导者的工作中，第一是人才，第二才是战略。他们需要吸纳称职的人，淘汰不合格的人，把人才放到合适的位置上，然后，他们才去思考该向哪个方向前进。以我的看法，这个观点有极端抬高人才作用的嫌疑。毕竟当前企业管理者的第一要务，还是根据市场选择正确的战略方向。但不管怎么样，人才战略依然是业务战略的重要支撑：企业自身的人才状况，也是制定战略的重要参考因素——企业可以找到N种战略，但一定要选择适应自身人才状况的那一种战略。

2. 懂人才的不懂业务。《国风·王风·黍离》中有这么一句话："知我者谓我心忧，不知我者谓我何求。"一些人力资源管理者醉心于自己的专业工作，天天研究这个理论那个技巧，却不清楚本企业战略的方向和业务的痛点，可谓"只知低头走路，不知抬头看天"。即便是在第一章开头我们提到的"减员增效"问题，都需要先思考公司要采取什么战略应对危机——战略性退出，还是转移到新产业，抑或进行合并以增强组织能力。选择什么样的战略，就要留住什么样的人。这都需要人才管理者先对业务战略有清晰的认知。

任正非经常引用《韩非子·显学篇》中提到的"宰相必起于州部，猛将必发于卒伍"这句话。如果要做好一个后台管理者，最好有一线的从业或轮岗经验，或经常到一线去做"现场管理"，这样才能更了解战场的形势和百姓的疾苦，也就能够更好地制定方针政策，支撑业务战略的成功。"专业的不等于合适的"，总是违背业务现状、死扣理论出牌，就很容易变成新时代的"赵括"。所谓"千军易得，良将难求"，一个既懂业务又懂管理的优秀人才，将会是未来企业管理亟待培养的人才。

在这里我提出一个公式：

人才战略的成功 = 规划及实施人才战略的专业性 × 管理者承诺

那么，我们如何结合业务与人才的联动，经由业务战略到人才战略，完成一次"由外到内"的思考呢？

> **由业务到人才：人才战略实施的基本过程解读**
> 关键词：招培借留、战略认知、储备人力资源、本地化分析

从业务战略思考到人才战略落地，我将其划分为如图2-1所示的四个关键步骤。

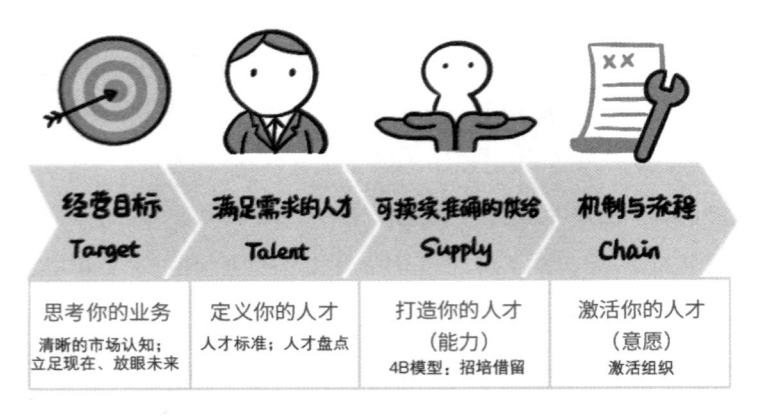

经营目标 Target	满足需求的人才 Talent	可持续准确的供给 Supply	机制与流程 Chain
思考你的业务 清晰的市场认知；立足现在、放眼未来	定义你的人才 人才标准；人才盘点	打造你的人才（能力） 4B模型；招培借留	激活你的人才（意愿） 激活组织

图2-1 TTSC——人才战略实施的基本过程

这张图可以指导我们实施人才战略的关键阶段，以及各阶段的主要关注点。我以某运动鞋销售企业人才战略实施的基本过程

为例，给大家描绘一下全景式的过程。

受市场消费者习惯和竞争对手的影响，在政策允许的情况下，公司打算未来3年内由线下销售渠道为主转型为线上为主、线下为辅的销售模式，将线下销售由原先的100%降为30%，线上将承担70%的销售任务。在销售模式上，对标天猫、京东模式，初期做自有店铺销售，同时兼卖合作伙伴的商品；待销售渠道铺开、品牌知名度打开之后，考虑第二阶段做多品牌鞋业的线上综合销售网点。

在明确了业务战略的基础上，公司建立了关键人才（销售、运营两类）的任职要求，在工作能力里将"具有三年以上天猫、京东店铺运营经验"作为重要衡量标准，在员工素质上要求人才具有互联网思维和抗压能力、追求效率与创新。在这样的人才标准下，公司进行了一次人才盘点，通过评估发现，满足需求的专业人才只有35%左右，同时还有13.5%左右的流动率，人员结构老化（人均年龄35岁以上）。

据此，公司开始大量挖猎具有天猫、京东运营经验的人才，储备重点高校互联网、电商、市场营销相关专业年轻后备，提高薪酬及职位标准吸引人才，以股权激励、事业合伙的方式留住关键人才；同时，将符合要求的老员工优先调动至电商事业部，加强对内部大量老员工的电商运营技巧、互联网意识的培训活动，内部"老带新"与外部"新带老"结合。

在组织流程上，管理层级精简，决策流程简化（将现有公司流程制度删减30%的文字量），引进强大的移动办公平台，打造授权型、高容错型的企业氛围。同时，和上下游合伙伙伴进行合作，推动第三方企业员工注册本公司的移动销售平台，搞"全民营销"。除此之外，将公司评价员工的方式改为高绩效导向，优胜劣汰，重奖重罚，建立了"简单、务实、高效、卓越"的企业文化。

上述实施细节是这家公司根据业务战略实施人才战略的基本内容，根据 TTSC 的逻辑过程，我将其做一个整理，便于大家参考（表 2-1）。

表 2-1 人才战略的基本实施过程解读

关键步骤（4个）	操作逻辑	解决的问题（7个）
1. T——思考你的业务	清晰的市场认知	我们的市场如何，竞争对手是谁？
	立足现在、放眼未来	业务战略的方向和基本思路是什么？
2. T——定义你的人才	人才标准	谁是组织的人才？
	人才盘点	组织的人才现状如何？
3. S——打造你的人才（能力）	4B 模型：招培借留	数量：如何打造企业的人才供应链？
		质量：如何做强组织能力，为组织赋能？
4. C——激活你的人才（意愿）	激活组织	如何通过文化、绩效、激励制度等手段让组织充满活力？

通过上述 4 个步骤回答 7 个问题，我们就可以建立起一个企业的人才战略基本框架。不过，框架只是基础，管理者需要结合实际进行思考。下面，我精选了一些在实践过程中读者和学员们经常向我提的一些问题，以及我的思考。

1.关于了解业务战略的渠道：如果我不太清楚公司的业务战略，怎么制定出有效的人才战略？

这个问题本身就是个问题。在一个组织里，所有的人都需要有起码的战略认知。一个公司的董事长或总经理，在和管理团队一起确认了公司的业务战略之后，一定会想办法让全员了解并宣贯下去，确保公司能够形成一个"战略、目标、计划、执行"的分解体系。因此，公司的任何一个员工，如果不了解公司的业务战略，这就是其本人的大问题。做事情需知其然且知其所以然，任何执行层的员工，即便是不参与战略的规划环节，也必须清楚战略的内容和来源，不然执行的时候很容易"只在此山中，云深不知处"——没有方向的战略执行，就是无效的执行力。

从实践角度来说，公司的员工可以通过什么途径来了解业务战略呢？我本人也是从企业专员一步步成长为总经理、商学院院长的，从职业经历角度来说，组织成员可以有包括但不限于下述了解业务战略的渠道（表2-2）。

表2-2 不同层级人员了解业务战略的渠道

层级	对应职位	了解业务战略的渠道
高层	董事长、管理团队成员	董事会、战略研讨会、董事长/总裁汇报、OA平台
中层	各部门负责人、专业带头人	部门会议、总裁见面会、跨部门交流、OA平台
基层	基层员工、执行层骨干	领导传达、高管见面会、部门会议、OA平台

2. 如果市场不太稳定，或管理团队出于谨慎考虑，对业务战略的定位暂时不清晰，那么该如何思考人才战略？

公司的业务战略一定会受市场的影响，而作为关联方的人才战略，需要起到重要的支撑作用。如果战略比较激进，那么我们就需要激进型的人才战略——业务攻城略地，人才在质量、数量上大幅扩张与提升，前者把蛋糕做大，后者带来更多分蛋糕和做大蛋糕的人；如果业务战略比较稳健，那么人才战略就需要匹配稳健的步伐，在维稳现有团队、夯实基础的情况下稳步向前，稳健提高人才的数量与质量。但如果遇到了极端情况，即业务战略本身不够清晰呢？10多年前，我曾在一家被收购的民营企业工作，当时公司刚被一家香港上市公司收购，高层被换掉了不少，中层人心惶惶，基层员工流失率也比较高。由于公司刚被收购，母公司还没想好收购后的打法，因此公司在易主之后的业务战略是不清晰的。当时公司人事部就两三个人，还有很多其他日常事务性工作。人才战略要不要做，怎么做，是摆在我们面前的一个大问题。考虑到公司高层动荡、基层员工流失率高的情况，我们将全年的人才战略聚焦在关键人才——中层干部和销售人员身上。

对于当时的我们来说，不管公司怎么动荡，中层干部是腰部、不能乱；公司原有项目和产品并没有叫停，还要继续销售、去库存，所以销售人员也很重要。对于中层，既通过培养项目提高他们的管理能力，又通过股权激励、职业生涯规划的方法维持其发展愿景，建立高管见面会的通道与其对话，维持他们的稳定度，防止挖角。而对销售人员则强化销售技巧培养，让销售人员推荐自己的朋友加入公司并给予其奖励，对销售岗位离职谨慎补员，通过兼岗的方式让原有的销售人员承担更多，同时建立销售精英俱乐部，重点保留销冠及公司关键客户。有多少人做多少事，不盲目求大、求远，务实地为公司当下保持组织稳定、夯实组织能力。当然，现在回过头来看，如果当时在保持组织稳定的基础上，能够效仿 GE，通过管理人员战略研讨的方法（也可以引入外脑、对标启发），帮高层更好地梳理未来的业务战略，就更符合"立足现在、放眼未来"的观点。

因此，如果遇到管理团队对业务战略思路尚不清晰，走一步算一步的情况，公司的人才战略还是可以"立足现在、放眼未来"地做如下思考：

第一，从打造人才角度（数量、质量）。

➢ 锁定公司当下和未来的关键人才，重点关注公司关键人才的培养与保留；

➢ 对于持续性业务，面向未来适度储备一定量的人才，避免未来的"人才荒"；

➢ 定期关注竞争对手，杜绝竞争对手对本组织的恶意挖猎；

➢ 谨慎增加人员数量，尤其是基层员工，善用加班、兼岗、AB 岗、全员营销等手段消化现阶段业务对人才的需求。

第二，从激活人才角度（意愿）。

➢ 以文化项目（学习、团建等）继续强化公司文化对员工的吸引与保留作用；

> 看短期，"打鸡血"类的活动需要定期做，有助于员工保持较高的作战兴奋度（公司高管必须参与）；

> 看长期，通过公司中长期激励手段绑定人才，提高人才的转移成本；

> 推动公司高管的战略研讨活动，骨干员工、外脑也可以参与，共同探讨组织的未来。

公司作为"企业公民"的身份存在，目的就是为社会创造就业、增加GDP，为团队创造利润，给员工带来美好生活。因此，企业对发展趋势的追求一定是向上的，所有管理人员必须对其充满信心。当公司没有明确业务战略的时候，人才战略可以为业务战略储备人力资源、维持组织稳定、蓄积更强力量。"攘外必先安内"，稳定而强大的组织可以使管理团队有精力思考并为接下来的业务战略做准备，这个时候就更体现了"人才先行"的思路。

3. 在企业发展不同阶段，如何考虑对应的人才战略？

前文曾提到在不同时间、不同地点及企业发展的不同阶段，由于自身的成熟度不同、面对市场的差异化、所需的资源不同，人才战略的思路的确有所不同。套用美国第16任总统亚伯拉罕·林肯说的话："你可以在某些时间里欺骗所有的人，也可以在所有的时间里欺骗某些人，但你绝不能在所有的时间里欺骗所有的人。"人才战略不可能"一招鲜、吃遍天"。这些年我经历过很多处在发展阶段、成熟阶段的中大型企业，在转型为自由学者身份之后，我又接触了不少创业企业的老板。我尝试着将企业在"初创、发展、成熟"三个阶段要关注的人才战略聚焦点做一个梳理，如表 2-3。

表 2-3　企业发展不同阶段的人才战略聚焦点

业务阶段	定义你的人才	打造你的人才	激活你的人才
初创期	类型 1：泥腿子 类型 2：有资源	1. 竞争对手就是人力资源池 2. 简化管理机制、培养核心人才	推动内部创业意识、规划职业愿景、建立企业文化
发展期	类型 1：标准化 类型 2：狼性足	1. 多维人才渠道、建胜任力系统 2. 完善管理架构、培养人才梯队	绩效导向、短期激励与长期激励结合、健全福利
成熟期	类型 1：善授权 类型 2：敢变革	1. 防范挖猎、打造人才交流机制 2. 提升管理能力、提高用人标准	变革与创新文化、以中长期激励为主、拓宽职业通道

企业和人一样——幸福的企业都是类似的，但不幸的企业各有各的不幸。在我们了解了各阶段要关注的人才战略重心之后，需要根据企业自身的特点做本地化分析。越了解业务和企业气质，这种分析越精准。企业的成功没有标准答案，往往烦恼在心头，答案却在脚下。以上述思维逻辑为认识基础，多行动、多尝试，才能打造出真正属于本企业的人才战略。

> **全景罗盘：人才战略关键技能罗盘 2.0（由外到内地全盘思考）**
> 关键词：蝴蝶效应、市场趋势、人才超限战、"一把手工程"

前面我们的思考都是基于组织内部的业务战略与人才战略之间的联动，从外部来说，人才战略和我们所处的市场、行业都有巨大的关系。比如，我们前面说"竞争对手就是我们的人力资源池"，而竞争对手恰恰存在于市场当中；客户的偏好会对产品、销售渠道带来影响，进而会对产品的研发能力、渠道的创新带来影响，进而改变组织内部的人才结构与人才能力——这其实是一个典型的"蝴蝶效应"：市场、战略、人才三者共同构成了一个动力系统，相互影响、共同成就。

在上述 TTSC 价值链的基础上，我花了很长时间去思考人才战略由外到内的关系，尝试着把它梳理成一个层层递进的罗盘（图 2-2），并根据业务实践不断地优化，便于我们更好地理解人才战略、公司战略、市场要素三者之间的关系，以及提示大家建立一种"身在士卒，心怀天下"的全局观。

我们阅读这个罗盘的过程，就是一个由市场到人才的"剥洋葱"的过程。这个"洋葱圈"从外到内由市场趋势（外）、公司战略（内）、人才战略［外延技能（内）、内涵技能（内）］几个渐进的部分构成。外是指客观环境，内是指主观环境；市场趋势影响公司战略，进而推动我们构建相匹配的人才战略外延技能和内涵技能。

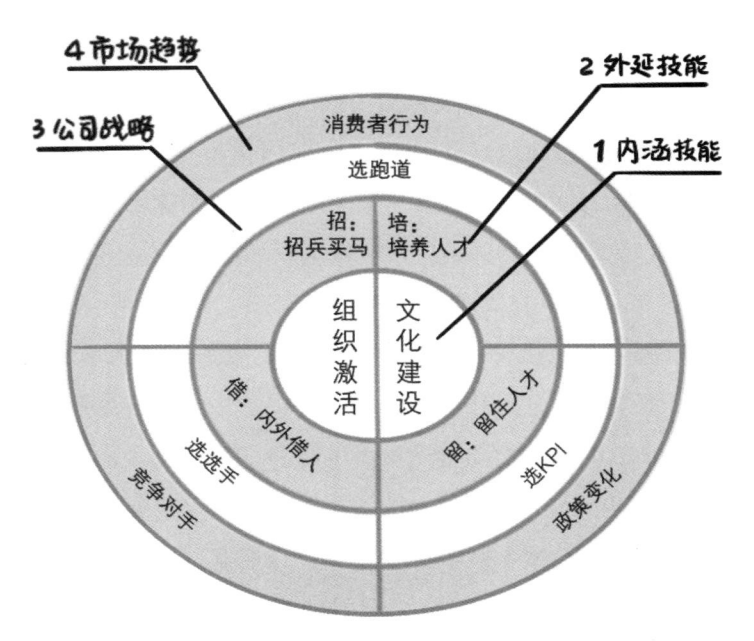

图 2-2　人才战略关键技能罗盘 2.0

第一个维度是市场趋势，它包含"消费者行为、竞争对手、政策变化"三个要素。

消费者行为代表一种偏好，它会带来企业对商业模式、产品研发、销售角度等方面的取向变化。大到像万达这样的企业，也会受到万达广场消费者年轻化、线上消费习惯的影响，进而在业务战略上积极布局电商，试图打通万达广场线上线下消费的联动；而此时万达在企业文化上是否能从强调军人般的执行力转到执行力与创造力并重、运营效率与人文品质并重，在运营意识上是否有电商思维，电商运营经验的人才从哪里来，在员工能力上是否有电商独特的能力要求等，就成为这个组织在 O2O 转型下新的人才战略挑战。而一场突如其来的传染性疾病，则可能使更多消费者宅在家里，一方面给"密闭空间型""聚集型"的实体行业，如餐饮、电影院、网吧、健身房、酒店、旅游等带来"无妄之灾"；另一方面"互联网经济"则被激发出了新的活力。《王者荣耀》在 2020 年春节期间单日峰值流水超 20 亿元，知识付费、短视频、直播、送餐、虚拟社交等行业出现了爆发式增长，阿里、腾讯、美团、字节跳动等企业获得了巨大利好，这些都是环境影响消费者偏好带来的动力。而随着消费者的这种"宅偏好"的增加，未来无人超市、无人书店、无人餐厅这类业态会越来越多，敏锐的企业也在迅速做转型。以碧桂园为例，目前其销售额已经稳稳排在了中国房地产开发第一梯队，但面对消费者偏好带来的互联网、人工智能的需求，也在大力拓展机器人、无人餐厅等业务，这同时也给公司组织能力上带来了新的挑战：从人才数量上，要考虑企业有没有懂机器人研发的员工，要解决这类员工从哪里来的问题；从人才质量上，要考虑企业现有员工是否具有互联网工作的能力、能不能适应公司这种"主营业务相关多元化"的快速发展；从文化上，要考虑企业有没有建立起更为年轻化、创新化的未来新文化。这些都对这个已经到"而立之年"的大型房企带来了新的人才挑战。而民众对于疾病的自我防御意识增强，对健康保健型产业又会带来新的业务变化，除了线下问诊、线上诊疗、线上健身、家庭医生、消毒液等业务有了新的发展，原有的相关产业如医院、健身房、药店等要反思自己有没有在商业模式上准备好。

货还是这个货,"输出管道"已经变得大不一样了,而对应的人员数量、组织能力都会有大幅度的变化。

在这个基础上,我们再以"立足现在、放眼未来"去思考,受惯性和商业环境变化的影响,如果未来很长一段时间消费者都保持和之前不一样的生活习惯、消费习惯和投资意识,那么企业在商业模式、销售形态、组织能力上是否准备好,就是一个巨大的挑战。举例来说,随着消费习惯的变化,房地产行业是否会出现一种"健康避险"型的房地产,远离农贸市场或远离城市中心人口聚集区,二线以下的房地产是否会有新的增长;我们会不会加速城镇别墅化的进程,以后镇上人口少的地方的房子比市中心的更贵,就像欧美国家目前的居住现状,而相应的 3 公里内的配套如何"不远不近"地实现,也会对组织能力中的选址、设计、定价、配套等能力,以及设计师的空间想象力带来新的挑战。如何预判并提前储备好组织能力?"宁可备而无用,不可用而无备。"未来对消费者的敏感将会使人才战略成为业务战略的重要制定依据,人才将会是一种先行的战略。

以竞争对手来说,如果竞争对手的策略发生了变化,而本公司无法再保持战略优势的话,那么就必须调整竞争战略,进而也会对人才战略带来改变。拿健身行业为例,之前大量的健身房都是以"办卡"的形式来运作的,但突然间有健身房开始提倡"我们不办卡、随到随消费"这种新的模式,并在很多办公楼宇、商场的健身房里进行了推广。那么如果我们是一家传统的健身房,该如何应对竞争对手带来的市场变化?如果我们还是以办卡来推广业务，我们是否可以更加灵活，如打造行业或片区联盟让卡片可以通行全国，或学习一下商场美食城的策略，"随办随用"：单次办卡，消费完可以随时退卡，也可以选择保留卡片；如果保留卡片下次消费时可以享受优惠，不保留也可以在下次消费时再行办理。这都是在"有卡"情况下的操作，需要有企业的资源整合能力、营销能力、信息系统能力的升级才能有效支撑。如果我们也效仿竞争对手做"无卡"式消费的话，那么教练的业务量如何保证，我们通过什么样的营销策略来吸引客户？同时，对一线门店管理人员等的激励手段应该如何匹配，过去"办卡量"这个考核指标已经不复存在，那么应该如何激活一线人员的活力？和健身房类似的美容美发行业，这些年"优剪""快剪"这类互联网形态竞争对手的出现，也对原有的业务形态带来了冲击：不办卡、门店没有传统意义的店长、生意只靠公众号预约、顾客满意度随剪随评，顾客和门店形成了一种"最熟悉的陌生人"的关系。传统的美发店该如何应对，是升级为高端会员制，还是向下走成为一个大型的"优剪"，抑或专门锁定某类人群打差异化战略，如只做女性剪发生意等，这些都对门店人员的编制数量、店长的考核方式、客户平台的管理模式，以及员工、企业、客户三者之间的关系建设，乃至于企业文化的转型带来了巨大的挑战。

拿零售行业为例，你打算进军社区生鲜市场，为此跟物业公司、供应商进行了多轮谈判，确定了产品品类、价格、销售策略、终端布点及人员编制等问题，但是突然间某大型快递公司也开始进军社区生鲜，他们不仅可以进行终端布点，而且由于其强大的采购能力，在定价、品类上比你更有优势，同时物业已经跟他们在其他业务上有过多轮合作，具有持续合作的可能。那么这个时候你就必须思考，你是否要避开对手的网点布局（如转而进攻对手尚未开发的低端或高端差异化社区）或和对手在同一个战场进行差异化搏杀（如为抢占客户流量定价更低、做出更高的承诺或聚焦于更专业的品类）。在这个思考之下，你就发生了竞争战略的变化，而原有人才的编制、能力势必发生变化：如避开某市场选择进入新的差异化市场带来的人才数量需求的变化，选择与对手进行同一战场的差异化搏杀时在人才能力（采购、营销、公关等）方面发生的变化，这些都会对现有的人才战略带来直接的改变；紧接着，原有的人才计划、方案，甚至谈好的人才需求、供应商都会发生变化。市场是快速变化的，离市场越近的人变化越快，这也是"老板变化快"的本质原因。盒马已经把零售做到最后一公里了，如果你还固守原有模式的话，只能把自己做小，变成便利店模式，或者就模仿盒马打造线上线下零售的组合；永辉超市出现的零售"新物种"，也是零售模式互联网化、O2O化打造后的结果。这样的一些变化，对于"慢公司"如何能变成"快公司"，带来的不仅是业务战略的挑战，更重要的是组织能力的挑战。我们无法控制别人的行为，但可以因此改变自身的策略。商业历史上的那些"慢公司"，如柯达、诺基亚、家乐福等，都受到了竞争对手科技与商业模式演化带来的冲击，但错误的战略选择以及面对变化的组织恐惧（organization fear）都对企业的转型带来了巨大的影响。

以政策变化来说，国家的金融、医疗、地产、教育、科技等政策的调整，都会对行业本身的战略、组织的战略方向带来直接影响，进而呼唤相对应的人才战略。大到印度推行"软件强国战略"，雨后春笋般催生了大量的软件科技企业，刺激了高效科技类专业的火热，从而培养了大量软件科技型人才，同时从全球重金挖猎了大量优秀的软件开发人才，对软件开发人才带来了较高的社会地位和财富回报；小到一个企业要想理解税收政策，就必须有一个除了具备专业知识之外还了解当地财税法规的财税人员。这些都显示出国家政策对组织人才战略的引导作用。

拿医疗器械行业为例，医疗器械行业关系到国民的生命健康安全，被国家划入中长期重点发展的领域。2002年发布的《医药科学技术政策（2002—2010年）》中指出，要提高医疗器械、制药装备研制和制造工艺水平，加强知识产权保护；2009年发布的《中共中央、国务院关于深化医药卫生体制改革的意见》鼓励开发生产适合我国国情的医疗器械；2013年发布的《国务院关于促进健康服务业发展的若干意见》提出，支持医疗器械研发和产业化等。国家对医疗器械产业的各项推动性政策，在行业端加强了医疗器械产品的研究开发，推动了一批优秀的医疗器械产品以及企业创新创业；同时，也呼唤医疗器械企业增强研发能力、促进高校及企业内人才的培养、提高关键岗位梯队尤其是优秀研发人员梯队的建设能力，同时对于品控人员的能力、管理人员的能力带来了更高的要求。

拿地产行业为例，2016—2017年几个城市都推出了"租售同权""共有产权"的政策。这些政策在企业层面就需要理性地解读，如果解读为"抑制行业过快增长"，那么显然公司战略应该考虑价格对不同人群、不同需求在不同区域之间的调配，优化产品线，做到相对精确的供需比；如果解读为"人才安居"，那么就应该考虑企业在人才安居项目上与政府的合作与匹配策略，或者打产品差异化，做高端精品、百花齐放。在这些不同的战略思考之下，应该战略布局哪些地区、补充哪些人才、快速提升哪些人才的能力，这都是管理者在人才战略中需要重点思考的问题。

除此之外，在国家对国有企业承担社会责任的要求之下，相应属性的企业在人才管理上也会有相应的动作。深圳一家国有巴士集团，由于在公交车上使用了高科技技术，进而带来了售票员、老司机等人员富余的情况，公司迅速设计了一个"再培养、再定位、再出发"的人才项目，让一些专业技术比较老化的人员通过培养，转岗到业务后台从事培训岗、中控运营岗，以及行政管理、文化党建、老干部管理等相应支持性岗位，一方面顺利实现了前线人员的年轻化更迭，另一方面有效消化了大量科技进化带来的富余人员，"两全其美"地承担了社会责任。试想，如果国有企业动辄将员工以裁员的名义赶出企业，那么社会还得消化这类员工，这就会增加社会的人才负担。国有企业如何创造性地设计人才战略，从而实现既打造人才，又承担社会责任的目标，是很考验管理智慧的一件事。

第二个维度是公司战略，包括"选跑道、选选手、选KPI"三个要素。

一个企业在对市场进行分析之后，对自身在战略进入（区域、产品线选择）方面的选择，就是"选跑道"。比如，同样是做电商，你可以选择像淘宝那样做多品类的电商，也可以像韩都衣舍那样做单品类的电商，还可以像京东那样做自有仓储、自由物流式的电商。而不同的选择，会对你的组织能力带来不同的挑战。京东的自有物流，提高了客户最后一公里的体验感，但抬高了组织成本；在2019年降低快递员底薪、提高佣金之后，员工的关键能力将会由服务转向营销，最后一公里的体验感就有可能因此下降，但应运而生的京东快递柜做了一定的补位。

  选择不同的业务模式（跑道），对组织能力的要求是大相径庭的，而根据市场特点及自身组织能力选择合适的跑道是企业的一个重要能力。2020年年初，《囧妈》《唐人街探案3》《夺冠》三部电影选择的放映渠道都是以院线为主，但突如其来的疫情使得院线暂时关闭，《囧妈》这部电影就跳出了传统跑道，改为在今日头条和西瓜视频上播放，变成了一部"互联网电影"。在这个新的跑道之下，观众免费观看、导演照常获利、头条系的App获得了海量关注、广告公司植入广告，获得了"四赢"的效果。这个新跑道的开辟，使得今后的电影也多了一个"电商"模式；而代表实体跑道的院线，是应该原地不动，漠视可能到来的"新物种"的威胁，还是尽快考虑新的跑道，做跑道的创新？而在这样的战略选择之下，电影如何成为"电商"，院线如何O2O式运作，都需要对应的组织能力与人员选择，如发行渠道怎么做，互联网电影的广告怎么设计，如何设计分成模式，O2O式运营需要什么类型的员工，员工的关键能力有哪些，如何有效考核与评价等，这些都是赛道选定下的"一揽子工程"。

国家作为一个组织，也在选自己的"跑道"。新加坡国家小，他们将大量的人才送出国去深造，再输送回本国做贡献；对于中国，我们需要的人才非常多，仅仅靠把学生送出去然后回国是不够的，所以我们国家面临的重大挑战应该是改革自身的教育机制，让创新性人才的自主培养可以真正做强。都是"人才培养"工作，但不同国家由于自身特点不同，跑道的选择也大相径庭。

"跑道"与"选手"是一个联动的工程。如果你是天美工作室，你为什么选择做《王者荣耀》，而不去做一款棋牌游戏，这个选择的过程就是"选跑道"。而当你选了跑道之后，你就发现这个跑道上充斥着同行业的各类选手、竞争对手，你可以从这个跑道当中选择合适的人加入你的公司（挖猎），你也需要杜绝本跑道及另一条跑道的选手来抢走你的人才（防御），因为现在的人才战争，是一种"超限战"。比如，在地产公司的时候，我发现家电企业会来挖本公司的人，因为他们内部做了一个新的地产业态；而某家地产公司专门挖金融公司的人，因为他们做了一个新的业态，叫社区金融。现在大量的企业都在走以主营业务为中心的多元化战略，因此人才的"超限战"比比皆是。

新加坡国父李光耀在建设新加坡的时候，认为后发的国家、规模小的国家，要赶上规模大的、发展程度高的国家，人才很重要。政府是管理人才的机构、管理人才的人，武大郎开店肯定不会吸引好的人才，政治人才要有眼光和魄力。如果政治人才没有眼光，绝对不会有好人才，绝对不会吸引来好人才。这就是李光耀在"小国家"这个跑道上打造的"富人才"策略。

最后，当你选好了选手之后，就需要考虑对业务成果和团队绩效的管理（内部管治），这个过程就叫"选KPI"。某通信企业的创意研发部门，每天中午12点才上班，而其他部门都是上午9点上班，但从来没有人对这个部门有意见，因为这个部门到晚上12点左右才下班；同时，这个部门实施不定时工作制，不需要像一些后台部门一样准时打卡，考核指标以"创意点数""外部客户评价"为主。某餐饮公司，考核员工的第一大指标就是客户满意度，因此员工会在店长授权之下为顾客创造很多"意外的惊喜"。在第一章中我们提到的某公司做业务发展不同阶段的差异化考核，这是为了打造"粮仓型"项目，支撑组织的"三、四线战略"。这些适合本组织业务及人员特征的、独特的管理方法，就是我们说的"选KPI"。

第三个维度和第四个维度，我称为人才战略的外延技能和内涵技能。

招培借留是打造人才供应链、实施人才战略的外延技能，是管理、是肌肉，它决定了人的数量与质量；而组织激活、文化建设是人才战略重要的内涵技能，是内核、是血液，它从机制角度决定了人的意愿。

关于招培借留这个重要的人才供应链思路，我在下一章会展开详述。而之所以将组织激活与文化建设放于内涵技能部分，是因为这两项工作都是"一把手工程"。

对于"组织激活"而言，组织的活力对人才战略的实施起到了极其重要的作用。比如，组织是否有发展性的职位供给、是否有灵活的内部创业或合伙人机制，团队建设是否卓有成效、是否能激发员工的进取心，这些都是一个组织自身活力的体现。但需要说明的是，就像第一章提到的"企业决策层是人才战略的天花板"一样，组织激活的天花板就是公司老板及管理团队。从现实角度来说，如果老板不愿意分享权益、不参与团队建设，那么激励制度的现实性、团队建设的效果必然大打折扣。因此，组织在实施人才战略的时候，执行团队必须充分和老板、管理团队在作战意图上达成一致，老板以身作则，通过权力和影响力推动组织的激活，是一个组织得以真正激活的必要条件。战略的实现，无论是业务层还是职能层，都是由上至下的。

对于文化建设而言，由于有传导效应的存在——新员工看老员工、老员工看管理者，因此在人才战略中，组织文化的宣贯及落地，和管理团队的推动密切相关，文化建设是"一把手工程"。在武汉大学 CHO 班授课的时候，有一位 HRD 跟我交流，说：何老师你为什么要把企业文化作为人才战略的内涵技能，它如何能左右人才战略呢？我问他：在你眼中，什么是企业文化？他说：我们企业倡导诚信、务实、市场化、客户化，这些都是企业文化，已经上了墙，还印在了员工手册里面，都已经做成日常化了。我又问他：你确定这个就是企业文化？他说：是啊，我们早就司空见惯了，员工都知道。我回答他：这个内容叫"价值观"，是企业文化的一部分，而你们的企业文化，首先代表的应该是老板在创立公司时期的思考，即公司要做什么、做得多大、应该坚持什么战略，这叫"愿景"，同时还有企业对自身发展、社会责任及员工责任方面的思考，这叫

"使命",这两部分确认之后,才会有要求管理层及员工共同遵守的"价值观"。因此,企业文化,尤其是愿景和使命,是在战略之上的思考,决定了公司战略的大框架、基本方向,当然是人才战略的基础和内环境。

资源分配系统:对人才战略中专业导向与动机导向的思考
关键词:"打牌"的能力、科学工具、管理动机

在人才战略的实施过程中,资源的分配始终是一个矛盾。管理者手上的资源不是无限的,既做不到想给谁加薪就给谁加薪,也做不到随意给人升职。管理最大的障碍,就是如何在资源有限的情况下去推动团队,这就像斗地主:有人起了一把烂牌,但打得很好;有人起了一把好牌,但打得很烂。管理者"打牌"的能力,就是资源分配的能力,它决定了有效的评价、奖惩与员工动力的来源,是人才战略当中组织激活的基础。

让我们动动脑筋,思考一个资源分配的问题:

你有一万元,要分给五个员工,你会怎么分?

这个问题的背景极为简单:第一,这个钱的来路是没问题的,不存在"来路不正"的情况;第二,这五个下属完全听命于你,你怎么分他们都不会有意见,即便是全分给一个人,其他人也不会有意见。

对于这个问题,我曾问过不同类型的团队,有业务一线的管理人员,还有人力资源从业者。人力资源从业者给我的答案主要聚焦于如下五类:

1. 绩效考核论：设定各岗位的考核指标，根据大家完成业绩的情况来决定奖金的分配；

2. 岗位价值论：根据公司不同岗位的价值评估（专业能力、胜任力、素质要求等），来决定五个岗位多与少的分配；

3. 组织评价论：组织一次公司的人才盘点，根据大家的打分情况决定分配，或由老板直接推荐；

4. 企业文化论：假定五个人业绩都一样，那么进行一次企业文化评价（忠诚度、价值观的践行），谁和企业的文化最匹配，给谁激励最多；

5. 时间价值论：此刻先拿出5000元作为常规奖励，每人发1000元，剩下5000元作为团队建设经费，过一段时间做团建，大家一起花掉。

让我们换个视角，再来看看业务一线管理人员的五类常见回答：

1. 目标夺取论：设定一个新目标（山头），将一万元作为目标悬赏，谁打下这个"山头"就奖励给谁。

2. 平均主义论：大家都挺不容易的，一万元也不多，干脆每人2000元分了算了，也免得有人有意见。

3. 狼性团队论：根据业绩考核结果，只奖给第一名，其他4个人都没有。如果其他4人羡慕这个人，那么就请努力拼搏，成为跟他一样的人——临渊羡鱼，不如退而结网。

4. 劫富济贫论：一万元也不多，看看部门里谁家里最不容易，大家当作众筹把这一万元直接奖给他，也鼓励他更努力地工作。

5. 部门协同论：拿出5000元作为部门内部奖励，每人发1000元；

再拿出另外 5000 元买礼物，奖励那些平时跟我们协同比较多的部门。

从上述回答的整体上来说，其实各有优劣。人力资源从业者的**专业导向比较明显，而业务一线管理人员的动机导向比较明显**。专业导向有一个明显的好处，就是处理问题比较量化、标准化，做事情一定要有明确的政策依据或标准化流程作为参考，避免风险；但劣势也很明显，容易掉进"专业化的深井"，创新意识、变革意识偏弱。动机导向则主要关注自己做事情的目的，手段的严谨性是其次，好处是胆子大、步子猛、推动力强，一旦确认方向后动作极快，除了常规想法之外，也更容易想到一些天马行空、适度越界但逻辑上自成体系的点子出来；劣势是很容易一个人一个样，极易受管理者自身的管理风格影响（比如，有人崇尚"狼性团队"，有人则关注团队的和谐度；有人稳健，而有人则侵略性极强），标准化较弱，容易产生规则性风险。

为了便于大家理解，我将上述分析逻辑化为一个工具模型，见表 2-4。

表 2-4　专业导向与动机导向的差异化模型（结合案例）

思维导向	采取策略	考量细节	底层逻辑
专业导向	绩效考核	依据岗位的考核指标及完成度	合法：凡事必须有依据 合规：组织管理源于标准化 安全：风险厌恶型
	岗位价值	依据岗位的价值评估及贡献程度	
	组织评价	根据组织打分或管理团队建议	
	企业文化	依据文化匹配度或组织忠诚度	
	时间价值	建立"未来基金"，当下 + 未来使用	

续表

思维导向	采取策略	考量细节	底层逻辑
动机导向	目标夺取	设定新目标，悬赏攻下"山头"者	合目标：目标为主，手段都是其次 合逻辑：组织管理源于管理者的管理逻辑 突破：风险偏好型
	平均主义	平均分配，都不要有意见	
	狼性团队	将资源给到最有竞争力的人	
	劫富济贫	将资源给到最需要的人	
	部门协同	内部奖励与外部激励相结合	

上面这个分析模型，很真实地呈现了大量企业出现的人力资源与业务管理（或者可以略微扩大一点，叫"职能部门与业务单元"）在处理同一件事情上的巨大差异点或冲突点。将两种思维模式结合，我们会发现，实际上专业导向与动机导向本身也无所谓对错，只是大家长期工作形成的习惯而已。

结合上面这个案例与分析模型，对于人才战略如何实现从业务到人才的思考，我要再次强调一个基础的观点：专业的不等于合适的。只要涉及对人的管理，就一定比我们想象的要复杂。解决人的问题不能只靠一种专业方法，它是一种系统——一种结合了专业与动机导向的系统。在考虑问题、实施方案的时候，并不是用看起来最专业的那一个，而是要结合在一起思考：什么样的综合方式更合适组织、更符合管理团队的意图，就应该采用什么样的方式。

比如，我在跟一家银行交流的时候，一位分行副行长说，对于这个问题，我就只会奖励排名第一的人，因为我的管理风格就是"只有第一、没有第二",除了第一,其他人都给我饿着,如果你想吃得饱、吃得肥,那么就要成为第一。这是一种典型的"狼性管理",本意是为了推动大家努力奋斗,争当第一。于是我很感兴趣地问他,你们团队主要是负责分行里哪一块业务的?他回答:我们是负责信用卡销售的。这就构成了一个合理的逻辑闭环:他们的业务是信用卡销售,管理风格上涌现狼性,当给了这位管理者一万元作为待分配资源的时候,他用这个资源强化了他的管理风格。

当然,过于狼性的管理,会给员工带来过大的长期压力,从激励制度、团队建设角度去鼓励员工、打造互助的组织文化,打造传帮带的组织氛围,使组织之中不只有压力,还有"情怀",则更有助于该组织的长期稳定发展。也就是,专业导向崇尚的严谨与量化,动机导向崇尚的目标与突破,在组织当中需要适度地结合,达到合法、合规且合理的组织管理氛围。

在本章的最后,我提出一个公式:

资源分配系统=科学工具+管理动机

第三章

**人才供应链：围绕"招培借留"
打造组织的人才供应链**

20世纪80年代初,美国学者波特在《竞争优势》一书中提出了"价值链"一词,价值链将企业分解为战略性相关的许多活动,随着企业实践与学者研究的发展,"供应链"一词应运而生。供应链是由客户需求开始,贯通从产品设计到原材料供应、生产、批发、零售等过程,把产品送到最终用户的各项业务活动。丰田式JIT精益生产将供应链的管理在亚洲发扬光大,及时准确、杜绝一切浪费,以柔性灵活的方法完成生产资料的匹配和产品交付的过程。说到底,丰田的JIT精益管理的本质是以低成本的方式构建满足市场多品种、小批量需求的快速反应机制。而将这种思想应用到人才战略角度,我们将人既视为"生产主体",又视为"交货对象",就形成了"人才供应链"。

我们前面提到的"有没有人、人好不好用"是结论、是效果,"准确的""及时的"是过程、是效率。**人才供应链的目的,就是快速找到合适的人才以组建起持续的、有战斗力的团队。**

以丰田成功的供应链管理实践为例,其供应链管理之所以成功,是因为关注到了"差异性、速度性、变化性、可视性"这四个点。我们以这四个特征来类比人才供应链建设,会得到很好的观察结果(如表3-1所示)。

表 3-1　以丰田供应链管理类比人才供应链建设

特征（四个）	实施方式	人才供应链管理	对应风险
差异性	根据需要确定品类	根据业务需要确定人才需求	闭门造车、无视业务需求
速度性	稳定基础上的迅速	在人员稳定基础上迅速供给	人才一边供给一边流失
变化性	减少不必要的变化	强化质量建设而非数量建设	盲目改变人员数量而不是提升质量
可视性	确保对计划的正确共识	确保公司对人才供应链建设目的及方式的统一认知	没有在管理层面达成一致

以丰田所在的制造业为例，这个行业打造了很好的供应链管理模式，很多企业在业务战略取得了很好的成功。但在人才战略角度，丰田依然存在一些问题。丰田历史上一位 CEO 的下台，就是因为他冒进地建了新厂，想去做新产品，但市场反响并不好。这里面最大的问题是，对于新的管理者来说，上一代的很多管理经验是长期累积的，并不是可以立即复制的。如果业务扩张太快，具有企业需求经验的人才跟不上，那么很多问题就会暴露出来。丰田，包括和它一样在业务上取得成功的所有企业，面对的最大挑战并不是业务扩张，而是如何及时准确地供给所需要的人才。

以房地产行业为例，根据中国指数研究院 2017 年的调研数据，伴随着业务的高速发展和多元化，房地产行业人才缺乏、流动率高的现象从 2008 年就大量出现了。在房地产英才网 2016 年进行薪酬调查的 100 家房企中，年均人员流动率达到了 38.6%（低谷为 15.8%，峰值为 69.85%）。面对快速发展的房地产行业，人才大战无法避免，企业对人才如何准确、快速定位，迅速捕捉，稳定发展？在冲刺过程中，如何做到规模扩张与人才储备之间的平衡，为"明天的增长"做足准备？这将成为企业管理层重点考虑的问题。

图 3-1 现代企业管理三大"智障"

现代企业管理当中有三大"智障"，也叫"三新堆"——堆人数、堆时间、堆规模，一切以"量、速、大"来取胜（图 3-1）。但人才管理的重心不光是数量，除了规模之外，质量是更为重要的关注点。

如何达到"数量"与"质量"的均衡，通过"招培借留"打造一条企业的人才供应链？这是本章交流的重点。

> **数量与质量：人才编制的"动态失衡"及应对策略**
> 关键词：动态失衡、产能不足与产能过剩、绩效对赌、此消彼长

让我们来思考一个问题：

某企业主营业务为手机制造与销售，3月预计手机出货量

1000万台，8月预计手机出货量200万台。作为公司管理者，如何考虑工厂所需要的工人数量？

我们从底层逻辑分析一下：大部分企业通常按照业务量或管理者经验的方式来预估所需的员工数量，但这类预估往往发生在年初。这里面比较令人担忧的一件事就是，我们还将面对接下来12个月市场不确定的变动情况，而任何市场的变动情况都将使年初的这份预估显得不准。在VUCA时代，有的企业根本难以预料3个月之后的情况：如果3个月后突然市场上行、出现利好，则业务量陡然猛增，人会不够；而如果3个月后突然市场下行、出现利亏，则原本预计的人可能多了不少。很多创业企业，一下子扩张了一堆人手，结果项目突然失败、企业被收购或被列为"老赖"，则不仅不需要人手，还要涉及大面积的裁员。人才管理由于涉及"人员、业务、市场"三者的关联性关系，外部变量太多，仅在企业自身的范围内做一些"内部可控"的预测，只能作为一种推断性参考，很难做到像数学、物理那样精准。换句话说：这是个不确定的时代，预测仅仅是预测而已。

回到这个案例本身，由于这家公司的业务是按照月度随时变动的，月度出货量差异较大，如果我们按照3月"农忙时期"预估工人数量，那么8月"农闲时期"人员闲置的可能性就比较大；如果按照8月的预估，那么3月人员很可能就不够。无论怎么思考，都做不到精准。既然如此，我们建议按照"均值"或"谷底"来思考需要的人数，尽可能保守，再根据实际情况调节。比如，按照8月出货量预估工人的数量，那么3月用工峰值的时候，就可以借助劳务外包寻求支持，或者在工厂门口打广告招聘一些短期工，或者安排公司职能部门、后台管控部门派人过来支持。再如，某企业的营销中心，在产品去化指标高的月份，需要80个人，而日常营销中心编制只有30人，那么就可以在去化指标高的月份，找财务部、研发部各借10个人支持营销，同时找外部的营销代理公司借30个人，"农闲"的时候，再还给他们，灵活应对用工峰值时期的缺人现象。这里有三个考量：

➢ 养人是很贵的。人工成本除了狭义理解的工资之外，还有培训费用、办公成本、五险一金、交通餐饮，甚至办公硬件折旧等，每增加一个人就会带来"一揽子"费用。

➢ 请神容易送神难。随意裁员的行为，很容易带来劳动诉讼，而新劳动法目前以保护员工为主，企业方触碰"雷区"的概率是很高的。

➢ 市场变动太快。业务好了一下子请一堆人，业务差了一下子裁一堆人，只能给企业管理带来大量的不确定性和动荡性。比如，你刚培养好的人走了，而刚来的人又得熟悉企业情况，这些都是成本。

在过去的时代，由于市场竞争不激烈，企业可以建立大型的仓储来囤货，"供销两旺"的情况极为常见；但在目前这个充满变动的时代，"计划赶不上变化"的情况比比皆是，我们需要根据市场需求的变化快速调整生产与销售，如果动辄考虑大规模的存货，就会使企业陷入去化的困境——人才供应链的建设也是这样。

我用一句话来形容人员的编制预测工作，那就是：编制是不准的。结合上面的分析，我有两点建议：

➢ 建议1：每家企业都有用工的峰值与谷底，保守用工有助于保持人工成本优势；有的时候，我们缺的是"人工"而不是"人数"，可以通过灵活调节人工的方法来满足人数。

➢ 建议2：组织所需的人数，即便是在业务总量基础上根据人均销售、人均工作量等人工效能角度来进行的测算，也只是一种推测，而市场是灵活变动的，比预测更重要的是快速调节组织能力来适应市场。

同时，即便有企业找了一堆人力资源专家来做复杂的数据公式分析，希望精准地测算出需要的人数，我们还是得注意：企业的人员数量并不存在绝对意义上的平衡，即便人员总量上达到平衡，由于能力、资源的差异，也必然存在内部不同层级、不同部门、不同岗位、不同人员结构上的不平衡。

让我们再看一个问题：

A、B两个项目（分公司），体量、指标完全一致，编制数均为100人。A项目为强项目，能够较为轻松地完成指标；B项目为新弱项目，完成指标压力较大，向人力发出了增加编制的需求。总公司董事长不愿意再增加人工成本，提出了"一旦编制确定就不要随意调整"的说法。那么，在编制数被锁死的情况下，作为两家分公司的上级领导，如何使两个项目高效完成指标？

这个问题就涉及人员编制内部"结构性失衡"的问题，它的底层思考逻辑有两个：

第一，产能过剩与产能不足。在同样的业务指标之下，很明显 A 公司组织能力强大，导致"产能过剩"，而 B 公司业务能力贫弱，导致"产能不足"。

第二，数量与质量的动态变化。即便是不平衡，我们也不能简单就数量讨论数量，而是要综合考虑数量与质量的"此消彼长"问题。

首先，如何看待企业各业务单元的产能问题。假如你是一家航空公司的总经理，你某个时段的航班只卖出了 100 张票，但你的飞机可以提供 300 个座位，那么这就是一种明显的"产能过剩"，我们提供的产品或服务超过了市场的需求，带来了产能的浪费。这个时候，你就很有可能跟别的航空公司一起合作"联合共享代码航班"，提高上座率，避免产能的浪费。如果你是一家电影院的老板，下午 2 点到 5 点的上座率低，你的 300 个座位只卖出了 50 张票，投影仪打开的那一刻，你的 250 个座位就原地被"蒸发"掉了；而晚上 8 点到 12 点，很多场次都满座甚至座位数不够，影院又出现了"产能不足"。在这个情况下，影院就很有可能区别定价，将下午的票价调低而将晚上的票价调高，目的就是充分使用产能，避免"产能蒸发"。

其次，从数量与质量的动态变化上。我们单从两家分公司自身来看：B 公司表面看是人员不足，实际上是由于新弱带来的能力不够。即便给 B 公司增加了人员，都不一定能确保指标完成，还会涉及新人的融入、团队稳定度等新问题——最本质的问题，是要提升 B 公司的组织能力。而对于 A 公司来说，表面看起来是人员过多，实际上是由于成熟度高或资源优势而带来的组织能力强大。那么，是否可以采取绩效对赌的方式，按照"能者多劳、多劳多得"的原则，提高 A 公司的指标，使得 A 公司的"剩余产能"被充分使用呢？当然，必要的激励措施还是需要的。上面的这段推演，就是数量与质量的动态变化：没有绝对的多与少，这是一种"此消彼长"的动态关系。

最后，让我们把 A 公司与 B 公司连在一起看，提出处理这种"结构性失衡"的一些联动式建议（表 3-2）。

表 3-2　案例中"结构性失衡"的处理方式

处理方式	具体操作
人才交流	将 A、B 公司一定数量人员进行轮岗，以强带弱，实地学习成长
联动考核	将 A、B 公司考核指标合并，B 公司完成不了，A 公司也要受罚，完成得好联合奖励
强弱帮扶	将 A、B 公司"结对子"，由 A 公司定点帮扶 B 公司，根据帮扶成效奖励 A 公司
培养基地	新人：B 公司新入职人员都要求从 A 公司入职，2 个月后再回到 B 公司； 老人：A、B 公司员工"结对子"，一对一传帮带，考核激励其成效
兼岗计划	由 A 公司总经理兼任 B 公司总经理，由 A 公司总经理选派副总兼管 B 公司

在上述建议当中，"人才交流"属于常态化手段，需要组织日常建立起交流机制，打破组织壁垒，这个只能由上到下来推动。而"联动考核""强弱帮扶"究其本质，都属于"结对子"的手

段，在实际操作的时候，可以将组织内部强弱项目"结对子"，既由强帮扶弱，又将两者考核指标联动，形成"风险共担、利益共享"的模式，这样更有助于两个团队之间的协同。"培养基地"则分别可以对新人、老人起效果：B公司的新人直接从A公司入职，待两个月再回到B公司，就有助于A公司强大的组织环境帮助B公司塑造新人；A、B两个公司员工之间"结对子"，可以推动学习与帮扶。

最后的"兼岗计划"，实际上是一家公司实际操作当中遇到过的一个难题和"意外"的解决方案。某公司在同一个城市准备开一家新的分公司，分公司总经理为外聘人员，结果人员到位一周前，被竞争对手"横插一杠"挖走了。公司董事长临时委派原有分公司（A）总经理兼任新公司（B）总经理，A公司总经理的管理幅度由一家变为两家。为了帮助他管好两家分公司，就安排了一个得力副总负责日常管理，同时向他汇报，这样既能避免他两头跑精力不够，又能防范风险。没想到过了半年多，这位副总随着实践及总经理的指导也成长起来了，公司正式委任他为B公司总经理，同时奖励和提升了A公司总经理。后来公司就把这个策略称为"项目总1+X"计划：在公司由1家分公司裂变为2家分公司的时候，先不急着招人，由A公司总经理兼任B公司总经理，同时内部孵化一个人才出来——这实际上是一种类似于"阿米巴"式的人才裂变。

总的来说，在VUCA时代，组织人员的预测工作往往是不准的，保守预估、灵活调整有助于企业应对市场压力，确保较低的人工成本，达到人才数量与质量的动态平衡；同时，在组织内部，人员的数量往往是一种结构性失衡，管理者需要通过管理手段做强组织能力，达到组织内能力的均衡，而不是一味增加编制。

4B模型：人才供应链建设的四维渠道
关键词：能力的管道、偿付能力、人才培养的"三段"、看护成本

从目前企业人才供应的渠道来说，常规的人才供应链建设手段主要依靠外部招聘，但这些年的痛点越来越明显：人不好招、薪酬太高、忠诚度不够、流失率高，况且单纯以引进作为人才供给的渠道，很容易带来"水土不服""文化稀释"等难题。一句话：仅靠招聘打造的企业人才供应链，是没有未来的。

人才供应链建设是一个多维度、结构化的工作。对于这个问题，我有如下三条建议：

➤ 建议1：不要仅考虑招聘这一条团队建设的途径，要多维度思考人才来源；

➤ 建议2：从投资角度，钱可以是自己的，也可以是别人的，但都能为我所用，人才也是；

➤ 建议3：要关注人才供应链建设过程中隐含的"魔鬼"——看护成本。

基于实践的应用，要想使人才供应链多维度、高效率、高品质、稳定性地打造，我提出人才供应链建设的4B模型（如表3-3所示）。

表 3-3　人才供应链建设的 4B 模型

供应链建设工具	常规速度	综合成本	操作关注点
Buy：招聘	高	高	薪酬偿付能力、雇主品牌、竞争对手
Build：培养	中	中	三段式培养：从常规、加速到极端
Borrow：借用	高	低	内部借用、外部借用、人才交流机制
Hold Back：保留	中	中	多样化、短中长期激励、看护成本

4B 模型的四大工具，即"招培借留"。任何时候，我们看组织当中的人，其本质都是"能力的管道"，通过人本身的载体将能力输送给组织，为组织带来价值。其中，招聘（Buy）是购买能力的行为，主要从外部打造人才供给的管道；培养（Build）是打造能力的行为，主要从内部打造管道；借用（Borrow）是从内外部综合打造，但"有借必有还"，属于即时性打造的方式；保留（Hold Back）是一个重要的维稳手段，试想，组织一边在热火朝天地打造人才补充的管道，另一边却发现管道漏水了，这就会带来得不偿失的典型场景。很多企业一边"锣鼓喧天"地办员工入职，另一边"稀里哗啦"地办员工离职，这样的频繁变动，给组织带来的成本无疑是很高的。接下来我把这四个工具的关注点做一个整体分析。

先从招聘来说，它虽然看起来速度快，但主要关联企业的两大内在能力：薪酬的偿付能力与雇主品牌。很多企业进行薪酬的外部对标，希望找到一个行业合理的薪酬分位，这从理论角度来说可以给以薪酬吸引人才建立一个理论根基，但这里有个巨大的悖论：如果企业本身的偿付能力不够，即给不起钱，那么无论做任何的外部对标，都是没有意义的；而如果企业本身"不差钱"，无论其对不对标，都可以直接突破行业标准，超越性地吸引人才，达到"重赏之下必有勇夫"的目的。如果说，薪酬偿付能力是个硬性要素的话，那么雇主品牌就是软性要素。从雇主品牌上来说，很多企业本身薪酬不一定高，但胜在员工发展通道、企业文化、授权与信任等软性因素，依然能有不错的人才吸引力。有的企业薪酬高，但员工流动率也很高，极端的工作导向、杀伐决断的文化并不有助于留人，在"口口相传"之下，对外部人才的吸引力也不见得高。随着职场年轻化的发展，大量年轻从业者追求的并不是简单的薪酬，反而对于企业是否有发展机会、是否能够对下一份工作产生积极影响更为重视；而一些动辄杀伐决断的企业，即便提高了薪酬的偿付能力，反倒会给外部人才带来一种"有钱拿不一定有命花"的印象。因此，偿付能力与雇主品牌，一软一硬，两者都要做好，才能真实有效地做强企业在吸引外部人才角度的两个基本能力，为人才引进渠道的开拓打下坚实的基础。

除此之外，招聘有两个天生的短板。

第一，招聘是招不来忠诚度的。 人才忠诚度的建设，需要在组织内部有效地磨合，需要培养以及时间的检验。所谓"路遥知马力，日久见人心"，企业文化价值观的建设，核心就是对企业所塑造文化的忠诚度的建设。我们前面说过，忠诚度＝情怀 × 制度，无论是情怀建设（团队建设、员工关怀、组织认可等），还是文化制度建设，都需要一段时间的累积。在我看来，《基业长青》这本书最核心的观点，就是告诉企业管理者文化对于塑造组织忠诚度的重要性，而文化的建设是长期的，文化对人的渗透在于日常。战国四公子手下的门客，各个身怀绝技，和雇主之间的忠诚度也很高，但这些都要靠人际磨合与时间沉淀。因此，组织内部由于一段时间进人太多而导致文化稀释、流动率高等现象，需要组织及时加强新人引导、文化融入方面的防控，不然很容易"管道两头通"，进人快、出人也快。这种"管道两头通"的情况，在企业内有两种现象。

现象A："过水蟹"。企业本身看起来薪酬不低，"光环"也很强，但恰恰就是因为这两点，人才很容易进来"短期镀金"，既快速赚钱，又短期混个企业的名头，然后很快带着镀金之后的身段，去博取下一家更高的回报和起点。这就导致很多企业付出了较高的成本，依然没有什么人才的忠诚度可言。忠诚度是打造出来的，永远不是买出来的。你可以怎么买来，其他公司也可以怎么买走。

现象B：成为其他公司的人才基地。很多企业本身组织能力不错，标准建设也很强，但就是新人流动率高。组织内部缺乏对新人必要的引导、文化融入的机制，高管忙着做业务，也没时间去关注基层员工，导致很多一线人员在很短的时间里由于缺乏融入感而离开企业，将本企业强大的组织能力复制给了其他公司甚至竞争对手。这既和新人的忠诚度薄弱有关系，又和组织内部的激励与留人制度有关系。关于后者，我们会在"组织激活：七大引擎与留人的奥秘（激励与保留）"这一章里详细交流。

第二，你永远招不来一个老员工。有的企业管理者说，老员工走了无所谓，马上招一个就好。这一点对于替代性高的新人还算勉强说得通，但对于有经验的老员工而言，永远不可能实现。你可以招来一个专业能力和他差不多的，但新人对组织文化的了解、标准化打法的认知，则是全新的。所以，一方面要留住这些掌握了优秀经验、在组织工作时间长的老员工；另一方面要鼓励老员工在组织内部带人，并给予适度的激励。后者在"人才梯队：人才梯队建设的入库、在库与出库"一章里会详细交流。

再说说第二个工具——培养。很多企业之所以不重视梯队培养，有的甚至提出"只要能从市场上买到合适的人才，就不用培养人"之类的说法，是因为觉得培养太慢，要准备课程，要安排老师，要组织培训，要各部门通知人员，方方面面都损耗了组织大量的时间。这是对于培养动作的一个误判。实际上，**按照时间的长短，组织中的人才培养有三段**。

人才培养的一段——常态化培养。常态化培养对应的是纳入学习范围的全体员工。这一段比较常规，有四个步骤：学习、实践、转化、提升。以集中性的课堂培训为主要方式，学员先参加正式的学习，再进行行动学习、岗位实践等活动，通过活动将学习内容转化为个人的能力，有了能力后在实际工作中进一步提升完善。常态化培养中的重要教学角色主要是内训师，企业要建立自己的内训师队伍，以支撑常态化的知识及经验传承。

人才培养的二段——加速化培养。在上海和一家企业交流的时候，一位人力资源负责人问我："何老师，我们公司的业务发展很快，行业变化也很迅速，常态化培养往往来不及。老板希望在半年内就能培养出一个分公司总经理，而且是越快越好，有没有更好的办法？"这种情况下，如果做常态化培养，学员们的能力参差不齐，显然是做不到加速的。我们需要反常规思考：如果将培养面缩小，打"局部战场"呢？

人力资源领域有一个经典的问句：如果你要培养两只动物上树的话，一只是松鼠，一只是猪，哪只动物更快一点呢？显然，松鼠具有上树的先发优势且具有潜力，可以更快学会并胜任；但猪除了学习必要的技能之外，还得先减肥才有学会的可能，这会消耗更长的时间。也就是说，要想做到"加速化培养"，选对人很重要，我们需要选出对应的后备人群当中最优秀的那几个人——他们具有加速的可能性（图3-2）。

图3-2 选对人才有加速的可能性

"选对人"之后，谁来带教，学员怎么成长呢？在有一年的论坛上，有人问某知名院校的校长："既然你们学校这么厉害，为什么不招一些社会渣滓过来，把他们培养成人才，这才能证明你们真的很牛；然后让那些'状元'、优等生们去普通院校，因为他们本来就已经很优秀了。这样,我们社会的教育资源才达到了合理的分配。"不得不说,这位"挑战者"提的问题还是经过了一定思考的,也许当年没有考上这所院校是他心中最大的伤疤。校长应该怎么回答这个"棘手"的问题呢?

校长说:"感谢您对我们学校的关注。我们作为一所世界优秀的高等学府,我们和所有'985''211',以及各类普通院校一样,都只有4年左右的时间来培养人才。如果我们敞开大门招一些基础特别差的学生,我们可能需要2年左右的时间才能把他的基础提到中值以上,剩下的一点时间才有可能加速对他的培养,那么我们学校产出的就是普通人才。同时,环境是可以影响人的,去到普通院校的那批尖子生也很容易受到影响,而最终成为普通人才。那么中国的院校产出的都是普通人才,这样,国家是没有未来的。我们之所以要用最牛的学校配最顶尖的培养对象,再加上最牛的教授、最好的学习及研究环境,就是为了培养这个国家的精英人才,引领这个国家的未来——这就是'国之重器'的作用。"

因此,要想真的做到"加速化培养",这里有"四句箴言":选最优秀的人,用最优秀的师傅,用耳濡目染的方法,培养为目标岗位。在组织当中选择那些后备人才中的"精英"或"头部力量",在目标岗位当中选最优秀的人成为他们的师傅,通过在工作当中实际带教的方法(而不是天天坐在课堂里上课),迅速把他们培养为可以胜任目标岗位的人才。这样就需要把培训对象缩小,打"局部战场",做"精英培养"。

人才培养的三段——极端加速法。 很多公司都有这么一句话:

"宁可人等项目，不能让项目等人。"人等项目，是公司战略投资上的问题，受市场、资金、投资策略等方面的影响；项目等人，则是组织能力本身不够造成的人才供应链的缺失。

经常有公司管理干部跟我探讨，在公司某个板块工作了一段时间，也得到了老板信任，但某天老板突然希望自己去管管整个部门或开展全新的业务，这是一个新的挑战，不仅业务是新的、团队是新的，而且给自己的准备时间很短——可能半个月后就要赴任。如果拒绝，机会以后就不是自己的了；如果直接上，个人能力短板又很明显。这种情况应该如何应对？

有人说，能不能跟老板说明一下，自己先去其他几个板块分别轮一下岗，如整个部门或公司有5个不同岗位，那么每个岗位轮1个月，这样做个半年左右等个人能力补齐了再上。这个观点属于典型的"木桶理论"的范畴：一个木桶的能力上限，是由最短的那块板决定的。很多人错误地将个人当作"木桶"，想将自己的能力"补全"，之后再迎接更新或更高一级的挑战。但现实是：一方面，各个领域都是有大咖的，都经过了长年的学习与实践，个人很难在那么短时间里通过简单地轮轮岗、看看书、上上课，就达到人家几年甚至十几年的水平；另一方面，一个组织的发展永远不可能等到人都准备好了才上，很多时候都是业务或组织结构突然发生了变化，公司、个人都没完全做好准备，在这个时候，盲目提出"补齐个人短板再上"显然是不现实的。如果动辄就等个人准备好了再上，那么公司老板就很容易讲出那句话：业务发展太快，人才成长赶不上组织发展的速度。

因此，答案很简单——上了再说。但上了之后，如何面对个人能力不足的情况呢？这个时候，就需要通过"组织能力搭配法"：在个人能力不足的地方（短板）配上强人（长板），通过长短板搭配的方法，使组织这个"木桶"没有短板。换句话说：**个人应该优先发挥长板，而团队不能有短板**。如果遇到需要极端加速的情况，一个忠诚度高、综合能力不错的人，可以通过辅助角色（团队其他成员、师傅等），达到快速胜任的目的。《梯子定律》这本书告诉我们：人总会发展到自己不能胜任的阶段，这是组织发展给人带来的必然挑战。这时候怎么办呢？用一句俗话来说，就是"扶上马、送一程"——潜力强的后备人才先上去，通过长短板搭配的方法做强组织的综合能力。读者朋友们里应该有很多当父母的吧？你想想，从你的小孩出生那天开始，你是否其实就是"不胜任"的父母？但你的周围有当过父母的人，他们总能跟你在经验、人手角度进行强弱搭配，让你能够有效地"软着陆"。很多组织、公司都会把忠诚度高、综合能力强的管理干部调配到不相关专业、部门或公司里去，结果很多人干得还不错。造成这种结果的原因除了这些人的适应能力强之外，组织能力的合理搭配也起了很重要的作用。

当然，后备人才通过这种"极端加速法"上位之后，在不了解的专业上，除了进行短期长短板搭配之外，长期还是需要逐渐了解、掌握一些新专业知识的。这个时候就会用到另外一句话"学中干、干中学"：这位后备人才需要通过自己的下属、师傅或团队快速地学习。简单来说就是，尊重专业人士、善于发问。在工作过程中，一方面给专业人士发挥能力、建言献策的机会；另一方面要善于发问，把自己不理解的、不懂的、质疑的都提出来，也许一开始提的问题比较简单，但后面就有可能越来越复杂，假以时日，也能够不断丰富自己的专业阅历。总之，这是需要后备人才上位之后边干边学的。

"极端加速法"是人才培养过程中一个极致的手段，也很符合目前商业环境、组织业务变化的特征。敢用人、能用人、善用人，是每一位企业经营者进阶的必由之路。"野蛮生长"，也是一种生长的方法，只要路子对了，结果就是好的。

下面我把人才培养当中最重要的"三段法"的主要逻辑帮大家做一个整理（表3-4）。

表3-4 人才培养的"三段法"

	三段名称	对象	策略	扶助对象	时间
一段	常态化培养	全员	学习、实践、转化、提升	内训师	慢
二段	加速化培养	精英	选最优秀的人，用最优秀的师傅，用耳濡目染的方法，培养为目标岗位	内部导师	中
三段	极端加速法	高潜	扶上马、送一程 学中干、干中学	组织能力搭配	快

关于人才的"借用"，属于即时性调整人员数量的方式，但功夫却在日常。外部借用主要涉及企业外部合作的人才代理机构、供应链的上下游，使用派驻、外包等方式来解决暂时性用工问题，同时也不改变内部人员编制。从内部借用来说，需要建立起内部人才

交流机制，打破部门间、分公司间、子公司间人才流动的壁垒。这些年，很多公司在内部各业务单元、区域的人才交流，整合了内部人才资源，提高了人才使用效率，打造了一个有效的内部人才市场。

根据不同企业内部的人才交流形式，我将其总结为"四种维度""两个方向"，并将应用形式详细说明如下（表3-5），大家可以根据本企业实践，创造性地选择使用。

表3-5 企业内部人才交流常见方式

维度（四种）	交流应用
直接调动	直接将人才调动至对应业务单元（固定岗位）
飞虎队	支持性活动小组的组团作战、现场支援新业务单元（最为灵活，1—3个月不等）
轮岗学习	将人才外送至外部业务单元（其他区域、其他公司）培养式交流
短期派遣	新业务裂变关键岗位缺乏时，以短期支持形式出现
方向（两个）	交流应用
纵向	垂直交流，从后台管控（控温台）到前台业务（温度计），反向亦然
横向	平行交流，不同业务单元、区域之间的人才交流与师带徒

除此之外，"借用"的方法还是组织支撑新业务单元成长最快的方式。任何公司都会面临新业务单元快速成长的问题，新团队的摸索时间越长，所花费的学习成本越高。很多企业在新团队建立之后，希望通过简单的培训手段让大家快速了解企业文化、掌握标准化工作流程。实际上，在没有实践的基础上，这类培训式

的活动最多只能解决两个问题：

➢ 问题 A：初步了解企业 LOGO，也就是大概知道企业是什么、干什么的；

➢ 问题 B：缩短新人之间的情感尺度，或更进一步缩短新老员工之间的情感尺度。

而对于需要践行才能理解的文化、需要实操才能熟悉的标准化，简单的培训几乎无能为力。如果能够通过借用的方式，在关键岗位上安排几个老师傅，新老结合地运作，则新人的成长速度会快很多。通俗来说，新项目不应该都是新人操作，而应该"混编军团"式地操作。我将新项目快速成长的三个工具从实践角度做一下提炼：

➢ 1. 混编军团（快）：以轮岗、借调为主要方式，在业务发展初期在新单元关键岗位上安排成熟的老员工，新老混编、协同作战；

➢ 2. 师带徒（中）：设置新员工带岗人、专业岗位师傅、管理者导师；

➢ 3. 复盘系统（慢）：打造复盘系统，让老员工的经验可以脱离人的本体而存在，让新人快速学习。

最后，关于人才的"保留"，涉及"人才绑定"的策略、中长期的激励手段与情感留人，我们会专门拿出一章，在"组织激活：七大引擎与留人的奥秘（激励与保留）"里详细探讨。在这里，我们将"保留"开一个头，重点谈谈人才供应链建设过程中隐藏的"魔鬼"——看护成本。

看护成本是指组织用于吸引或留住人才的现金等价物，一个人越优秀，人才市场对他越透明，组织付出的看护成本就越高。三国时期，刘备"三顾茅庐"请出诸葛亮，但我们回过头想想，蜀国作为一个建制齐全的国家，不可能没有"人事部长"这类职位，为什么要"董事长"刘备本人亲自去请呢？原因很简单，换个人请不来。对作为人才的诸葛亮来说，他的优秀到了一定档位，使得邀约他加入的条件也到了一定段位。我们在组织当中，千万别认为把"黄大仙"请来就完成任务了，一旦必要的看护成本没有付出，如人才得不到信任、必要的培训、发展机会等，依然有可能流失。

举个通俗的例子，我在会场里参加一个行业聚会，在我面前有一瓶被我喝掉了一半的水。假设我要离开这个房间10分钟，我要求对面一个朋友帮我把这半瓶水看住，不让别人喝掉，这位朋友会怎么回答？我想，大概率对方会觉得莫名其妙，并选择拒绝——除非我们是在沙漠里开会，或者我是某个大牌明星，不然这半瓶水是没有被看护的意义的：第一是不卫生，毕竟是被人喝过的水；第二是很易得，万一真的不慎被人喝掉，大不了这个朋友再帮我拿一瓶。那么，我们把这半瓶水比作人才，他会是什么人才呢？显然，应该是一种"高可被替代型人才"。

换个条件，这次留在房间的是我的一部正在充电的手机，那么这个看护要求就极有可能得到正常的、明确的回应。而"半瓶水""手机"这两个东西之间的区别是什么？显然，就是价值的不同。如果我们把半瓶水比作"高可被替代型人才"，那么这部手机就是"低可被替代型人才"。人才的可替代性越低，价值就越高，对应组织要付出的看护成本就越高。

再往下延伸，如果我留在房间的是一个箱子，里面有100部

iPhone 手机，货值 70 万元，当我第三次请这位朋友看护的时候，他会怎么回答？我想首先他的压力会增加，如果不是关系特别好的话，他应该会拒绝。因为被看护物的价值已经高到了看护者本人难以承受的地步——任何一部手机的丢失，他都有可能要为此付出代价。因此，除非我再安排几个人一起看护，不然风险是很难消除的；而消除这个看护风险，也就意味着我们需要增加看护成本。当人才优秀到相对顶峰的高度，组织就需要付出超出一般优秀人才的看护成本——我们上面说到的刘备对诸葛亮，付出的就是超出一般的看护成本：当刘备亲自请来诸葛亮之后，明确表态让他做"一人之下，万人之上"的丞相；诸葛亮遇到任何组织内外的攻击时，刘备总是先表态力挺诸葛亮；在刘备去世前，也明确表态如果自己的儿子不行，他的位置就会直接留给诸葛亮。

显然，组织找到的人才越优秀，看护成本就越高，这是管理者保留人才的必要意识。如果组织自身没有实力付出看护成本，就很难有效留住人才。因此，吸引到优秀的人才只是第一步，根据人才的可替代性付出对应的看护成本，是一件更重要的事情。如果说人才引进前工作的重点在于合理的规划以及引进渠道的开拓，那么引进之后的重点就是看护成本的付出。

从流动性来说，人才来到公司之后，一旦培养、发展、激励等部分没有付出相应的看护成本，引发人才流失以后，看护成本会重新转移到招聘端——因为组织还需要补充下一个人才。**总的来说，看护成本是流动在人才供应链当中的一个隐藏的"魔鬼"，组织如果在哪里忽视了它的存在，它就会在前面不远的地方等着。**

第四章
人才标准：为组织人才画像，规避组织评价的风险

2018年我去日本游学的时候，参访了几家日本的百年企业，如TOTO、安川电机、京瓷等。参访过程中有一个议题：日本企业存续百年，最重要的原因是什么？一家本地商学院的教授在做完了历史、国民性、市场环境的分析之后，很幽默地说了一句：还有，因为他们的社长都生了个女儿。

这句话听起来有点戏谑的意味，不过让我们来做一个简单的模型推演：如果社长生的是儿子，那么下一代成功的概率很有可能降为"五五开"——也许儿子很争气，把事业越做越大；也许遇到一个败家子，不仅事业没能做起来，还会把家产败光。万一儿子又生了个儿子，那么成功的概率很有可能降为四分之一。所谓"富不过三代""创业容易守业难"，指的就是这个意思。儿子是不可以选的，也不能像员工那样开除掉，只能培养而不能选择。那么，如果社长生了个女儿呢？不管女儿争不争气，至少他是可以选一个女婿的，在有选择权的情况下，他可以有很大的概率精挑细选一位精明能干的女婿，把事业进一步发扬光大。开句玩笑说，那万一女婿不争气呢？婚姻法规定，女婿是可以"开除"的。

一句话：人才，有得选，总比没得选强。

司马光在《资治通鉴·魏纪五》中曾说过"为治之要，莫先于用人，而知人之道，圣贤所难也"。在司马光的观点里，治理国家的首要，在于选用贤臣良将，而用人得当，首先要知人；然而，知人之道历来是国家治理的一大难题。识别人才的根本在于领导者是否"至公至明"。**如果领导者公正且聪慧，那么下属有无能力便会一目了然；如果"不公不明"，那么识别、评价与考核机制必将成为徇私、欺骗的凭借。**从这个意义上来说，识别人才的标准，是一个组织用人的导向标：识人得当，则"群贤毕至"；识人不当，则有人会"滥竽充数"。

人才战略受地点和时机的影响，人才标准也会随着时间、地点而产生变化。以一个国家的视角来说，战争年代，李德生上将曾说："战争年代选拔干部的标准很简单，一是能否和敌人甩开大刀片子，二是嗓子亮不亮，能否震慑住人。"在那个时候，学历不重要，胆量最重要。而到了信息化时代，打赢信息化战争，就需要发现、培养、选拔和使用一大批高素质、敢担当的指挥员，学历、能力和胆量都很重要。比如，在1982年，我们国家曾将人才标准规定为"具有中专以上学历和初级以上职称的人员"，因为当时我们国家亟待扭转社会对人才学历的认知。到了20世纪末，随着社会的稳步发展，人才内涵在现实中发生了很大变化：在国际上，发达国家高等教育早已进入"普及化""大众化"阶段，它们对人才标准的界定已走出了"唯学历"的误区，主要强调"能力导向"和"业绩导向"；而如果我们还一味以学历为导向，势必带来"混文凭""轻能力"的人才价值取向，影响人才选拔、评价、激励等各个环节，进而影响人才强国这一重大战略的实施。由此，国家在2002年之后，也明确提出我们的人才新标准应当是："具有一定的知识或技能，能够进行创造性劳动，为物质文明、政治文明、精神文明建设做出积极贡献的人。"这样就重建了人才标准,由过去的"学历本位"转为"能力本位"。

"销售时流的泪,一定是前期定位时脑袋进的水";同样地,"用人时流的泪,一定是选人时脑袋进的水"。在企业的人才战略里,经营结果或目标会决定企业需要什么样的关键能力,而企业的关键能力又决定了对人员的要求。建立人才标准、识别合适的人才,是管理者的关键任务之一。对组织来说,管理者是否有一个清楚的人才标准的重要性,就像做业务的时候是否有清楚的战略方向一样。

我们需要什么样的人才?如何全盘看待人才,规避组织评价的风险?在本章,我们就来谈谈关于判断人才价值的方向、建立人才标准的工具、企业中的应用及常见的风险防控。

价值方向的选择:实践角度判断人才价值的四种方向
关键词:使用前后价值、能力与学历、过去与未来、主观与客观

2019年上半年,我在深圳经理学院给一群来自青岛的管理干部上课的时候,有位创业企业管理者问我:"我不是人力资源出身,我也不懂什么面试技巧、提问手段什么的,我就想知道能不能有一种客观标准,像一把尺子一样,让我能在这个人来我公司之前,就清楚地判断出他值不值他所要的薪酬,而不用反复甄别、判断。比如,他要年薪20万元,那我在用他之前,怎么才能知道他值不值这20万元呢?"

这个问题看起来很简单粗暴，但存在即合理。我们不能寄希望于企业管理者都能对一些所谓的"专业的人力资源技巧"精通，最专业的应该是最简单的。这位管理者提的问题，就是人才标准的第一个价值方向："使用前价值"和"使用后价值"。

试想，如果有一天我们去本地市场的便利店买纯净水，放在我们面前的有两瓶纯净水，在这两瓶水的瓶体一模一样、撕掉商标和说明标签的情况下，如何判断哪瓶纯净水的价值更高呢？

显然，几乎没有人具有这样的判断能力：在两个透明的瓶子面前判断哪个里面的水更值钱。即便能够不付钱先拿起来喝一口，也很难判断。也许被判断口感更甜的那瓶水，反倒是更廉价的；或者，你不太喜欢口味偏甜的纯净水，结果偏甜的那瓶反倒是贵的。但是，如果两个瓶盖上面各有一个价格标签，左边的是 3 元，右边的是 15 元。那么现在，哪瓶水的实际价值更高呢？答案应该很明显：右边那瓶标价 15 元的。

虽然价格标签是在你品尝水之前就打上去的，并不关乎个人的好恶，但毕竟它是一个市场判断——价格标签高的商品，大概率它被市场所认可的价值高。这个价值既包括商品本身给你的基本满足（解渴），也包括品牌附加值、运输费用、炫耀成本等。于是，也许右边那瓶叫"依云"的矿泉水价值更高，就是大概率事件了。如果价格标签高但实际价值低，那么该商品就会从市场上消失，这是市场的自由选择。

我们类比一下，在我们使用一个人才之前，他的"使用前价值"就是他"这瓶水"在瓶盖上的"价格标签"，这个标签不应该是他自己说出来的（如我说我值年薪 20 万元），而应是由市场的过去情况反映出来的。这个"价格标签"，就是"背景调查"。通过企业背调的手段，发现他过去任职的一些公司给他的能力评价、薪酬情况，由此就能推断出他的实际价值和他开出的价格是否一致。如果我们看他过去任职的几家企业的情况，价格标签都比较一致的话，那么他的价值已经被之前的企业验证过了，从趋势上也能看出来是否合理。

当然，这个方式只是在能力角度的判断，他是否符合公司文化、价值观，包括和直接领导的性格匹配度，还是得招聘方亲自见到人才能有效判断。有的人能力强，符合专业标准，但不一定和公司的价值观、管理风格等软性标准吻合，这就要因人而异地判断了。

人才的"使用后价值"很简单，公司里有绩效考核这个管理工具，可以在使用该人才一段时间之后，通过定量、定性的标准，判断人才与公司全面的适配度，从而进行发展或淘汰行为。

当然，上面这个问题以及它所涉及的情况，是针对社招人才的，这样才有对过去情况的背调产生。如果是校招人才，这个人没有过去的工作经验，怎么办呢？

这个问题，就是关于人才标准的第二个价值方向：**能力导向与学历导向**。

社招人员可以通过直接的能力差异去比较，但校招人员没有实际的工作经验，只有一个标准：学历。能够考上重点院校或重点专业的大学生，大概率他在"学习能力"这项标准上会比考上普通院校的学生要强。同样是一张白纸，现有工作能力难以比较，但总可以预判其未来的成长性（潜力）。在很多公司的学生新人培养项目，如"新动力""未来领袖""雏鹰计划""未来之星""1200工程""启航计划"当中，重点院校或重点专业毕业的学生，的确在现实成长性上体现出了更强的状态，他们有的短短几年就快速发展为中层管理干部，有的甚至在几年内成长为分公司总经理，万科、苏宁、京东等知名企业都涌现出了这样的"快成长"人才，这既和公司的培养手段有关，也和人才本身极强的学习能力有关。

同时，一所好的院校或重点专业，能够给人才匹配更好的学习资源（如顶级教授配置、良好的研究环境、优秀的实习机会等），达到学习能力与学习资源的最佳匹配，这样在助推本身就很优秀的学生角度，就起到了"推波助澜"的作用。加上一些学生型的新人过去曾有过成功的社会实践、学校活动的组织或管理干部的任职，这更使他的"学习能力"这一项标准加分不少。

总结起来一句话：从起点来说，社招看能力，校招看学历。

当然，如果不是从起点，而是从日常工作评价角度，即人才已经在公司工作了一段时间，那么我们在看他能力的时候，既需要看现在，也需要看未来。这就是人才标准的第三个价值方向：**过去与未来**。

不少企业在评价、提拔内部人才的时候，尤其在一些明确业绩导向性的岗位，如销售、营销、公关等，对个人能力的要求往往高于对学历的要求。在企业内部看人，过去的能力可以直接由业绩情况来证明；而未来则由潜力来证明，潜力着眼于人才与组织未来发展，包括人才综合能力与公司未来要求的匹配度。这一点每家公司的判断标准是有差异的，如有的公司，在员工能力一样的基础上，将"是否服从未来公司分配"作为一种潜力标准。由于公司未来要在异地扩张，人才不能接受异地调配，那么使用的范围就比较窄，也就是在公司内的潜力不够，从这个角度而言，该考量也有其现实意义。很遗憾的是，关于"潜力"这个词，迄今为止没有明确标准，我会在本章后文中展开并给出我的分析及建议。

1990 年，牛群、冯巩表演过一个相声段子《小偷公司》，里面有一副对联是这么说的：

上联：说你行你就行不行也行

下联：说不行就不行行也不行

横批：不服不行

这个段子本来是为了讽刺一些组织官僚主义、机构臃肿的作风，但换个角度，它也反映了人才标准的第四个价值方向：**主观标准与客观标准**。

2018 年，我和福建一家小规模私营企业交流，他们主营服装设计与制造，创业 3 年多，加工厂工人一共有 300 多人。公司只有行政部而没有人力资源部，由老板的弟弟亲自管财务和人事。公司每入职一个人，哪怕是前台，老板都要亲自看人，看顺眼了才能进来。中午我和他们管理团队吃饭的时候，问公司老板黄总：你的企业创业三年多了，听说每进来一个人你都要看一下，那么你通过什么标准来判断人才？

这位黄总说了一堆我耳熟能详的名词，如要有奋斗心、创业家精神、不能太计较、要有奉献意识等。我又追问了一句：上面你说的这些标准，我之前看到的很多企业都有，差异不大，你还有什么独特的用人标准没有？

经我这么一提醒，黄总又说了两条我想都没想到的"标准"："如果是这样的话，那我觉得一个人额头比较凸是比较重要的，有福相、够聪明；另外，一个人耳垂比较大也比较重要，有福相、能来财。"

当天下午参加公司会议，我特意看了一下第一排的那些主要管理干部，果然一个个额头都很凸。

虽然这个标准极为主观，但我们仔细想想：如果这家公司找管理干部的时候，遇到一个额头凹下去的人，我估计大概率老板是不要的。有的时候，管理团队尤其是创始人对人的风格、性格的要求，甚至外貌的要求，也可以称为本组织独特的"人才标准"。也就是说，用人单位一把手亲自面试人是很有必要的，这个人跟你的气场合不合、个性合不合，甚至你看到他之后的感觉好不好，这些听起来比较"虚"的主观标准，在实际组织管理中，一直存在。当我们思考人才标准的时候，既需要考虑工作能力这些硬性标准，也需要考虑文化、个性，甚至"气场"这类的主观标准。"八字不合"，问题很大。

化繁为简，我将本节涉及的四种人才标准判断的价值方向做个整理，便于大家理解（表4-1）。

表 4-1 实践角度判断人才的四种价值方向

价值方向	方向释义	思维角度
使用前与使用后	使用前价值看背调,使用后价值看绩效	从趋势角度看人才标准
能力与学历	社招看能力,校招看学历	从起点角度看人才标准
过去与未来	过去看业绩,未来看潜力	从在职角度看人才标准
主观与客观	主观标准与客观标准相结合	从"虚实结合"角度看人才标准

以上我们分析了判断人才价值的几个方向选择。从人才标准的内容上来说,学历、能力、性格、品德、成就、人脉等要素都是很多企业判断人才时常见的一些标准,它们共同构成了企业判断人才标准的一些重要工具:通用素质要求、岗位职责、岗位胜任能力等。这三类工具都可以称为对人才标准的"描述";还有一类是"人才画像",可以称之为对人才标准的"描绘"。

> **通用素质标准:从战略、文化到对员工、管理者的要求**
> 关键词:全员通用素质、领导力素质、向下兼容

任何一个组织,都会有其独特的文化理念、业务战略所带来的对人才基本素质的要求,这个要求及标准,就称为"通用素质"。有别于对岗位胜任力、专业能力的要求,通用素质可以按照对象分为两类:全员通用素质、领导力素质。这类标准当中,不包含特定岗位、技术对于人员能力的要求,只是在素质层面提出的规则及行为化描述。

全员通用素质反映了一个组织的基本"性格特征",是企业文化、环境的表现,是对全体员工要求的凝练,是企业的道德伦理,是员工的"公理"。

领导力素质是公司对从事领导工作员工要求的凝练,体现公司基于战略、文化下的管理诉求,一般情况会按照管理层级做切分。

以下(表4-2)是一家企业根据战略挑战对组织能力提出的要求,以公司的文化理念为基础,通过管理团队群策群力的方式,提炼的全员通用素质、领导力素质要求,可以作为一个样例参考。

表4-2 由战略、文化带来的全员通用素质、领导力素质要求(样例)

战略挑战	对组织能力的要求	对全员通用素质的要求	对领导力素质的要求
涉足新类型开发经营 组织协同效力待提升 产品精细化初步启程 外部政策环境趋紧 买方市场更加突出	经营管理革新能力 内部整合能力 专业能力提升 团队管理能力提升 运营能力提升 价值传递能力提升	学习创新 主动担当 协作共赢 客户导向 追求卓越	**高管:** 战略思维 激活组织 夺取胜利 **中层:** 目标执行 解决问题 培养下属
文化理念: 诚实守信、志存高远、务实担当、合作共赢			

素质的要求不能只是几个标签,需要更为具体的行为化描述,这样才能让大家知道组织的具体标准是什么。下面我们将表4-2中的几个全员通用素质的要求以行为化的方法进行描述,这样就能完成"从行为标签到行为要求"这一步(图4-1)。

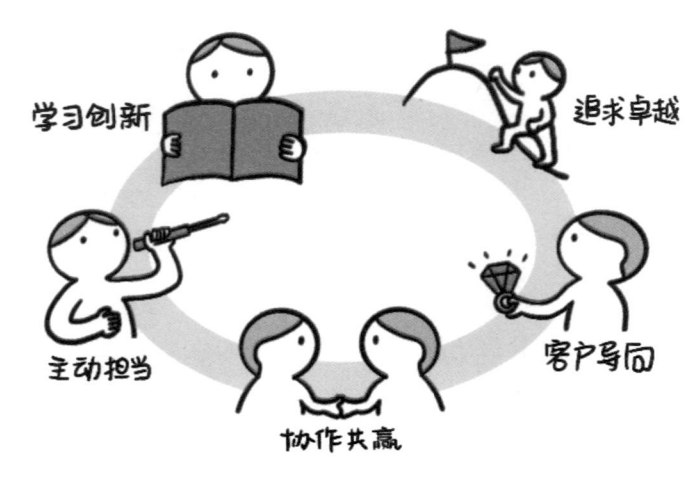

图 4-1　从行为标签到行为要求

➤ 学习创新：利用各种学习机会和手段，持续扩大知识面、提高能力，在充分了解的基础上质疑老方法，探索更有效的新方法；

➤ 主动担当：根据职责要求自主完成工作目标，主动解决工作问题、困难和挑战；

➤ 协作共赢：在共同目标的指引下，了解和尊重其他团队成员需求，提供相互支持与帮助，实现资源共享，发挥组织协同优势；

➤ 客户导向：研究内外部客户的需求和利益，以之为自身工作开展的基础和核心，不断驱动产品和服务的改善和创新，为客户创造价值；

➤ 追求卓越：勇于不断挑战自我，设定更高、更具挑战性的目标，突破与超越过去的成绩，积极主动地追求更加卓越的业务结果。

同时，为了区分优秀与不合格的员工行为，可以提出对此项素质公司最希望看到的和最不希望看到的行为，从正反向引导员工的日常表现。在这种描述之下，建议求精不求全，代表行为和负面表现均限制在 3 条以内（如表 4-3 所示）。

表 4-3 通用素质标准的正反向行为表现（以学习创新为例）

代表行为	对新鲜事物保持开发心态和好奇心 对知识渴求，主动学习，不断提升专业领域的知识与技能 学以致用，在工作中勇于尝试新的方法并不断探索
负面表现	对学习新的知识和技能缺乏兴趣 对新的思想和方法采取怀疑和抗拒的态度 因循守旧，不愿意改变

同样，对于领导力素质的行为描述也可以比照全员通用素质，根据战略、文化对管理的诉求，结合管理团队对领导者的要求及过往行为表现，进行行为化的描述和正反向对照。以下以高管素质"战略思维"（如表 4-4 所示）和中层素质"培养下属"（如表 4-5 所示）为例，做一个分析。

➢ 战略思维（高管）：系统分析、把握本质、洞察趋势。

表 4-4 通用素质标准的正反向行为表现（以战略思维为例）

代表行为	进行系统的分析思考，找到实现战略目标的杠杆解 在不确定情况下，抓住业务成败的核心因素，进行灵活的战略调整 判断行业未来 3—5 年发展趋势，进行突破性思考，指出战略方向
负面表现	无法找到实现既定目标的关键措施 无法把握业务本质和应对行业变化 忙于眼前工作，对未来缺乏前瞻

> 培养下属（中层）：授权委责、沟通辅导、资源支持。

表4-5 通用素质标准的正反向行为表现（以培养下属为例）

代表行为	注重通过压担子等方式来历练培养下属 注重与下属沟通绩效与能力提升状况，给予反馈和辅导 注重为下属创造学习提升的资源和机会
负面表现	喜欢事必躬亲，不放心把重要工作交给下属 很少花时间与下属沟通绩效与能力状况 不注重为下属创造学习提升的条件

值得注意的是，在组织的领导力素质要求上，高层级是需要"向下兼容"的，也就是说，在本节的案例里，高管除了要具有战略思维、善于激活组织、夺取胜利之外，同样也需要具备目标执行、解决问题、培养下属这三项素质。正所谓"能力越大、责任越大"。

能岗匹配：从要做什么到需要具备什么
关键词：岗位说明书、岗位胜任力、能岗匹配

一家企业对员工的要求，除了一般意义的"素质"之外，必然会有特定岗位的工作职责与能力要求。这里面就会涉及岗位说明书与岗位胜任力。

岗位说明书，在人力资源术语里被称为JD（Job Description），指的就是公司对特定岗位的工作职责要求。通俗来说，就是"要做什么"，属于工作内容。而岗位胜任力，指的是要做这个工作，

需要具备什么样的能力（知识、技能）、任职资格。换句话说，岗位说明书属于岗位的工作内容与职责标准，岗位胜任力属于岗位工作的能力标准——岗位说明书是岗位胜任力的基础，能力是要以岗位职责为基础。

以下跟大家举两个具体的例子：

案例1：某公司行政副总岗位说明书

■ 汇报关系

直接上级：行政领域、中层及以下人员的人力资源管理—总经理、
　　　　　中高层人力资源管理—董事长

直接下级：人力资源部经理、行政部经理

■ 岗位概述

依据公司的战略规划，组织制订实施计划，确保公司发展中的人才配置和梯队建设，致力于人岗匹配、人尽其才；在行政领域，致力于建立有序、高效行政运营体系；建立企业文化和品牌管理体系并推进实施。

■ 岗位职责

一、参与公司战略、经营管理与决策；

二、负责建立公司的战略人力资源管理体系并系统实施（包括人才招募与配置、员工培训与开发、员工激励、员工关系、企业文化等），为重大人事决策提供专业意见；

三、协助董事长开展集团总部高层团队建设；

四、协助总经理开展中层团队建设；

五、指导各部门、公司开展基层团队建设；

六、负责公司行政运营管理，包括岗位目标计划管理、组织沟通体系建设等；

七、负责公司品牌管理；

八、分管公司财产物资管理、行政后勤管理、企业环境管理、安全管理等；

九、完成董事长、总经理交办的其他工作任务。

大家可以看到，在案例1中的岗位说明书里，主要体现的是这家公司对"行政副总"这个岗位的要求，具体到岗位的"汇报关系、岗位概述、岗位职责"这几个部分，是一个工作内容层面的要求。而岗位胜任力则是完成特定岗位职责所需要的能力（知识、技能）、任职资格的组合。

案例2：某公司成本管理岗位胜任力标准要求

内容		释义
专业知识要求	环境知识	国家、地方成本管理类政策法规，以及不定期变动情况；行业标准及变动情况
	公司知识	企业文化、组织架构、业务流程、制度及政策
	专业知识	成本管理专业技能中所要求的知识内容
专业技能要求	预决算编制及核对	编制各项目预算造价及同乙方核对的能力
	预决算成本差异分析	通过对预决算成本的最终差异分析，提出项目决算报告、工程成本报告

续表

内容	释义	
专业技能要求	招投标管理能力	标的、各类清单、标书的审核、评价，参与供应商招标管理
	项目工程成本数据库	工程成本数据库的建立或组织建立能力
	各阶段成本估算及审核	项目各个阶段的成本估价、审核评审，并能提出关键指标及成本审核意见
	成本动态监控	负责项目工程目标成本动态监控并提出预警
	成本分析	跟踪收集、分析已完工项目的成本经济指标
	效益评估	负责项目竣工结算后的成本分析评价及效益评估

内容	资格标准	部门负责人	土建造价师	安装造价师
任职资格	专业	财务管理、工商管理及相关专业		
	学历要求	本科	本科	本科
	专业职称	暂无硬性要求（可参考注册造价师、项目管理师方向）		
	专业经验	至少主责过3个或多个有代表性类型的项目操作	至少经历过1个以上有代表性类型的项目操作	
	管理经验	3年、5人以上团队	不限、自我管理	
	优先发展/任用条件	有标杆企业对口专业工作或管理经验，且有良好记录的，可作为破格任用条件之一 可接受长期出差或外派		

有了岗位说明书（内容）、岗位胜任力（能力），就能确保在对特定岗位人才的专业能力判断标准上，做到"能岗匹配"。对于

大量企业来说，建立起一套"能岗匹配"的人才专业标准，就能够在对应岗位人才的招聘、培训、考核、发展、淘汰角度有着多维度的应用，而建立这套标准的过程，也是企业清楚"我们需要什么人才"的一个基本过程。

人才画像：从"量化"到"生动化"地看待人才
关键词：人才特质、量化与生动化、感性与理性

《论语·里仁篇》里有这么一句话，子曰："见贤思齐焉，见不贤而内自省也。"意思是说，见到德才兼备的人就要向他看齐。上文提到的"通用素质""岗位胜任力"等标准，分析了"我们需要什么人"这一基本问题，使得我们在"软性+硬性"角度可以清楚地知道我们相对量化的人才标准。但在生活中，我们总想"看到一个具体的人"，这个人可能有一些量化的标准，但同时还有一些更为生动的具体行为，某一种典型的行为就可以为这个人进行准确的特质和特征勾画，"既闻其声，又见其人"。这种方法，就是"人才画像"。

关于人才画像，让我想起多年前一个圈中好友跟我讲过的故事。

5年前，他去某公司面试应聘职能总监的职位，也许是为了表达对这个岗位的重视，时任公司董事长的刘先生亲自面试了他。交流了半个小时之后，人力资源副总裁张总当场通知，董事长确认了他。他本以为只是他的专业能力得到了老板的认

可,没想到张总走出办公室跟他说了这么一句话:"在面试你之前,我们也面试了好几位总监候选人,专业能力也不错,但他们和董事长交流完,起身之后我们发现,他们坐的那张椅子的椅背都湿掉了,过于紧张;只有你,起身之后,我们看了一下,你的椅背没有湿。我们觉得你可以,我们企业需要一个内心强大的人。"

这家公司的做法,以及本章第一节中我们提到的福建那家服装制造企业老板提出的"额头比较凸、耳垂比较大"的观点,谈不上多么理论或专业,但都是给他理想中的人才"画了个像"。我们不仅要看人才的岗位胜任力,同时还要通过他的内在外在、言谈举止来判断他,使得眼前这个人和我们理想中的那个人的形象可以更加吻合。

在人才管理中,为了精准需招聘、选拔人才的特质,人们根据"交互设计之父"艾伦·库伯提出的"persona(虚拟代表、人物模型)"观点提出了"人才画像"这个工具。在岗位说明书、岗位胜任力的基础上,结合行业内外优秀人才的基本特质,提炼出属于本组织特定岗位人才的基本特征。既有岗位的硬性要求,也有人才的自身特质;既有理性的工作要求,又有柔性的行为描述。由于有"特征"和"行为"的介入,就使得人才的猎聘、选拔、评价行为变得更为精准。

历朝历代的实践中,古人都总结了不少"画像式"的识人法。战国时期李悝有"居视其所亲,富视其所与,达视其所举,窘视其所不为,贫视其所不取"的"识人五法";《吕氏春秋》

提出"喜之以验其守，乐之以验其僻，怒之以验其节，惧之以验其特，哀之以验其人，苦之以验其志"的"识人六验法"；诸葛亮则有"问之以是非而观其志，穷之以辞辩而观其变，咨之以计谋而观其识，告之以祸难而观其勇，醉之以酒而观其性，临之以利而观其廉，期之以事而观其信"的"观人七法"。曾国藩在《冰鉴》里则提出"取人之式，以有操守而无官气，多条理而少大言为要。办事之法，以五到为要。五到者，身到、心到、眼到、手到、口到也"。简单来说，人才画像的作用，是把专业词汇较多的岗位人员标准，变成了活生生的人，使得我们可以更加全面、生动地判断一个人。

图 4-2　人才画像

在给人才"画像"时，我们需要综合考虑如下几个主要因素（图 4-2）：

➢ 1. 个人基本数据（外在）：外在的年龄、形象、气质、学历、专业等，这些是已经存在的客观事实，它是一个人的"基本数据"；

➢ 2. 岗位职责要求（输出）：公司岗位职责对人员工作内容、履职方式的要求；

➢ 3. 个人特质要求（内在）：公司价值观、岗位特征要求、老板或上级管理风格匹配之下的个人的喜好或行为表现，这部分很难量化，最好能有行为描述，使其易于观察；

➢ 4. 岗位胜任能力（输入）：知识技能、任职资格上的要求，这是岗位职责对这个人的硬性要求，是公司对其专业能力的要求。

结合上述四个维度，以下我以某企业分公司总经理人才画像为例，供大家参考（表4-6）。

表4-6　某企业分公司总经理人才画像

画像内容	画像描述
个人基本数据（外在）	年龄35—45岁之间，本科（含）以上学历，工商管理及市场营销相关专业；男性身高172—180厘米，女性身高160—170厘米，体态端庄、仪表气质佳
岗位职责要求（输出）	1. 根据公司战略目标，制定公司战略，提出公司业务规划、经营方针和经营形式，经董事长确定后实施，并确保战略目标的实现 2. 充分调动各级管理者积极性，领导完成公司年度经营计划、实施董事长各项决议，确保经营目标的实现 3. 拟定、报批并组织实施公司组织管理，包括组织架构、管理沟通、团队建设、发展企业文化、变革与创新管理等 4. 拟定、报批并组织实施公司控制管理，包括标准体系、检查评估体系、改进体系建设等 5. 参与投资决策，提供决策相关信息和专业建议，保障投资决策的安全、高效 6. 负责处理公司重大突发事件及董事长临时交办的其他任务

续表

画像内容	画像描述
个人特质要求（内在）	1. 要有良好的身体素质，最好擅长某类体育运动，如长跑、游泳、球类等 2. 言谈中气十足，有一定气场与亲和力，但不能过于强势 3. 眼光要敏锐，能够洞察与深入研究社会的发展形势、企业产业规模趋势和老板的思维态势，分析中支持决策，研究中协助调整 4. 会激励人，具备让员工"超越自我，从现在的地方到达一个从未去过的地方"的能力，在面对高指标压力时，有稳定的心理素质、斗志不减 5. 善于整合信息、整合人脉、整合价值、整合一切可以利用的资源和要素来达成目标 6. 善于带团队，很重视公司发展思路和对团队要求的研究，能引导团队朝着公司既定的方向和目标前进，并把企业的文化和要求贯穿到团队日常工作中
岗位胜任能力（输入）	1. 了解国家经济及行业发展趋势，掌握先进企业管理模式及理念 2. 具备××行业企业全面经营管理知识、管理思想 3. 可接受长期出差或项目轮换，抗压能力强 4. 至少主责过3个或多个有代表性类型的项目操作，管理过30人以上的团队 5. 有前10强标杆企业分公司副总以上管理经验且有良好记录的，可作为破格任用条件之一

简单来说，人才画像将人才的各个基本因素，如教育经历、工作经验、专业技能、行为习惯、思维方式、三观、情商等较为全面地做了整理，能够帮助大家更加全面地评价人才、选拔人才。而岗位职责和岗位胜任能力是人才画像的基础，它们是公司的硬性要求，有了要求我们才能知道"用什么人"，做到"量化与生动

化"的结合。

从实践角度来说,人才画像需要公司管理者、人力资源团队对要判断的人才有较为清晰的分析。公司内部可以通过目标岗位对应的内外部优秀人才行为、特征作为基本"靶子",通过分析抽取相应的画像特征,并随着企业内外部环境、业务方向、策略产生的变化,对特定岗位的人才画像做相应的调整。"人才画像"作为对人才精准判断、行为化具体判断的工具,必须随着岗位职责和岗位胜任能力的调整而调整,不可一成不变。

专业的并不等于合适的。相比较而言,不同于岗位说明书、岗位胜任力这种全公司各岗位均能建立的人才标准,人才画像比较精细化、行为化,它的建设过程会耗费较多的组织精力,而且需要一个相对专业的人力资源团队和管理团队的支持及各部门的配合。因此,要使用人才画像的岗位,一般都是关键岗位(关键管理、技术型人才),或是比较难以招聘、判断的岗位;相对好招聘或有很直观判断方法的岗位,就不一定需要人才画像,这样操作比较节省时间。

最后,在提出人才标准的时候,既不能"闻声打鸟",也不能"照本宣科",一切工具都要服务于用人的动机与看人的经验。人是复杂的、善变的,对于组织用人的标准,都是看人的"定向靶子"。但随着管理实践的增加,阅历的增加,看人看得多了,事情经历得多了,"老江湖"自然会有更多的弹性判断,达到"感性与理性的结合"。而这部分的经验,time speaks。

三大典型风险：规避组织对人才评价的典型风险
关键词：不清不楚、劣性评价与忽略资源

组织在实施人才评价工作的时候，往往存在三种典型风险，会制约人才评价工作的效果，带来不公不明的情况，对组织人才的任用、提拔、考核工作带来障碍。本章的最后，我们就来分析一下这些典型风险以及应对的建议。

典型风险一：不清不楚。

在进行打造组织人才标准这项工作的时候，人力资源团队需要和业务管理者有清晰的对接，只有明确业务管理者对人员的各项需求，才能有效梳理出岗位说明书、岗位胜任力，甚至规划出人才画像这样相对复杂的工程。但在这个过程中，业务管理者如难以描绘明确的能力要求，则很有可能使 HR 在错误的道路上狂奔，或"在布满迷雾的山路里踽踽"，导致双方协同困难。因此，这项工作必须做到简单、精准。

从简单的角度，业务管理者最擅长的就是直接提出这个岗位要做什么，即岗位职责本身，但并不一定很清楚这个岗位应该具有的胜任能力或行为特征。那么 HR 可以做的事就是，从业务管理者这里获取到岗位的基本职责要求或初步的能力描述，再通过公司内部同类岗位、同行业类似岗位的比对，分析出岗位的胜任能力，与业务管理者讨论，由对方根据经验确认——先让大家有个"靶子"，这样讨论起来也会比较容易，尽力避免业务负责人在谈能力要求时出现不清不楚的情况。

从精准的角度，所要描述的能力项不要求过于"精细"，只要"精准"即可，需要什么能力就谈什么能力，准确描述而不需要写得过细、过多，以免导致标准体系的庞杂。

典型风险二：劣性评价。

人才的"劣性评价"，是一种典型的管理者以"亲疏关系""个人好恶""了解程度"为标准对人才做出的评价。这种现象在内部人才选拔、发展的时候极为常见，我们都犯过类似的错误。

在一家企业担任商学院院长的时候，年底我需要评价我的四位直接汇报对象（总监级）的工作情况。A员工的能力不错，我给他打了98分；而B员工的能力和A一样，我却打了97.5分。在组织考评中，如果两个员工的能力一样出众，少0.5分就有可能往下降一个评价档位。那我这样打分是因为什么呢？

让我真实地描绘一下当时的场景。当给B员工打分的时候，虽然他的工作任务完成得不错，但随着打分的进展，突然间他两周前开会时跟我公开产生争执的那个场景，随着他的名字飘进了我的大脑，而且挥之不去，这种不愉快的感觉是如此强烈，以至于我看到"协同能力"这个评价标准的时候，忍不住想："既然你跟领导都协同不好，那么怎么能跟其他同事协同好呢？"于是，在这一项我扣掉了0.5分。

事实证明：所有的"劣性评价"，都能找到一个主观标准作为出口。

当我对一个人有刻板印象、不愉快的感受时，恰好有类似的主观评价标准，那么我就很容易以此作为评价人才的依据且言之成理（比如，案例中我把一次开会时的争执认为是对方"协同能力"不行）。既然我作为一个职能管理者，作为一个相对懂点人才评价的人都会犯这样的错误，那么我也有理由相信，大量的一线业务管理者们都会犯同样的错误，而且屡见不鲜。

上面这个例子，只是"个人好恶"的例子，还有管理者因为"亲疏关系"带来劣性评价。比如，老王是我的亲信，我给老王的评价可能就更高。实际上，"亲疏关系"这一项，如果是以能力为基础，那么按照"用熟不用生"的管理原则，也有其道理。试想，如果我把一项工作交给小李，说了三遍小李都不知道我要什么，但给老王一个眼神，他就麻利地出去把事情办妥了。显然老王和作为管理者的我默契程度更高。"任用亲信"，从本质上来说也是为了更好地做事业——整天跟与你不合、默契度低的人反复磨合，事情是做不好的。当然，这依然是以老王有能力为基础的，如果亲信能力强且忠诚度高，那么就可以称之为"幕僚"，这是没问题的。

但现实情况是，经常有关系走得近但能力极差的所谓"亲信"也得到了提拔，这就违背了"绩效导向"的原则。任何时候，能力都是评价员工的基础。如果仅凭"亲疏关系"作为评价员工的标准，那么组织成员就会投其所好，按照"劣币驱逐良币"的原理，优秀的人就会被淘汰，剩下一堆只会溜须拍马而没有能力的人，组织离衰亡也就不远了。

"了解程度"是指管理者在评价人才的时候，总是倾向于给自己更为了解的下属更高的评价。这一点倒是给身为下属的执行者提出了一个要求：让领导了解你是你的义务。对于管理者而言，要多做一线管理、现场管理，才能更多地了解下属，仅凭开会、汇报工作这种方式是不够的，正式、非正式的方式都是必要的。换句话：团建也是工作，吃饭喝酒也是了解员工的场合。越了解一个人，越容易有公正全面的评价，越容易换位思考。而越不了解，越会觉得对方能力一般，好像没干什么活。从这个角度来说，有的下属辛辛苦苦忙了一年，领导却不知道他做了什么，这种悲哀的现实，就是由缺乏良性的上下互动带来的。套用任正非的那句话："干做不会说是傻把式，干说不会做是假把式，既会做又会说才是真把式。"

从应对"劣性评价"风险的策略上来说，由于人不是机器人，要想完全没有任何主观情绪、主观意志地去评价另一个人，几乎是不可能的。也就是说，要想完全消除掉组织当中的劣性评价，是不可能的。但在实际工作中，经常有管理者被主观情绪、好恶左右，进而做出劣性评价，扼杀了组织当中一个明明能力很强的人的现象。如何规避这样的情况呢？

我们必须清楚一个基础：**劣性评价无法消除，只能减弱**。在组织当中，可以使用"多维评价""复核评价""内外评价"的方法，来尽量减弱劣性评价带来的问题。在"多维评价"方面，一些企业使用的 360 度评价体系，由于有上、下、左、右几个层级的多维评价介入，即便某个管理者对其下属评价过于主观或有意识地打压，他所占的权重也只是一部分而已。如果评价者增多，如直接上级、间接上级、平行部门 A/B/C、下属 A/B/C 等，那么其中某一个人主观判断较强的情况会进一步被稀释。

在"复核评价"方面，可以由人力资源组织公司的"人才管理委员会"，让管理团队主要成员进入委员会。由于委员会的权力较高，推动力较强，故遇到组织内部人才评价标准不一的情况，如涉及关键人才的提拔、考核、任用等，可以由人力资源将该人才的背景材料（履历、考评、其他员工评价等）上报委员会，由委员会成员最终裁决，尽量避免组织中的"冤假错案"。

在"内外评价"方面，如组织内部评价容易出现"不识庐山真面目，只缘身在此山中"的情况，也可以考虑让外部客户、合作伙伴、咨询机构对员工进行评价。如一些企业安排"神秘客户"对员工进行评价，或由合作方对员工进行满意度评价，或咨询机构通过测评题目对组织内部员工进行评价等。这样，就找到一个"第三方标准"，再结合内部的评价思考，可以使看问题的视角更加多元化。当然，外部视角只是一个参考，企业管理者必须自己了解自己的员工，内外结合地看一个人。

表4-7 劣性评价的三种标准及规避建议

三种标准	标准释义	规避建议
亲疏关系	以下属和自己的亲近程度为标准	多维评价
个人好恶	以是否喜欢或厌恶对方为标准	复核评价
了解程度	以是否了解这个人为标准	内外评价

典型风险三：忽略资源。

我们前面提到，学历、能力、性格、品德、成就、人脉等这些要素都是很多企业判断人才时常见的标准要素，这里提到的"人脉",其实就是一种资源。一个人掌握一种企业需要的资源,也是一种能力的象征。

某公司人力资源和业务管理者吵架,人力资源认为某候选人不符合企业用人标准,理由是看他过去的简历,跳槽比较频繁且能力没有太光鲜的业绩佐证,于是强烈建议此人不予录用;而用人部门的一把手坚持要用这个人,甚至亲自找总裁,将此人特批进入公司。过了几个月,此人果然跳槽离开了公司。人力资源扬扬得意地认为自己的判断果然应验,找用人部门负责人讨论,岂料对方抛出这么一句话:

"我知道他迟早会走的,不过我在意的并不是这个。他的爱人在我们甲方公司任职,而我们一个很重要的产品设计规划因为种种原因一直未获甲方明确审批。这位员工在这里做了几个月,利用手上的资源帮我把审批都搞定了,并有效地推进了产品的设计与客户调研工作。我觉得,我们只付给他半年的工资,还是很划算的。"

能够解决问题是能力最大的证明,而从企业实践来说,很多公司甚至鼓励员工"带资源进组""带客户进公司",指的就是这个。不能仅从能力本身看待员工,资源既然能够帮助问题的解决、创造效益,那么整合资源、引进资源的能力,当然是极为重要的能力。我们用一句话来形容它与能力的关系:

资源即能力。

第五章
人才盘点（IEA）：人才战略中的大数据思维及应用

17年前，我在家乐福中国南区做一名普通的基层员工，每个月的工作除了日常的一些基础人事、员工培训之外，会定期协助门店进行盘点工作。拿着一把RF枪，在大卖场里踩着梯子在货架上扫描商品、协助登记。那个时候，由于尚属于执行层，对于"盘点"这个词既陌生又熟悉。熟悉是因为，为了不影响白天的销售工作，我们经常熬夜做盘点；陌生是因为，认为超市里的盘点就是录入一些数据供后台参考而已。

　　从商业角度而言，所谓盘点，是指定期或临时对库存商品的实际数量进行清查、清点的作业，即为了掌握货物的流动情况（入库、在库、出库的流动状况），对仓库现有物品的实际数量与保管账上记录的数量相核对，以便准确地掌握库存数量。盘点在商业角度应用比较早、比较全面的，就是零售及仓储行业。很多人在组织内部刚听到"人才盘点"的时候，感觉它特别"高大上"，像是一个极其复杂、专业的东西。实际上，将商业管理角度与人才管理角度的盘点做对比，如果我们能把"盘点"这两个字的本义看透的话，就会发现：盘点作为一个过程整理工具的意义几乎没变，重点就是通过对现状的梳理，向管理层传递信息，引发相应管理动作（图5-1）。

　　那么说回17年前我在家乐福一线的盘点工作，到底会给管理者带来哪些建议呢？

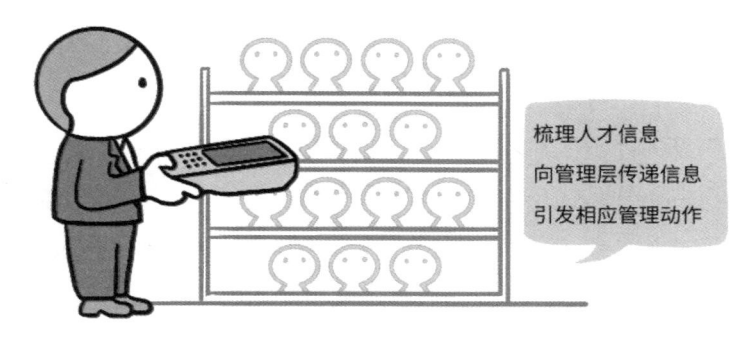

图 5-1 人才盘点

我们看几个典型的例子。如果扫描一盒牛奶，发现该牛奶离过期只有不到一周了，那么会给后台传递什么管理导向呢？显然，是需要做 promotion，将牛奶快速打折促销，同时将堆头摆到显眼的位置，还可以再开展买一赠一活动，或把快要过期的商品摆在一起做集中式促销。如果扫描一件快消品（如饮料），发现上个月进货 100 件，到月底还有 98 件没有售出，会带来什么管理建议呢？显然，一方面需要做促销，另一方面可以将商品作为 DM 海报商品，在社区客户中扩大认知。再有，需要研究一下进货策略，看看该商品是否属于不符合当地消费偏好的"滞销品"，如果属于，那么就需要和供应商谈判，是否要补贴销售或者退货。如果发现该快消品月初进货 100 件，到月底还有不到 5 件了，那么一方面需要考虑补货，另一方需要思考该商品是否属于季节性旺销商品，是否需要和供应商进行长期合作，是否需要考虑大批量进货后的折扣点等。

因此，盘点虽然盘的是现状，但可以给未来的商业管理带来管理建议。而人才盘点本身也是一项体现现状的工作，不能直接产生结果。换句话说，人才盘点本身不能直接产生价值，只是对组织内部人才现状做一个梳理，把公司业务战略所需要的人才相关信息清晰地传递给管理层，进而对接下来的人才战略动作带来相应的建议。大道至简，只要你理解了商业管理上的商品盘点，那么也就能很容易地理解人才管理中的人才盘点。

说到这里，人才盘点的目的和意义是什么呢？我把这些年做人才盘点工作对组织的影响做了整理，如表5-1。

表5-1 人才盘点的目的和意义

目的	对组织的意义
认清认准人才	通过人才盘点，摸清"家底"，认清认准人才，为公司人才的"招培借留"与文化、绩效、薪酬建设工作奠定基础
提升人才管理能力	通过人才盘点，促使各级管理者更加重视人才，为其提供系统的人才管理工具和方法，提升管理者和公司整体的人才管理能力
搭建人才管理平台	通过人才盘点，逐步建立系统性人才管理机制和平台，促进公司人才管理工作的规范化、例行化、标准化
提升组织能力	通过人才盘点，分析特定岗位人才结构、质量、数量与业务发展、组织发展的匹配性，制定和落实有效的人才战略，打造人才供应链体系，为建立人才驱动型组织奠定基础

因此，人才盘点的本质，就是将企业内的人才作为"存货"进行对应信息的梳理。作为人才战略中的一种过程工具、一种大数据式的思维，这个梳理可以很复杂，也可以很简单——如只盘点一些基础数据。

我的一个商学院学员是浙江某民营企业的老板，几年前从事的是线下服装与皮具的生产，由于这些年线下营销渠道受电商冲击严重，公司除了自己做淘宝店之外，未来还打算成立电商板块，达到"O2O"式的运营策略。在我的建议下，公司除了积极筹备电商板块之外，还做了一次人才盘点，他们通过数据得出了什么样的管理导向呢？

1. 盘年龄。他们发现，公司基层干部以上人员，都在35岁以上。这可以给管理层什么建议呢？显然，10年前中国的各大高校几乎没有电商相关的专业，公司要想转型做电商，就需要外招一定数量懂电商专业的人士，也要储备一些电商专业的学生，这就给人才引进及储备式培养带来了需求。

2. 盘专业。他们整理了公司IT相关专业、市场营销尤其是广告相关专业的人员，这些人未来是很有可能横向调动到电商板块的。因为万变不离其宗，电商的营销也是一种营销，本质还是"营"与"销"两类工作，只不过战场转移了而已；同时，信息化类相关专业未来在电商板块也可以从事信息化工作，或通过一定的培训胜任电商的信息化工作。

3. 盘履历。他们发现，在公司的"空降兵"当中，有一定数量的人员，其过去的公司已从事过或正在从事电商，那么他们今后是可以转岗到公司电商板块的，另外还可以考虑由他们牵线，跟其原任职企业交流，吸取对方做电商的经验。

任何工具的使用，都要配合企业自身的管理动机。上述这家公司的人才盘点，实际上比很多公司的盘点活动都要简单，他们只需要动用员工信息库里的信息，就能快速盘点出他们所要的"年龄、专业、履历"这三项数据，进而通过数据分析得到他们需要的管理建议。而此过程并未涉及一些诸如素质测评、潜力评价、业绩评估等，他们做的过程很简单、时间也很短，只要调取要了解的信息即可，多的不用做。

专业的不等于合适的，这句话在本书里会出现很多次。在本章，为了让大家认知更全面，我会尽量把人才盘点相对标准而专业的过程、关注点、应用维度做一个介绍；但从现实角度而言，并不建议大家盲目追求工具本身的专业性、复杂度。工具能用到什么程度、花费多长时间，都要看我们的目的到底是什么，千万不要做像纪伯伦所说的"我们已经走得太远，以至于我们忘记了为什么出发"那样的事。

如果有人要问我，人才盘点的原则是什么？那我可以用四个字回答：

丰俭由人。

综观全局：人才盘点的基本流程及保障要素
关键词：五个步骤、关键人才、盘点会议、人才发展委员会

从标准性上来说，人才盘点的基本过程可以分为以下几步。

第一步：基本信息收集过程。收集需要盘点的员工个人基本信息（个人基础信息、教育及工作履历等）、发展信息（绩效考核、培训及奖惩记录等），为后续盘点动作提供基本的信息支持。

第二步：绩效回顾过程（立足现在）。回顾通过绩效评估得出的员工评价数据（打分、排名、优劣势评价等），可以作为员工现有能力的判断，根据组织需求决定回顾期的长度，通常为过去1—3年。

第三步：潜力评价过程（放眼未来）。强调对人员未来发展潜力的评估与预测，着眼于人才与组织未来发展。不过遗憾的是，这类评价并没有标准答案，产生劣性评价的概率也比较高。每个组织需要根据自身的业务特征、组织文化需求，来评价本组织对员工潜力的要求。

第四步：盘点会议及讨论过程。根据人才业绩、潜力等信息，将盘点人才分布于人才九宫格内，讨论并思考人才的发展、保留、培养、继任等可能性。

第五步：盘点后数据的应用过程。盘点只是过程，其体现的数据一定要在组织管理角度有所应用。比如，可以对公司的组织结构、数量、质量、业务能力做一个分析，思考对应的"招培借留"动作；也可以专门聚焦于人才的培养发展，为每位人才制订出人才发展计划、匹配相应的组织资源；还可以直接将盘点结果用于人才的继任，找到哪些人才是当下就可以直接继任的人才，"先向内看、再向外看"，需要直接继任但当下没有合适的，就需要考虑外招或加速化培养（这一点在"人才梯队：人才梯队建设的入库、在库与出库"一章有详述）；还可以考虑对极其优秀人员的破格提拔、维稳（避免竞争对手挖角），对实在不胜任人员进行轮岗、淘汰等处理性行为。

上述五个步骤是人才盘点相对标准化的过程，大家可以按照"丰俭由人"的原则，在思考"组织为什么要做盘点"这个动机基础上，做对应的步骤增删。比如，前面提到的那家浙江民营企业，其盘点动作只涉及对员工信息的盘点、简单的分析及应用，就能达到他们的目的；而有的企业则只聚焦于对部分关键人才做盘点，普通员工不参与进来，那么就需要将关键人才的基本信息、考核评价、潜力评价、内部使用发展的建议做很详细的研讨分析；有的企业除了做详细的分析之外，还会引发诸如专门成立"人才发展委员会"、推动公司下一个3—5年人才战略规划的实施、建立跨业务单元的人才交流机制等更为系统化、深远的管理动作。一切的实施逻辑，要看组织接下来到底想利用人才盘点做什么，应"以终为始"地思考。

以下列出我操盘过的两家企业的人才盘点计划框架，供大家参考（如表5-2、表5-3所示）。

表5-2　A公司人才盘点计划框架（关键岗位）

序号	工作内容	责任人	时间节点
1	人才盘点通知下发	总裁办、人事行政部	10月8日
2	视频工作会议	人事行政部、各分公司HR	10月9日
3	关键岗位人才（包括L3—L6）基础信息收集	各分公司HR、部门负责人	10月21日
4	人才盘点及九宫图提交	各分公司HR、部门负责人	12月15日
5	组织能力分析与评估及公司人才发展工作方案	人事行政部、总裁办	12月27日
计划推动成果：1.推动各分公司建立关键人才发展计划（人才交流和任职资格等） 2.建立全公司关键岗位人才信息系统 3.分析公司业务发展需要显现出来的能力差距，主要从核心能力缺失、职能发育不全、人才供给跟不上业务发展需要等角度 4.推动公司每两年做一次人才盘点、评估研讨，主要决定未来三年的人才战略及策略			

表5-3 B公司人才盘点计划框架（基层主管以上人员）

阶段	重点任务	完成标志
制定	盘点实施计划和时间安排	《人才盘点计划表》及对应表格制作完成
	人才信息档案和人才评价模板	1. 完成《员工信息档案表》及《人才评价表》 2. 方案报总裁办审批通过
培训	操作流程培训（针对各业务单元）	培训各业务单元人才盘点的操作具体流程（现场及远程培训，业务单元安排盘点对接人）
填写	《员工信息档案——基本信息》《人才评价表——业绩、潜力》	完成所有参评人员的《员工信息档案表》及《人才评价表》中讨论前的部分
讨论	各层级人才盘点讨论会	形成对应员工的发展计划建议，填入《员工信息档案表》
计划应用方向	1.《人才盘点报告》	整理各层级人才盘点讨论会结果并形成《人才盘点报告》和《继任人情况表》
	2. 人才发展计划建议	形成针对《人才盘点报告》的人才开发行动方案
	3. 关键岗位继任者计划	形成公司《关键岗位继任者行动实施方案》
	4. 落实人员发展、继任计划（培训、招聘、激励制度等）	通过《人才盘点报告及相关建议》和《关键岗位继任者行动实施方案》

其中，A公司的计划框架相对简单，主要以推动人才发展计划、分析组织能力长短板，进而推动未来公司的人才战略为主。B公

司主要定位在人才继任者计划上,侧重于找到各个层级对应的继任人员,建立起一整套公司的人才继任系统。由于动机不同,所以在操作角度就会产生细微的差异,不过人员基本信息、绩效评价、潜力评价等主要的维度还都是存在的。

同时,过程中有几个细节要素需要关注。

➢ 关注要素一:关键岗位。

在人才盘点的动机当中,如果公司规模很小,则很容易操作全员盘点;如果规模很大(千人、万人以上),则公司往往会优先关注业务导向下的特定专业或关键管理岗位人才。如有的公司人才盘点只盘点财务线人员,而有的公司重点看管理团队,有的公司则关注中层以上管理岗位等。以花旗银行的人才盘点动机为例:

■ 评估当前领导团队的工作表现和潜质,同时也将他们个人的发展需求和愿望考虑进来,打造世界一流的人才;

■ 确保所有公开招募的领导人职位都有出众的候选人;

■ 推动关键人才在各个业务部门和地区之间能够平稳地流动;

■ 打造人才梯队,让素质最好的候选人视花旗银行为能够为其提供机遇的雇主。

显然,花旗银行重点关注的是管理团队的后备打造,这是他们获得面向未来的关键人才的途径。

从理论上来说,关键岗位是公司的战略性岗位、重要岗位,根据《人力资本》作者贝尔克"A类岗位"的观点,他提出 A 类岗位在公司往往有两个特征。

1. 战略影响:极少数能够直接增强公司战略能力的岗位,在企业岗位群中占比不高，一般不超过15%。

2. 绩效波动：是指某个岗位中低绩效和高绩效员工之间的差距。A类岗位差距很大、其他岗位略小。企业管理者在A类岗位一旦用错人，代价将非常高，20倍甚至以上的差距都是很常见的。

结合这两个理论特征，在企业管理实践基础上，我结合具体岗位提出对于"关键岗位"这个词的看法：

关键岗位，是指直接影响组织发展及绩效达成的、起到了至关重要作用的管理类及专业管控类岗位的总和。他们或承担业绩责任，或承担管理职责，抑或对专业把关。值得注意的是，它包含了管理及专业两个类别。

1. 后台（管控）关键岗位。即中层以上 + team leader（团队领导者）——负有团队管理职责。

2. 前台（业务）关键岗位。选择此类岗位的人员时，要考虑利润是怎么来的（主要涉及投资、设计、研发类）、利润是怎么实现的（主要涉及营销、商务合作类），同时考虑公司的战略偏好（如成本导向的公司，成本部门就很关键；客户导向的公司，客服就很关键；高周转导向的公司，营销、运营就很关键）。

关键岗位是因各公司业务战略导向不同、管理架构不同而异的，如销售总监，在大量公司属于关键岗位，但如果公司的模式是订单生产，产品制造后直接交货而不涉及销售，那么销售总监就很难成为关键岗位，反倒是前期负责拿单的商务合作类部门更容易成为关键岗位。同样地，有的公司按战略导向将业务公司分为几个类别，如：A类公司为重点公司，负责开拓和提升公司的未来业绩；B 类公司为维稳公司，负责维持原有战场不受影响。那么同样一个岗位，在 A 公司就很有可能是关键岗位，而在 B 公司则不一定。管理者需要在了解自身业务特征、业务战略的基础上，结合我们提示的特征作出判断。我列举本节中 A 公司人才盘点里涉及的关键岗位，供大家参考（表 5-4）。

表 5-4　A 公司人才盘点中涉及的关键岗位

关键岗位	关键岗位范畴
经理人	包括管理团队成员、部室总经理、城市公司管理团队等
关键中层：开发系统	未进入 ×× 公司经理人序列的部室一把手 城市公司部门一把手（职级可以为总监、经理或副经理），应为管控方案中城市公司规定设置的部门，需对该类人员进行甄别，并非所有部门一把手都是关键岗位人员，要向核心部门和关键人员倾斜 城市公司项目一把手（可以为项目总经理、项目经理），如已设项目总经理，原则上不设项目经理，如有设置，该岗位不属于关键中层管理岗位，该岗位人员可在关键专业岗位中进行甄别
关键中层：商业	未进入 ×× 公司经理人序列的大区商业地产部一把手 大型商业运营项目一把手，需进行甄别，并非均为关键岗位人员
关键中层：物业管理	物业公司一把手 大型物业公司副总，按是否属 A 类公司进行甄别，并非均为关键岗位人员
关键专业：开发系统	部室非一把手的副职、部室各专业技术口的负责人、城市公司各专业技术口负责人，按是否属 A 类公司进行甄别，并非均为关键岗位人员
关键专业：商业	商业地产部非一把手的副职及招商、运营、营销推广等专业负责人，按是否属 A 类公司进行甄别，并非均为关键岗位人员

➢ 关注要素二：人才盘点会议。

人才盘点会议的作用，是为了在进行足够的盘点数据收集之后，管理人员集中对被盘点岗位进行研讨，公正公开地得出对应的培养发展及任用、调动建议。若公司要举行人才盘点会议，则需要首先将前面进行的员工信息、业绩评估、潜力评价等数据进行整理，便于会议有依据地研讨，如制作成《人才概况表》，建议框架见表 5-5。

表 5-5 《人才概况表》结构建议

概况项目	涉及的主要内容（建议）
员工基本信息	姓名、性别、学历、专业（资质）、岗位、入司时间、汇报对象、奖惩等
业绩类信息	过去一段时间（如 1—3 年内）的业绩情况、考核排名
潜力评价	以公司价值观、战略导向、管理要求为标注的人员进行潜力评价
领导评价	直接领导、高层领导对员工的综合评价或优劣势评价
发展计划（应用）	得出安排培训项目、岗位调动、区域调派、是否能继任上一岗位等结论

如正式举行人才盘点会议，则公司管理层必须参加被邀请加入的盘点会议（即使会议讨论人员未涉及其所辖范围），每场盘点会议由最高管理者作为主持（权威），HR 提供前期、讨论中的协助工作，同时辅助员工、管理层使用各项工具（如人才盘点信息表）并作必要解读，营造开放式的讨论氛围，这样将更有助于盘

点会议的效果。

接下来，我将人才盘点中的三个重要过程点——信息库建设（Information）、人才评估（Evaluation）、人才应用（Application）展开，供大家在了解全貌的同时掌握细节。

信息库建设（I）：收集关键岗位人才的基础数据
关键词：基本信息、发展信息、员工层面与组织层面

很多企业到了要做人才盘点的时候，才想起要收集人才的基本信息，或发现一些重要的信息库在日常根本没有建立起来，这就会导致人才盘点困难重重，相当于重新做了一次"人口普查"。实际上，如果企业能够提前建立起员工信息库的话，人才盘点中的员工信息就是一个"手到擒来"的东西。

关键人才信息库是指关键岗位人员的重要信息的集合，可以通过第三方人力资源管理系统（如PS、ERP等）录入信息，来实现关键岗位人员的信息管理及查询类工作，随时准确掌握各类人才整体结构、数量变化和分布情况；如企业规模不大，受成本问题所限，也可以自己建立Excel系统，设计好框架之后，定期录入、统计关键人才数据。这也是我不建议企业不考虑人才聚焦而动辄做全员盘点的原因，因为一旦企业规模大了，不动用人力资源系统，单靠人工"肩挑土抗"，是很难完成这种大量级的数据工程的。

从目的上来说，建立关键人才信息库，可以为各级管理团队查阅关键岗位人才个人履历提供便利，为盘点提供综合数据和信

息，从而为公司人才梯队建设提供支持及过程记录。

从结构上来说，这个信息库建议由两大类别、七个子项构成（3+4）：

➢ 基础信息（3项）：基本信息（视公司需要可繁可简）、教育经历、工作经历；

➢ 发展信息（4项）：业绩档案、测评记录、培训记录、奖惩记录。

表5-6中，我列出一个基本结构建议，供大家"丰俭由人"式地使用。

表5-6 人才信息库的基本结构建议

条目	涉及内容
基本信息	个人基本信息、证件信息、工作信息、家庭成员、合同信息、联系信息、紧急情况联系人等
教育经历	教育背景、语言技能、职称/资格/特种作业证书
工作经历	本公司工作经历、非本公司工作经历
业绩档案	由人事部门将员工前两年的考核成绩直接填入，再给员工本人填写关键业绩描述（做了哪些成功事项）；如员工业绩考核内容已存在且完备，人事部门直接调取即可
测评记录	按历史填写，重点在近3年公司层面的统一的测评结果
培训记录	公司层面及外部参加的重大培训记录
奖惩记录	公司层面近期的奖惩记录情况（包括优秀员工、内部讲师、项目奖等）

"工欲善其事，必先利其器。"上述信息，如果企业从员工入职时就注意填写及留存（线下或人事系统），那么将很容易整理出相关资料。如果公司仅需要对员工的基本信息进行盘点就能得出所要的结论的话，那么这种盘点可以很快完成。在信息库建设过程中，由人事部门承担主要梳理和整理角色（很多资料已有），员工本人主要负责填写关键业绩描述（如重大事件、成功事项等）。

从数据分析的两个层面来说，一方面可以了解员工层面的年龄结构、专业、社会关系等情况，有助于组织了解员工基本信息、资源掌握、身体状况、家庭结构等，为特定工作员工的选派、社会资源优势的比较带来一个基础的判断，如员工健康状况是否适合从事某些强压力或三班倒的工作、从事某项工作是否有相应的社会资源、家庭成员的构成是否会对异地长期派驻带来影响等；另一方面如加上对信息的筛选，我们还可以在组织层面知道满足特定业务需求的人够不够、士兵和士官的比例、前台和后台的比例、关键岗位人数占全体员工的比例、直接承担战略指标的关键岗位占全体员工的比例等，这就是人力资源数据对于组织结构分析的作用。

人才评估（E）：对关键岗位人才的能力与潜力进行评估
关键词：过去、现在、将来、高潜人才、三高模型

对人才基本信息的盘点可以得到大量数量层面的信息，这些内容多半比较"显性"。而对人才质量的盘点，一般都会指向质量

的三个维度，分别是业绩评估的维度（过去）、人才素质与经验评估的维度（现在）、潜力评估的维度（将来）。

由于业绩评估的结果已经由绩效考核呈现，可以取过去一段时间（如 1—3 年）的得分均值或档位均值，在数据层面略加整合即可呈现；人才素质与经验部分，涉及是否吻合岗位胜任素质要求、本岗位司龄及相关岗位经验等，这些部分可以作为参考，在业绩得分一致的情况下，如考虑人员排名，则可以用这部分的讨论评价作为修正；潜力评估的部分，须依据公司的特定要求设置（价值观、未来发展需求等），如公司未来会经常有人才调动，则可以把是否服从调派作为潜力的一个参考要素（参见表 5-7）。

表 5-7　某公司人才评价表基本结构（示例）

员工	参评项		参考项	
	1. 业绩评估	2. 潜力评估	3. 人才素质与经验	
	过去 1 年考核得分、排名 过去 2 年考核得分、排名	价值观、稳定性、沟通、创造力、执行力等（因公司而异）	本岗位司龄	相关岗位经验
AA	绩效综合得分	根据潜力评估测评卷得分	× 年	× 年
BB	绩效综合得分	根据潜力评估测评卷得分	× 年	× 年

在盘点的人才评估角度，唯一在业界没有确定答案、主观性比较强的就是"潜力评估"。从管理学的理论来看，一个人才如果是"高潜"，往往可以做如下描述：

➢ 与同事相比，他的能力提升更快；

➢ 他的职业发展被上级经理、人力资源部门和管理委员会密切关注；

➢ 高潜能员工是公司很少的一部分人；

➢ 高潜员工信息属于公司机密，高层根据员工表现调整高潜能员工名单；

➢ 高潜能员工身体健康，精力充沛，公司根据他们的努力和愿望加以调整，以保证他能快速进步。

从实践角度来说，我过去在组织里评价干部、发展人才的时候，比较倾向于给进取心（野心）强的人较高的评价，表现为图5-2的人才"三高"模型：

图 5-2　人才"三高"模型

1. 高抱负：具有很强的自我发展愿望和不断追求进步的内在动力，愿意并敢于承担高于其职位的更大、更复杂的责任，开拓创新，以大局为重；

2.高成长：在经验的宽度、深度及稳定性、开放分享等方面，展现出快速的学习能力，务实高效，比同事有更快的职业发展；

3.高能力（基础）：较深厚的专业和通用技能知识，丰富的工作经验和阅历。

表 5-8 为潜力评估的三个参考项目及指标建议。

表 5-8　潜力评估参考项目及指标建议

评价项	参考评价指标（选择使用）
高抱负	内在动力、进取心、敬业精神、开拓创新、以大局为重
高成长	经历宽度、经验深度、学习愿望、提升潜力、拓展能力、谦虚好学、情感成熟、开放分享、稳定性、工作效率、工作作风（务实）
高能力	此项作为基础，绩效结果可以证明

在实际应用角度，管理团队可以结合表 5-8，明确提出本公司对人才潜力的侧重关注点，HR 可以根据管理团队的关注点列出本公司的人才潜力指标及打分项，构成潜力评估测评卷。我以其中一个指标项及打分标准为例，供大家参考。

➢ 潜力指标名称：经历宽度。

■ 1 分：同一职能内单一专业工作（如从事财务资金工作）

■ 2 分：同一职能内多专业工作（如从事过财务的会计、资金工作）

■ 3 分：两个职能工作经验（如财务、战略）

■ 4 分：三个以上职能工作经验（如财务、战略、法务）

- 5 分：多个企业两个以上职能工作经验

需要侧重说明的是，人才的潜力评估不能自评，只能由其上级（直接上级、间接上级、管理团队）进行评价，属于主观评价。在对人才进行潜力评估打分之后，将各潜力指标项得分累计，参考本公司绩效考核的排名档位，进行人才潜力的定级（如 A 档：前 10%—20%；B 档：20%—60%；C 档：60%—90% 等；D 档：后 10%）。

> **人才应用（A）——关键岗位人才盘点后的多维应用**
> 关键词：人才九宫图、"四个一批"、溢出性人力资源、继任计划、人才管理日历

有了人才的业绩、潜力评估之后，就可以将本组织人才的质量情况分布在"人才九宫图"（如表 5-9 所示）里，用于人才盘点会议的讨论、盘点后的应用。

人才九宫图通常以组织（分公司或特定部门）为单位来制作，根据人才业绩、潜力评估的得分将人员填入，实行分级管理，即一个级别一张九宫图。同时，由于潜力的标准属于主观、定性的标准，是预估未来的情况；而业绩偏客观、定量，属于已被证明的能力，因此九宫图结果主要看业绩维度（客观），潜力维度（主观）为重要参考，即 AB＞BA，AC＞CA，BC＞CB 等。

表 5-9　人才九宫图（同一职级）

维度2——潜力	维度1——业绩			
	CA:Vexation（苦恼者）业绩3分以下；潜力得分排名前10%—20%	BA:Major leaguer（核心骨干）业绩3—4.5分；潜力得分排名前10%—20%	AA:High flier（展翅高飞者）业绩4.5分以上；潜力得分排名前10%—20%	A——高潜力
	CB:Passive（消极者）业绩3分以下；潜力得分排名20%—60%	BB:Performer（工作能手）业绩3—4.5分；潜力得分排名20%—60%	AB:Achiever（成就者）业绩4.5分以上；潜力得分排名20%—60%	B——良好潜力
	CC:Negatively plateaued（消极停滞者）业绩3分以下；潜力得分排名后10%	BC:Positively plateaued（积极停滞者）业绩3—4.5分；潜力得分排名60%—90%	AC:Solid achiever（可靠的业绩创造者）业绩4.5分以上；潜力得分排名60%—90%	C——有限潜力
	C——差业绩	B——良好业绩	A——卓越业绩	

有了人才九宫图（质量）和人才的基本概况（数量），组织内部就可以通过分析讨论或组织人才盘点会议的形式，来确定实际的人才应用情况。总体来说，可以有不限于如下三个应用方向。

应用方向一：基于人才发展的系统性应用。通过"四个一批"的方式，建立起组织内部有针对性的人才发展系统（如表5-10

所示)。

表 5-10 "四个一批"的视角建构人才发展系统

"四个一批"	对应评估结果	针对性的人才发展策略
提拔一批	AA	1. 付出看护成本，给予明确的发展回报 2. 激励其担任师傅，将经验尽快复制出来 3. 安排新的工作挑战，避免其原地踏步
交流一批	BA/AB/BB	1. 分配给合适的项目及工作，并配以导师 2. 保留和指导，对高业绩进行回报
培养一批	CA/CB/AC/BC	1. 检查工作中有哪些难点及人/岗匹配度 2. 对业绩进行密切和积极管理 3. 配以高绩效的导师，培养和监控
淘汰/调整一批	CC	1. 尝试调整工作内容，避免劣性评价 2. 让他走，但给他铺一条"金光大道" 3. 使其成为溢出性人力资源

在上面"四个一批"里，发展难度比较大的并不是看起来的"不规则人士"，如 CA/CB/AC/BC、BA/AB/BB 等。这两类人员发展的方式比较简单，一句话形容就是"缺啥补啥"：缺乏能力给予能力的培养，缺乏潜力给予不同的工作尝试，同时持续保持对人员意愿的激励。发展难度比较大的是 AA、CC 这两类"极端分子"。

对于 AA 型人才来说，能力与潜力双高。按照本书前两章的观点：一个人越优秀，人才市场对他越透明，组织付出的看护成本就越高。组织需要尽快体现明确的回报，或打造一个中长期的激励机制（股权、合伙人等），来保证其持续的忠诚度，既要发展，又要避免挖角。同时，由于优秀人才的流动是一种市场化行为，所以要激励其担任师傅，将经验尽快复制出来，避免不可替代型人才的流失带来的组织经验、资源角度的损失。最后，要考虑对其安排新的挑战，让其有挑战、有榜样、有比较，发现新的成长方向，避免过于自傲而原地踏步。

对于 CC 型人才来说，由于组织中有劣性评价的存在，人才评价有发生"冤假错案"的可能性，因此尝试着调整人才的工作内容，避免产生劣性评价也是必要的。当然，若组织内部成员一致认为人才能力不够，那么可以考虑按照其工作业绩进行实际的淘汰行为，但即便是让他走，也要给他铺一条"金光大道"——离职行为是有"连带效应"的，一旦处理不好，就会带来组织当中的负面情绪，进而影响管理者本人。

2017 年，我在和一个同行业的管理者交流的时候，他跟我聊起他和一位老员工的故事。他手下有一个在公司工作了 3 年多的老员工，工作能力很一般，而且经常抱怨，完成工作也总是草草了事，他念及对方是老员工，一直未能"动刀"。结果今年开年拿完年终奖，这个老员工居然自己主动提出了离职。在那一刻，作为领导的他忍不住露出了"兴奋"的笑容。当听完这个故事之后，我马上问他：笑完之后呢？他说，想了想觉得不该笑。

实际上这位管理者遇到的场景，就是一个能力、潜力都一般的老员工离开的场景。他露出的"兴奋"的笑容，将会"不胫而走"，告诉他的组织：一个工作了几年的老员工要走，领导居然很高兴，我们以后估计也是这样。同时，这个老员工离开后还会发挥他的影响力,持续地影响其他岗位的员工,继续扩大负面影响。这就是离职的连带效应。因此,建议管理者在任何时候都需要把离职当成一个团建的环节,肯定所有人为组织付出的贡献,并帮其铺一条"金光大道"。比如,我的团队离开的每一个人,我都会主动提出来帮其介绍新的工作、安排欢送会、送一个大家都签名的纪念品等——这个行为不仅是做给离职员工的,也是为了在最后那一刻收其他人的心。毕竟,一个人走了,其他人还在,你还要继续用其他人,组织的稳定最重要。

此外,对于 CC 型员工,即便离开,也可以保持良好的关系,使其成为组织外可用的人力资源。人员离开后如去同行公司,如你恰好要从那家公司挖人,他就可以帮你做免费的"背调";如你要对标那家公司的管理流程,他还可以帮忙牵线或负责介绍;如果公司有返聘机制,合适的人员还可以回流,那么他还能带来上一家公司好的管理经验与文化。这是一种组织外的人力资源,我将其称为"溢出性人力资源"。

应用方向二:基于人才继任计划的应用。如组织亟待产生一批人才用于继任计划的话,那么就需要根据盘点结果的九宫图,将人才在一定时期内继任的可能性尽快做出说明,以快速储备、选拔人才,打造人才梯队。下面我以表 5-11 为例。

表 5-11　基于人才继任计划的盘点应用(P0/P1/P2)

高潜力	CA(岗位调换)	BA=P1 重点培养能力	AA=P0 大力发展
中潜力	CB(绩效辅导)	BB=P2 均衡培养	AB=P1 重点激发潜力

续表

低潜力	CC（转换或淘汰）	BC（选择性保留）	AC=P2 保留开发潜力
评价维度	低业绩	中业绩	高业绩

在表 5-11 中，该公司以能力为第一出发点，以潜力为重要参考点，将盘点出来的人才中的五类（以下划线表示）列为继任计划人才（即人才梯队）；其他人才只给出管理建议，但不列入继任计划。组织将这五类人才以 P0、P1、P2 作为标识，代表意义为：

➢ P0——杰出员工，当下就可以晋升至上一个级别；

➢ P1——高潜力员工，在半年内（1 个考核周期）可晋升至上一个级别；

➢ P2——稳定发展员工，在 1 年内（2 个考核周期）可晋升至上一个级别。

以 AA 为例，他在继任计划中的标识为 P0，意味着当下能力已经具备，可以马上继任；AB、BA 被标识为 P1，代表一个考核周期内可以继任；BB 和 AC 被标识为 P2，意味着两个考核周期内可以继任。这就打造了一个典型的人才梯队，第一梯队是 AA（P0），第二梯队是 AB、BA（P1），第三梯队是 BB、AC（P2）。组织将重点关注、培养这三个梯队的人才，并倾斜必要的管理资源。其他人才暂不列入继任计划，做常态化培养，待下一次人才盘点后判断是否纳入继任计划。

应用方向三："人力管理日历"——使人才管理融入组织的血液。组织做人才盘点，除了可以为日常的人才发展体系、继任计划提供应用上的"大数据"之外,还可以根据大数据反映的组织现状,从整个组织角度建立起"人才管理日历"(如表5-12所示),逐步建立健全人才管理机制,将人才管理工作例行化、纳入业务流程,让人才管理真正成为整个公司的行为。

表5-12 某企业的"人才管理日历"

一季度:1—3月	二季度:4—6月	三季度:7—9月	四季度:10—12月
年终业绩考核和业绩评定会议	1对1反馈	年中业绩回顾	设定业绩合同
职业发展体系探讨和个人发展计划	人才回顾会议	1对1反馈	人才会议及九宫图
	半年业绩回顾		年度业绩回顾
持续性工作A:人才交流(不同区域、业务单元)			
持续性工作B:相关的培训和人才发展项目(总部、分公司)			

在这个"人力管理日历"里,管理者可以根据自己企业的人才管理周期和规律,结合人才盘点进程,将一年的人才管理动作做成日历。日历的具体内容因公司而异,有助于推动公司各层级管理者更加重视人才,将人才管理列入业务规划的一部分。如果年初每个业务管理者的办公桌上,除了传统的日历之外,还能竖起这么一个"人才管理日历",相信也会是一个很美的风景。

第六章
群贤毕至：人才引进的渠道开拓与方法创新

晋代书法家王羲之在《兰亭集序》中有这样的描述："群贤毕至，少长咸集。此地有崇山峻岭，茂林修竹。"王羲之描绘了一个美好的地方，不同年龄的贤德之人从四面八方来到了这里，流连忘返。如果"这里"就是我们的组织，那么这些贤德之人要从哪些"四面八方"来到我们这里呢？

作为组织的管理者，最欣慰的事情，除了业绩蒸蒸日上之外，就应该是"聚天下英才而用之"。所谓"海纳百川"，招聘渠道就是组织"这片海"的"入海口"。入海口宽阔、百川归海，证明组织的人才引进渠道是充足的、有效的；入海口狭窄，说明组织没有建立起足够的人才引进渠道，一旦引发"用工荒"，就会带来"项目等人"的情况，有好的商业机会也因为没人而"吃不下"。从医学角度类比，组织提升人才管道的输送能力，就像提升人体血管的输血能力，有助于机体更有活力。

"人才荒"的话题，目前在不少企业都存在，尤其是劳动密集型企业。2019年年初，我和深圳一家物业集团交流的时候，他们的管理人员就很苦恼一线员工的招聘渠道问题：大学毕业不久的"90后"，很少会主动选择去做物业保安、维修等一线岗位，更不用说即将到来的"00后"；而年龄大的人，体力上又不一定撑得住，加上工作也没什么激情，很多都在混日子，如此情况，还如何做到"管家式的服务""高品质的服务"呢？

人才战略中的"招培借留"是一个整体。很多一线员工的难招、难留问题，实际上既和招聘有关，也和保留、培养发展的机制有关。

以海底捞的"乡党招聘"为例。海底捞需要大量餐厅一线员工，而单纯靠打广告招聘效果是一般的，因此海底捞总是从同一个地方招工，不仅招乡里乡亲，而且还从同一家族里招工。他们认为，员工如果能和亲友一起工作，除了开心之外，稳定度也会高很多。此外，公司每个月还给优秀员工的父母寄几百元钱。一些农村的老人没有养老保险，这笔钱就相当于他们的"保险"，这一招使得他们对海底捞的印象特别好，一再叮嘱孩子在海底捞好好干。到了年底，一些门店还把员工的部分年终奖励发给他们的家人，家里的媳妇收到这笔钱之后异常激动，强烈叮嘱老公在海底捞要好好干，而且还在十里八乡帮海底捞打招聘广告，搞"圈层营销"式招聘。

除了海底捞之外，星巴克也是大打亲情牌。除了工作环境好之外，员工也受到尊重，无论是领导还是员工，都以"伙伴"相称；同时极力营造一种归属感，让员工与家人一起分享成功。这样的"内环境"建设，恰恰助推了外部的人才引进，打造了良好的雇主品牌。

实际上，"乡党招聘"这招，很多年前已经被曾国藩用得炉火纯青。湘军里大量士兵都来自湖南，乡里乡亲、一呼百应——指挥某个士兵的兵头也许就是这位士兵的姐夫，试想，如果兵头阵亡了，士兵的姐姐就要守寡，那士兵在打仗的时候能不拼命吗？"乡党招聘"用一种巧妙的方法把"卫国"和"保家"融在了一起，打造了骨子里的"合伙人"和"主人翁意识"。

上述一线员工人才荒及其对应招聘渠道之一"乡党招聘",属于劳动密集型企业的范畴。在资金密集型企业,如地产、金融、科技等,往往涉及关键岗位的人才荒。

万科从2000年开始启动了一个著名的人才挖猎计划——海盗计划,在一年多的时间里,吸引了50多位中海骨干人才加入万科,极大地提升了万科在工程质量和成本控制方面的管理能力,这也意味着万科人力资源从"内部培养模式"过渡到"培养与空降相结合模式"。截至2004年年底,关键人才已在全国19个城市完成布点,为接下来万科的千亿战略铺垫了职业经理人的基础。理性的创业者和优秀的职业经理人团队使得万科在管理上能够集中精力,建成了跨区域管理的高效体系。

如果说,一线员工的人才荒问题主要涉及"数量"的问题,那么关键岗位的人才荒则是涉及"质量"的问题(图6-1)。一线员工人数多、薪酬低、流动率高;关键技术及管理岗位相对人数少、薪酬高、流动率低,引进的策略和渠道也会有一定的差别。

图6-1 人才荒

随着业务的发展，不少企业的人才引进渠道也会与时俱进，以应对业务战略变化（多元化、轻资产、全球化等）所带来的人才新需求。以某典型企业为例，在10年前，该企业人才引进的主要难点在于关键技术及管理人才，其主要引进渠道如表6-1所示。

表6-1 某企业关键人才引进三大主要渠道

主要供给渠道	操作手法	对应组织成本
行业内挖猎	通过猎聘手段寻找行业关键人才	付出较高的看护成本
内部提拔（伯乐）	提升内部绩优人才以补充关键人才	需要建立内部人才梯队
跨行业挖猎	在非相关行业寻找合适的关键人才	多聚焦创新业务或职能型人才

近些年，由于行业发展及大环境的影响，该公司主营业务开始由"快速扩张"往"稳健"方向发展，同时拓展了以农业、人工智能为代表的新兴产业。为了使传统产业继续对标优势企业、新兴产业能够快速借鉴组织能力，公司的关键人才引进渠道也在原有渠道的基础上，新拓宽了一个多元化的挖猎渠道，打造了"行业对标式"人才引进策略（如表6-2所示）。

表6-2 某企业新增关键人才挖猎多元化渠道

业务领域	涵盖范围	人才挖猎渠道
传统领域	住宅开发	中海、恒大、万科、融创等优秀企业
	商业零售	沃尔玛、华润、永辉等优秀企业
创新多元化领域	新能源汽车	比亚迪、特斯拉等优秀企业
	智能科技	美的、博世、谷歌等优秀企业
	农业	正邦、新希望、双汇等优秀企业
	社区金融	平安、招商、中信等优秀企业

总体来说，在现在的商业环境下，为了配合业务战略，企业的人才引进渠道变得更加灵活、多样，沿着"内部人才、外部人才、网络资源、线下资源"等多个渠道延伸，并独创性地定义本公司特有的人才渠道。正如韦尔奇所说："我们能做到的所有事情就是把赌注押在我们挑选出的人身上。"如果选人的方向对了，则"群贤毕至"；方向错了，则"门可罗雀"。

关于人的标准问题、人才群体的现状问题，我们在前两章做了很详细的分析，解决了"我们需要什么人""我们现有什么样的人"两大问题。在这一章，我们重点分析"人从哪里来"的问题。

业务视角：理解人才引进行为的四个本质问题
关键词：人尽其用、人工成本、招聘即营销、外部资源与内部能力

首先，在落到一些渠道开拓的技巧层面之前，由于前面已经有了一些渠道的案例作为预热，此刻我想先用一个小章节，从业务管理者视角来谈一谈：与其思考人难招、渠道开拓难的问题，倒不如先想一想人才引进的几个本质问题——我是否需要引进更多的人才？人才引进对组织意义是什么？如何从业务视角看招聘？外部资源与内部能力的关系是什么？

第一，对于"我是否需要引进一个人"的问题，涉及四个思考点：

➢ 1.才干：你了解现有员工的技能与才干吗？正确发挥他们的作用了吗？

➢ 2. 方法：你尝试了其他方法了吗（阶段性用工、劳务外包等）？

➢ 3. 规划：是否真正存在空缺的职位？是否符合公司的远景规划？

➢ 4. 机会：公司的发展是否足以支持一名新员工？

从才干角度来说，很多时候，公司管理者并未完全做到"人尽其用"，比如，使用一些组织赋能的方法，让员工变得更能干（这一点在"组织赋能：全方位提升组织的作战能力"一章会详述），而盲目考虑增加人手，会引发"人浮于事"的风险。

从方法角度来说，引进人才并不意味着一定要改变组织的编制数量，这一点在"人才供应链：围绕'招培借留'打造组织的人才供应链"一章中，已经有过案例分析。阶段性用工、劳务外包等方法也可以使你在用工峰值的时候拥有人才，但并不一定是永久性用工，这样可以避免组织臃肿的风险。

从规划角度来说，公司业务的扩张是一时的，还是会一直持续下去的，管理者需要对业务规划本身有一个相对清醒的判断。业务扩张时疯狂招人、业务萎缩时无底限裁员，这在很多创业公司，甚至老牌企业都有过先例，而且经常发生。"请神容易送神难"，且不说《劳动合同法》在等着你，这一笔笔来来去去的机会成本也不容小觑。

从机会角度来说，要思考公司内部是否有明确的发展梯队，能够让员工在公司内部有所成长。如果大部分员工在公司里都没有职位和学习发展的空间，盲目地继续增加人只会让这种"白热化竞争"的情形更加严重。

第二，如何看待人才引进对组织的意义问题？

显然，人才的引进是为了满足业务增长对用人的需求。人是可以产生绩效的，但同样，人也是会带来成本的。人力资本通过组织的赋能手段是可以增值的，但引进新人的同时也意味着增加人工成本。

从狭义上来说，人工成本包括基本工资、岗位技能工资、相关津贴、加班工资、绩效工资、年终奖金、社保（企业和个人）等部分；而从广义上来说，人工成本还包括招聘费、培训费、为员工进行的相关配套管理支出（员工宿舍、餐厅、休闲健身设施、体检、图书角）等。说句题外话，如果你在安排管理干部培训时给每个人买了一本我写的这本书，这也算一种新增的人工成本。

从本质上来说，养人是很贵的。对于员工有个总体的原则就是："输出贡献，大于支付给他们的成本。"因此，"两个人干四个人的活，发三个人的工资"，是划算的，因为你只发了工资的部分，最多算是狭义人工成本的一部分，而不用付出广义的人工成本。这笔账，应该是每个做业务的管理者都会算的。因此，人才引进既意味着解决绩效需求，又意味着新增成本，如果能够通过管理动作使贡献大于支付（如我上面举的"两个人干四个人的活，发三个人的工资"的例子），则能使成本利用率有效提高。

第三，从业务视角来看，招聘即营销。

从本质上来说，招聘就是人力资源领域的一种"营销行为"，而营销的逻辑恰恰为招聘人员如何精准找到候选人并与之建立有效联系提供了根本性的解决方案。我们一方面需要引进人才，另一方面要有效提升雇主品牌，使招聘有效。

表 6-3　营销七大逻辑及招聘的应用

营销逻辑（业务）	招聘应用（人力资源）
1. 领域细分	确定合适企业空缺职位的人才类型
2. 精准指向	进行优先级排序，瞄准最重要的求职者
3. 定位	打造反映企业雇主品牌的口号或故事，吸引并留住重要求职者
4. 产品	岗位以及工作环境
5. 价格	员工工资与福利
6. 推广	对外：招聘岗位发布、公共关系 对内：与人才社群建立联系；社会化、数字化和内容营销
7. 分销地点	求职网站、社交网站、社交平台、电子邮件

第四，外购资源要尽快转化为内部能力。

招聘就是一种购买员工能力的行为，购买任何外部的资源，都需要尽快把它转化为内部的能力。比如，招聘了一个基层的新员工，那么就应该尽快安排师傅带他上手，他的摸索时间越短，创造绩效的时间就越长，所以管理者必须得会带新人，不然就会带来组织的学习成本；再如，招聘了一个技术或管理上的牛人，你也不知道他能待多久，那么就应该让他尽快当师傅，一边工作一边把经验复制出来，并给他应有的激励——你付给牛人的工资，既包括他的工作能力的价值，也包括组织的学费，否则人走了，经验也被带走了，那就做了一件得不偿失的事情。

公司管理者应清楚人才引进对组织的意义，以人力资本增值

（质）为基础，通过有效的招聘渠道高质量地扩张组织规模（数），才能将组织导向"有质量地增长"方向。

表 6-4　业务视角理解人才引进行为的四个本质问题

四个本质问题	思考角度	关键提示
是否需要引进更多的人才	从才干、方法、规划、机会角度思考	避免人浮于事、组织臃肿、机会成本浪费、白热化竞争的风险
人才引进对组织的意义	解决绩效需求，也意味着新增成本	养人是很贵的；提高成本利用率
从业务视角看招聘	营销七大逻辑及招聘的应用	引进人才、提升雇主品牌
外部资源与内部能力的关系	外购资源要尽快转化为内部能力	新员工：师带徒，缩短摸索时间 牛人：当师傅，尽快复制经验

整体布局：对常见人才引进渠道及有效性的思考
关键词：精准性、可行性、性价比、九大渠道、内部引进

从目标上来说，招聘渠道要想有效，需要思考以下几个要素：

第一，方向是否精准：我们的目标人群是谁，招聘渠道是否精准覆盖到了他们？ 我们前面说过，招聘即营销，你要打营销广告，不考虑客户在哪里能看到，只考虑企业喜好，就是一种"南辕北辙"的行为。

如果你要招分公司总经理或总裁，将招聘渠道放在一般的招聘网站上，精准程度就很低。大量的公司高管，由于平时忙于业

务，几乎没时间登录招聘网站，但往往会通过猎头、社交圈层来寻找机会。如果你要招大量一线工人，在电视上打广告就是一种得不偿失的行为，因为电视广告成本太高，而且时段有限，很多工人不一定能看到；即便有看到的，就算招聘成功，就一线工人的产出、流动率来说，也盖不住你的成本。现在有些电视媒体会有一些一对一的招聘节目，但首先是量不大，你无法想象像富士康、海底捞这样的企业，在电视上一个一个招聘所需要的工人；其次是效率也不高，毕竟不是关键管理或技术稀缺人才，如果每一个人都要了解那么细，就是一个性价比很低的管理行为；最后是企业在电视媒体招聘，本质上是为了宣传企业品牌，进而对产品营销、人员引进带来线下的导流，所以必然不会以它作为一般员工招聘的主流渠道——如果是招聘创业者、合伙人等高端人群，需要进行详细判断了解，同时也可以相互打品牌的，则比较合适。

人才渠道的方向如果不精准，就好比去南极找北极熊，去北极找企鹅，行动越快，企业成本损失越大。

第二，操作的可行性：招聘渠道对企业而言是否可操作，是否符合企业的现实情况。 比如，我们打算通过员工外部推荐，以圈层或"乡党"的方法引进普通员工，这条渠道本身没什么问题。但如果企业自身有以下几个短板，就很容易影响该操作的效果。

➤ **短板1：品牌知名度不高或存在负面信息。** 这会使员工亲属及圈层好友对其持疑惑或否定态度，进而对外部推荐行为"敬而远之"。如一些创业企业，本身知名度较低，且一直笃信"酒香不怕巷子深"，这就在外部推荐角度从客观上带来了难度，须知"皇帝的女儿也愁嫁";另外,经常有"血汗工厂""生不进××,死不进××,生死不进××"标签的一些公司,无论其规模大小,这些"戏谑"之语多少会给外部潜在员工对企业的感受带来影响。

> 短板2:缺乏必要的员工关怀。纯工作导向,弱情感导向,在日常员工情感、认可上工作不足,导致员工本人对企业归属感偏低,在外部推荐上动力不足,自然效果也不好。

> 短板3:硬件条件的限制,如地点等。企业地点交通不便、办公环境差等情况,也会客观制约外部人才推荐的效果。

> 短板4:推荐行为缺乏必要的激励。如对员工的外部推荐行为没有相应的奖励机制,也会影响员工推荐的意愿,设置必要的奖励有助于鼓励员工的正向行为。这一点富士康、星巴克、海底捞都做得不错。

如反向思考上述四类短板,进行相应强化,则有助于"乡党招聘"这一渠道的效果。

第三,性价比是否合适:是否能够招到合适的人才且花费适宜的成本。不能一考虑招聘渠道就去想最贵的,若是连招聘一个普通员工都考虑动用猎头、媒体,虽然精准度有了,但性价比不合适;在这种情况下,也许一场简朴的招聘会、宣传启事、生动的大学校园招聘,都能起到应有的效果。但如果要招高端人才,那么毕竟"一分价钱一分货",通过猎头或媒体可能就会更好。一个人越优秀,人才市场对他就越透明,他就越容易比价;你如果可以很轻易地触及他,他就失去了比价的优势。因此,很多高端人才指定要找猎头,也是为了通过猎头的信息渠道达到比价、溢价的优势，做出最优判断。我不太同意"花最少的钱，招最好的人"，毕竟"重赏之下必有勇夫"，该花的钱一定要花，只要性价比合适即可。

我把目前的常规招聘渠道帮大家做一个整理，同时提出我对于"目标人群""精准程度""关注要素"这三个部分的理解，供大家参考（表6-5）。

表6-5　九大常规人才引进渠道

渠道类型	目标人群	速度	成本	精准程度	关注要素
现场招聘会	普通或基层管理岗位	快	中	中	人才市场的影响力
校园招聘	普通岗位、后备人才	快	中	中	企业品牌与校园知名度
网络招聘	中层及以下岗位	快	低	低	招聘网站的影响力
内部推荐（内部员工）	各层级均可	快	低	中	内部人才交流机制及梯队建设
外部推荐（圈层、乡党）	各层级均可	快	低	中	企业品牌及员工人脉内部关怀及激励制度
猎头推荐	关键岗位	中	高	高	猎头自身的人脉及圈层
定向挖猎	关键岗位、稀缺岗位	慢	中	高	竞争对手就是人力资源池
电视媒体	合伙人群及高端人群	中	高	高	有扩张企业品牌的作用
招聘启事（含广告传单）	普通岗位、操作岗位	中	低	低	渠道走低、广泛撒网，对品牌可能有负向影响

第六章　群贤毕至：人才引进的渠道开拓与方法创新

关于内部的人才引进渠道，如果我们把"人才引进"宽泛地界定为"通过合适管道补充人才缺口"，那么从内部来说，不光只有上面提到的"内部推荐"这一种方式，还可以把思路再拓宽一点。

➢ 内部晋升：在内部规划员工职业发展通道，将业绩作为评价标准，定期提拔业绩优秀人员。

➢ 岗位竞聘：在内部建立人才培养梯队，通过阶段性、模块化的培养与评价，提拔胜任岗位能力者。

➢ 职位调动：将其他岗位、职位人员调动至空缺岗位补员，如专业岗，往往适合于专业相近岗位；如管理岗，则可考虑大胆突破，运用"扶上马、送一层"与"学中干、干中学"的观点操作，关于这一点，大家亦可以翻到"人才梯队：人才梯队建设的入库、在库与出库"一章，进行延伸阅读。

➢ 工作轮岗：设置一定的轮岗时间，对人才岗位做一定的轮换，短期内补员，长期则可以交换回来，同时要有相关的培训机制。

表6-6 内部人才引进常见渠道及风险关注

引进渠道	必要条件	关注潜在风险
内部推荐	建立内部人才交流机制	要避免内部"裙带关系"
内部晋升	规划员工内部职业发展通道	发展通道单一、晋升标准不统一
岗位竞聘	建立人才培养梯队及评价机制	难以做到绝对公平，易引发劣性评价
职位调动	专业相近、管理相通	没有相应的专业培训，能力难以支撑
工作轮岗	短中期轮换与回流机制、培训机制	轮岗时间不当、没有回流机制

> **定点爆破：中高端、低端人才引进的思路及建议**
> 关键词：待价而沽、圈层建设、人才库储备、利益回报、从众效应

本节我们尝试将人群做一下细分，探讨中高端、低端两类人群在引进渠道角度的不同方式。

要了解中高端人才特定的引进渠道，按照营销的观点，我们得先了解此类人群自身的特点及他们的需求。总体来说，这类人群具有如下三类特点。

特点1：待价而沽，容易自负。这类人群往往具有比较丰富的职场经验、相对优秀的岗位技能，因此人才市场对他们往往会比较透明。正因为人才市场的透明化，他们更容易"待价而沽"，在反复比较之后再做决定，因此企业不光要关心自身开出的条件，还要关心竞争对手及行业对此类人才给出的条件，横向比较。

同时要注意，过往经验越丰富的高端人才，就越容易顽固，由于其具备了过去的一些成功经历，因此容易在选择机会时自信心爆棚，可能给企业对话、选择带来一些困难。

特点2：被动出击，关注圈层。诸葛亮安坐隆中，等待有识之士过来对话，而且有意增加对话难度，导致刘备"三顾茅庐"。当然，刘备也是"听说"有这么一位"卧龙先生"的存在，可见诸葛亮也"并不安分"，至少也向外界传递了其"待字闺中"的信息，才能带来"花香蝶自来"的引流效果。此类高端人才也在出击，只不过是偏重于"被动出击"，企业应主动创造机会与高端人才对话，如举办论坛或年会邀请合作伙伴人才、标杆人才进行对标交

流等，使得与高端人才的接触变得自然、亲切，大大增加其参与意愿。

这类人员比较关注圈层，朋友介绍、猎头介绍、同行介绍等，都是很好的途径，打造一个桥梁使其和企业之间建立对话的机会。

特点3：成就导向，关注价值。 按照马斯洛的需求模型，此类人群对于薪酬本身的敏感度比普通员工要低，但更为关注职业成就，公司给不给机会、领导信不信任，这些都在重要的考虑范围。同时，是否能够实现自身的职业价值想法，是这类人群关注的重点。大家的职业价值不一样，有的追求精彩的生活，有的追求幸福的生活，精彩在于变化、刺激、折腾，幸福在于稳定、平和、陪伴。取向不同，高级人才的适用范围差异也很大。

在上述特征之下，我对企业方面建设中高端人才引进渠道有图 6-2 所示的三个方向的建议。

1. 有针对性地提升对中高端人才的吸引力
2. 强化企业的圈层建设活动，建设行业内外人才引进渠道
3. 制定针对中高端人才的长期招聘策略，并做强自身的招聘能力

图 6-2　建设中高端人才引进渠道

第一，有针对性地提升对中高端人才的吸引力。这些吸引力包括薪酬、发展、品牌、文化等，如工资本身吸引力不够，可以考虑股权、合伙人等长期激励手段，使人才关注的价值能够长短期兑现结合。同时强化自身雇主品牌，通过企业品牌的营销活动，达到既宣传产品，又扩大社会认知的作用。

第二，强化企业的圈层建设活动，建设行业内外人才引进渠道。一个组织和一个人一样，如果人脉资源、圈层狭窄，那么就很难去影响高质量的人群。圈层建设是企业的常态化工作，既要有合作伙伴的圈层，又要有竞争对手的圈层，还要有跨行业企业的圈层。企业办营销活动、文化活动、慈善活动、行业活动、标杆对标等，都有助于扩大企业的圈层，让"企业公民"在社会中能有强的影响力。"良禽择木而栖，贤臣择主而事"，企业自身的圈层号召力扩大，会吸引更多有选择权的人才。

除了竞品挖猎，很多企业都尝试过跨行业挖人。本章开头我们提到了万科的"海盗计划"，属于"竞品挖猎"计划。除此之外，万科也在2007年启动过一个叫"007计划"的跨行业挖猎计划，在两年时间里吸引了40多位跨国企业的管理人才出任要职。这些跨行业人才为万科打通了各业务平台，完善了信息系统，促进了客服和物业，加速了万科成为千亿级国际化企业的步伐。前几年，在网贷行业快速发展之时，国内互联网金融专业人才储备量不足，人才供给难以支撑全国数千家网贷平台，跨地域、跨行业挖人现象也屡见不鲜。当然，这类渠道也会给空降兵带来一个新的挑战，企业能不能容得下、融得下、用得下空降兵，是引进渠道建设后的话题。

第三，制定针对中高端人才的长期招聘策略，并做强自身的**招聘能力**。中高端人才的到位不能有"救火"心理，要求三天、一周、一个月之内就要到位，这势必给操作招聘的内部团队带来过大的压力。如果企业内部能够考虑储备一些招聘人才库，同时与中高端定位的招聘网站建立中长期合作渠道，日积月累，就不至于用人的时候大海捞针。人才库的建设在日常，即便是离职人员，也可以利用其跳槽的下一家公司进行挖猎；合作伙伴，也可以作为人才猎聘对象。商业社会，人才自然流动，一时不能为我所用，也可以储备下来持续关注。

同时，还可以招聘一些高素质的学生人才，做储备式的培养，将其由高素质培养为高能力，这也对企业内的培养系统带来了新的要求。我们不光要培养当下的人才，还要培养未来的人才——立足现在，放眼未来。

表6-7是某多元化公司于2005年启动的高学历人才（研究生、博士生）招聘及储备式打造计划，欲将"白纸型"高素质人才招聘到位，然后亲手打造为组织所需要的高端人才，这样既能兼顾忠诚度，又能面向未来打造能力，将高端人才的传统社会招聘渠道，向前延伸到了校园招聘环节。而在这个环节，招聘只是基础，重点还是"招培结合"式地打造，这样当公司未来用人的时候，能够涌现出"又红又专"的高级人才。

表 6-7　某公司高学历储备人才的打造思路

策略（3+2）		具体打法
三个足够	创造足够的轮岗机会	每个储备人才都能得到真实的轮岗机会
	创造足够的成长机会	职业发展多通道、培训后的持续关注
	创造足够的选择机会	内部建立人才交流、轮岗锻炼机制
两个加强	在人数上进一步加强	进一步增加数量，促进优秀人才转化
	在种类上进一步加强	多专业，响应公司多元化战略对人才的要求

此外，对中高端人才的引进，公司管理团队、招聘负责人员必须全程协作，才能真正做强招聘能力。管理团队要提出明确的需求，参与人才的猎聘和对话，表现出公司的诚意；招聘负责人员要有猎聘中高层的经验和能力，千万不能让新手操作高端人才的招聘，一方面显得不够重视，另一方面阅历不够，难以有效对话。

下面我们设定一个企业的基本背景，从细节角度来丰富和复盘一下上面所述的针对中高端人才的引进思路：

案例背景

某公司 2003 年创立，经过近 7 年的快速发展，在其所属的行业市场内排名前 30 位，品牌有一定知名度，在一些行业的论坛、主流媒体上也能看到一些对其的报道和分析，没有明显的负面新闻，客户对其产品的美誉度也较高。在财务上，盈利状况较佳，老板把持了稳健的发展风格，且善于授权、有激励意识。

在短期内，公司准备继续深耕其强势的主营业务，运作更多、规模更大的项目，需要大量中高级人才的加盟；从中长期看，准备开始陆续投资一些主营业务相关产业，需要更多专业人士来操盘、共谋大业。

目前，公司亟待组建5个新产品项目小组，每组各有6位中高层管理人员。公司希望找到既专业、又有过往产品成功经验、能够整合行业内外资源、有大局观的管理者。应该如何多元化地考虑该公司的中高端人才引进的渠道？

以下为结合本节对于中高端人才的特征分析、企业操盘方向分析给出的一些操作角度建议，供大家参考、拓宽思维。

➢ **操盘角度一：挖猎型。主动出击，多渠道挖猎中高端人才。**

1. 发出网上"人才通缉令"，高额"悬赏"举荐优秀人才者；
2. 购买现成的行业人才信息数据库，直接锁定挖猎；
3. 关注竞争对手发布的公司通告、信息披露，锁定其中提到的优秀人才名单；
4. 参加中高级人才的大型招聘会、知名企业专场招聘会，创造与人才的见面机会；
5. 参加行业精英聚会，如论坛、研讨会、业务洽谈会、培训会、体育活动（如马拉松团体）等，及时"捕捉"人才。

➢ **操盘角度二：储备型。建立人才库，提前储备、培养人才。**

1. 通过招聘网络已建立起的人才库主动搜寻人才；
2. 与招聘网站建立中长期的中高级人才推荐渠道；
3. 建立本公司人才库，查找曾应聘但未被聘用的中高端人才名单，持续关注；

4. 提前培养高素质人才，内部储备，面向未来引进。

➢ **操盘角度三：圈层及推荐型**。充分利用圈层，多角度搜寻人才。

1. 要求所有业务、职能部门提供项目合作中发现的优秀人才；
2. 向新员工询问之前就职公司还有哪些优秀的人才；
3. 请公司骨干员工提供曾打过交道的优秀竞争对手名单；
4. 建立员工内部推荐制度，对推荐优秀人才的员工予以奖励；
5. 从每一个应聘者提供的证明人信息当中挖掘可用之才。

上面我们谈了对中高端人才招聘渠道的看法，接下来再谈谈企业里低端人才（基层员工）引进的一些想法。首先，我们从低端人才的特征分析入手。

特点1：关注短期利益，缺乏长期规划。跟劳动密集型企业交流的时候，一个很形象的感受就是：一个厂子招聘，旁边厂子打出广告，每月多100元，就能很容易地半路把人撬走。由于低端人才较为在意短期利益，所以中长期的股权、合伙人激励对其作用并不大，反倒是即时能够兑现的利益比较重要。如果企业老是"放空炮"，那么很难吸引或留住低端人才。如果企业不重视基层员工的利益保障，那么就很难保证其在企业长期发展。因此，企业打造一个"看得见、摸得着、拿得到"的基层员工利益回报体系就很重要。

特点2：流动率高，容易有从众心理。上面提到的"乡党招聘"，其好处是如果企业品牌较好、回报优秀，那么很容易"一呼百应"；但一旦某个"乡党领袖"对企业产生不满，满腹牢骚，或愤然离职，那么也很容易带来"一呼百应"的情况，导致人呼呼啦啦地来，又哗哗啦啦地走。因此，吸引或稳定基层员工群体，除了务实的利益回报之外，很重要的一点是"搞定意见领袖"，从而避免从众效应的发生。组织内部对于意见领袖的管理、基层团队的建设，是非常重要的。

特点3：渴望平等与尊重。俗话说"光脚的不怕穿鞋的"，很多时候，中高层干部因为在意个人品牌、职业发展，多少还会比较妥善地处理内外舆论、上下关系、客户关系等环节，职业经验越丰富的人，越关注组织评价与团队和谐。基层员工一旦遇到利益受损、被恶意侮辱打压的场景，由于代价不高，就很容易做出"杀敌一千、自损八百"的"双输"型行为；而一旦感觉受到了应有的或超出期望的尊重，则很容易被激发出感恩之心。组织内部对于基层员工的情感关怀非常重要，在企业文化中倡导平等与尊重，有助于强化对基层员工的吸引力而使其留下来。我这几年跟融创交流的时候，能够很明显感觉到该公司企业文化中的"尊重"氛围，从融创中国董事会主席孙宏斌由上至下倡导的"去总化"，到员工见面会、校招新员工培养机制、内部的员工食堂与健身中心的建设、各类员工活动的安排，无不体现了员工与老总之间平等合作的氛围，对于员工的吸引与稳定起到了很大的作用。

案例背景

某广东手机代工企业成立于2008年，代工生产多种国内品牌手机，由于公司老板市场资源丰富、进攻性强，公司业务逐年扩大，在当地有一定影响力。公司的标准化流程管控极佳，引得不少同行企业对标交流。这种对标除了业务之外，还有人才，不少当地企业直接提高工资从该企业挖人，导致该企业基层人才流动极快。

企业的研发和营销板块在城市中心办公，工厂地处城市郊区。为此，公司自建了一定的标准化员工配套，盖了员工宿舍、引进了小超市及食堂，解决员工基本生活需求问题。

公司面向未来的发展，需要招聘大量工厂员工，由于工作量较大、压力强，要求所招聘的人才年龄以20—35岁为主，男性优先、农村务工人员优先、学历以中专以上为主，有大学生愿意到工厂实习也欢迎。

以下为结合本节对于低端人才的特征分析及企业建议给出一些操作角度的思考，供大家拓宽思维。

➤ **操盘角度一：主动出击。**

1. 招聘广告：公司在周边地区建筑、学校等地点张贴有吸引力的招聘广告，尤其是确保公司三公里之内各个工业区内的有效布点。

2. 网络招聘：打造网络招募渠道，包括微信招募、网站招募两种形式,在头条 App、游戏 App 主页打广告,做微信朋友圈扩散。

3. 职介所:与各职介所保持良好的沟通关系,确保随时推荐、随时用工。

4. 校园招聘:与大中专学校建立良好的合作关系,毕业学生可以直接导流过来。

5. 现场招聘会:定期举办招聘会,在人才市场搜寻人才。

➢ **操盘角度二:圈层推荐。**

1. 在工厂主要通道醒目张贴、各部门的宣传栏醒目张贴、公司各办公人员的邮箱群发,加强内部宣传,鼓励员工推荐人才。

2. 现有公司女职员推荐男性家人或亲属的有特别奖励。

3. 来公司的新人,可以带人一起过来,经合格录用给予奖励,带的人也可以继续带其他人来,"传销式"推荐人才。

4. 离职工人,如推荐新人来公司,也可以给予奖励。

5. 鼓励公司管理干部在抖音、头条等 App 开专栏,宣传公司、导流人才。

➢ **操盘角度三:维稳内部。**

1. 新人对接人必须到位,随时有人、随时安排。

2. 做好新进员工的后勤服务工作,如食宿安排、入职指引等,以减少人员流失。

3. 研究对应的薪酬福利政策,减少被竞争对手挖角的现象。

4. 提升对一线员工的关怀,尤其要加强员工活动建设,增强其体验感。

渠道创新：还有哪些新兴的招聘渠道
关键词：互联网招募、校园代理人、离职返聘、面试回炉、人才外包

在上述常规招聘渠道、各类人才招聘渠道分析的基础上，本节我提出一些相对比较创新的人才引进方式，供大家延伸参考。

创新一——拓宽互联网招募渠道：紧跟时代，创新性打造包括微信、头条、网站在内的一系列互联网渠道。

以富士康为例。2017年，郑州富士康为了提升园区基层员工的招募效率，采用微信公众号、企业网站联动引流的方法，想入职郑州富士康的人士只要关注微信公众号或登录富士康招募网站便可以了解招募动态，进行网上预报名。报名成功后可通过微信或网站进行在线入职考试。考试合格者便可以携带二代身份证原件，去招募中心面试。报名成功、考试合格后就可以直接进入信息采集、形体检查等环节。该方式有效简化了人才的入职流程，缩短了等候时长，提高了员工体验感。为激励人才通过网络招聘入职，郑州富士康还出台了丰厚的激励政策。具体内容为：凡通过园区人力资源招募中心的网络招募渠道或人力招募微信公众号报名且成功入职的员工，都将获得600元的入职奖励，入职后每月发放200元，三个月发放完毕。

除此之外，很多企业都用过朋友圈招聘、微信群招聘、头条新闻招聘等方式，随着互联网工作的进化，这类招聘方式将极大地缩短人才与企业之间的距离，更快地传递出企业的招聘需求，为企业招聘人才更有效地引流。

创新二——校园代理人（校园大使）：让学生群体相互推荐人才，让优秀的人举荐优秀的人。

汉代实行"举孝廉"的人才选拔机制，地方官负责把一个地方具有孝、廉品质的人才举荐出来作为官吏的候补，由国家来培养。被举荐的人以后有机会到地方去做官。如果我们把这个机制里的"地方官"换一下，变成人才之间相互举荐，再把这里的"人才"界定为校园招聘的学生群体呢？这就变成了"校园代理人"式的举荐招聘制。

所谓校园代理，就是在校学生根据被代理方的需求达成协议销售一些商品或者提供一些服务。随着高校数量的增加和学生总数的增长，学生群体也逐渐成为一群具有巨大消费潜力的群体，于是许多校园代理应运而生。这是商业角度的校园代理人，如果是招聘角度的人才代理人，就是"校园大使"。

校园大使是指企业在校园的代言人，通过在校园内组织、开展一系列活动，向大学生介绍企业，协助企业校园招聘、品牌宣讲等活动的开展。海尔、戴尔、旭辉等众多企业都有"校园大使"相关的计划，有助于提升企业在校园的品牌知名度，是企业在校园的组织者和传播者。可以说，校园大使是企业在高校中的形象代言人，是雇主品牌建设的尖刀队。

简单来说，校园大使在招聘角度要做的就是帮助企业将招聘需求传递给周边的同学，并帮助企业筛选、拿到一定数量的人员简历，企业会给予其相关的激励、培训或优先任职等回报。以下以某企业校园大使权利与义务为例，供大家更为详细地了解它（表6-8）。

表 6-8 某公司校园大使的权利与义务（样例）

校园大使的权利
1. 校招直通车：掌握企业招聘前沿的方向，开启校招绿色通道直入面试
2. 实习机会：有机会获得暑期实习机会
3. 近距离接触企业：经历校招全流程，明确自身求职方向
4. 拓展圈子：组建团队，挖掘像自己一样优秀的人才，拓展人脉圈层
5. 锻炼能力：在工作中运用自己的综合能力，保障人才招聘项目成功
6. 校园伯乐：参与校园伯乐项目，推荐优秀候选人，可获一定奖励
校园大使的义务
1. 线上：通过微信、微博、头条等推广人才招聘项目
2. 线下：协助展架、横幅等物资的张挂申请，监督供应商的选拔实施
3. 活动支持：人才交流会、宣讲会现场协调，面试支持
4. 推荐简历：参加校园伯乐计划，推荐优秀候选人，获得奖金
5. 沟通：与目标专业中的核心学生进行深入沟通，邀请其帮忙宣传人才项目
6. 反馈校园情况：随时反馈校园相同时段宣讲会情况

创新三——离职返聘：让有意愿、合适的离职人员返回公司任职。

大多数公司和离职员工的关系都会随着员工的离职而近乎水火，拒离职员工于千里之外，而通灵珠宝的人力资源部与离职员工却一直保持密切沟通，如员工跳槽到新公司觉得不适应，希望返回原公司的话，只要符合如下两个条件便可以成功返聘：

1. 离职员工必须在公司服务一年以上，在工作期间表现优异，在三个月内回归的可以不经过试用期，直接进入正式工作状态。公司将把他们原来在公司的工龄续起来，给予其与原来相同的工资、福利等各项待遇。

2.员工在离职三个月后重新回到企业的，将与新员工一样，面试合格、经过试用期才能被正式录用，工龄也将被重新计算，薪酬待遇也是比照岗位性质与要求给予，这从制度上较好地规避了某些员工到外面"镀金"后重新回到原公司获得高薪的想法。

根据通灵珠宝的计算，重新雇用一个优秀前雇员的成本远远低于招聘一个新雇员，而带来的可预见收益却可以翻一番：在上班前半年内，再次受聘的前雇员可以比新雇员提高35%左右的生产率。更重要的是，由于有了对比，这些前雇员的忠诚度也普遍较高，比较珍惜这个机会。人力资源部专门建立了离职员工资料库，由专职的HR管理专员负责跟踪优秀的离职员工近况，随时进行分析，在公司内部出现合适的岗位空缺时，会适时与合适的离职员工沟通，创造"回流的机会"。

创新四——面试回炉（库）：让面试中无法录用的优秀人才有机会回炉。

类似于上面提到的"离职返聘"，企业与被面试的人才最终"没谈拢"，有时并非是能力或价值观层面的原因，而是如薪酬不合适、岗位数量不够等客观原因导致的。若企业和这类人才一直保持联系，当有合适机会的时候，完全可以让他们回炉。

例如，A公司面试三位营销总监，其中两位都很不错，但由于公司职位数有限，只能录用其中一位王先生。但公司一直和另一位张先生保持联系，过了半年，公司又需要一位营销总监，恰好张先生在新公司也不太顺心，两者一拍即合，张先生顺利回炉到了 A 公司。

试想一下，如果不是又需要一位营销总监，而是我们录用的王先生经过工作后证明不太合适，这个时候张先生就是第一替补。因此，企业必须建立起面试人才库，即便未能录用，也可以保持后续的使用可能。

创新五——外包型招聘：以人才外包、独家代理的方式，由熟悉本企业的机构专门、定点解决本企业的人才渠道问题。

餐饮行业是一个用工量大、流动率高的行业。以海底捞为例，它在全国拥有 100 多家分店，每个店流失一个员工，就意味着需要上百人的新员工队伍才能填上空缺，因此，需要随时有员工储备。原先海底捞的招募和培训工作，是由其内部的人力资源部门来负责的，但由于量实在太大，他们就将这个部门独立出来，成立独立运营和核算的子公司——微海。

微海公司目前有接近 100 人，他们既要负责海底捞在全国门店的员工招募和培训问题，而且还面临一个很苛刻的条件：从门店向微海公司下达新员工需求后，四天内就必须按照要求数量将新员工送到门店，如果没有送到，就涉及合作的业绩考评。为了解决这个问题，针对每个月不同的员工流动情况，基于在企业内部的经验，微海会针对性地提前做好新员工的储备工作，为各门店的人员流动需求做准备，同时有效拓宽了网络招聘（70% 左右）、内部员工介绍（20% 左右）、校园招聘和中介平台（10% 左右）这三大渠道。

以下我将本节提到的创新性人才引进渠道做一下整理，并提出相应的关注点（表 6-9）。

表 6-9　几类创新型人才引进渠道

引进渠道	渠道释义	关注点
互联网招聘	创新性打造包括微信、头条、网站在内的互联网渠道	创造更多互联网手段
校园代理人	在校学生帮助企业传递招聘需求、筛选并取得简历	代理人的激励
离职返聘	让有意愿、合适的离职人员返回公司任职	建立返聘机制
面试回炉	让面试中无法录用的优秀人才有机会回炉	建立面试人才库
外包型招聘	以人才外包、独家代理的方式，由熟悉本企业的机构专门、定点解决本企业的人才渠道问题	和机构之间的磨合、提高相互熟悉程度

延伸视角：整个公司建立起"全过程招聘"的理念
关键词：全过程行为、全面招聘系统、全职业生涯周期

关于招聘渠道的效果，大部分公司认为是通过人才面试的通过率体现的，传统的视角是用"面试通过人数/参加面试的人数"这样的方式。这个方式是一个典型的纯招聘过程，即从产生人才需求到人才面试结束，招聘属于人力资源的工作，可以视为"有限责任公司"。但目前有一些企业开始从员工通过试用期的比率来看招聘渠道的效果，甚至有的企业直接将招聘效果的考察范围扩展到员工离职前，把招聘视为一个"无限责任公司"或"全过程行为"。

本章的最后让我们做一个延伸：既然人才战略的"招培借留"是一个整体，如果我们将需求、渠道、识人、用人、评估等环节连在一起，乃至把员工离职前的环节都关联进来，当作一个完整过程的话，我们就可以提出一个"全过程招聘"的思维建议。如果我们真的把招聘的过程视同为"无限责任"的话，那么又回到那个话题：人才战略是整个公司的工程。如果是"无限责任"型招聘的话，就意味着招聘是各个部门的事情，需要全员参与，才能真正看出招聘的有效性。

我们先以丰田公司早期提出的"全面招聘系统"为例。

丰田公司著名的"看板生产系统"和"全面质量管理体系"扬名天下，但是其行之有效的"全面招聘体系"鲜为人知。"全面招聘系统"反映了丰田公司花费大量的人力、物力寻求企业需要的人才的行动，用精挑细选来形容一点也不过分。丰田建立全面招聘系统的目的就是招聘最优秀的、有责任感的员工，这一系统大体上可以分成六大阶段。注意，由于丰田使用了一个人才外包机构完成前端的渠道和人才初筛工作，大家可以把这个阶段认为是通常公司人力资源部门做的工作，或者是海底捞的微海做的工作。

第一阶段，外包机构推动公司和人才双向选择。丰田指定的人才外包公司会帮丰田推荐人才，并安排意向人员登录丰田官网观看丰田公司的工作环境和工作内容的录像资料，同时了解丰田公司的全面招聘系统，随后填写工作申请表。这个过程也是意向人员自我评估和公司的双向选择的过程。外包公司也会根据人员的工作申请表和具体的能力及经验做初步筛选。

第二阶段，外包机构评估人才工作能力。外包机构会要求员工进行基本能力和职业态度心理测试，评估员工解决问题的能力、学习能力和潜能以及职业兴趣爱好。如果是技术岗位工作的应聘人员，还需要进行6个小时的现场实际机器和工具操作测试（由业务部门组织），帮助公司在外包渠道内做一次人员初筛。

　　第三阶段，评价人才的人际和决策能力。应聘人员在公司评估中心参加一个4小时的小组讨论，讨论的过程由丰田公司的人力资源与业务部门管理者即时观察评估。比较典型的小组讨论可能是应聘人员组成一个小组，讨论未来几年汽车的主要特征是什么。实地问题的解决探讨，可以考察应聘者的洞察力、灵活性和创造力。同样，在第三阶段应聘者需要参加5个小时的实际汽车生产线的模拟操作（业务部门同人力资源共同组织）。在模拟过程中，应聘人员需要组成项目小组，负担起计划和管理的职能，如如何生产一种零配件、人员分工、材料采购、资金运用、计划管理、生产过程等一系列生产考虑因素的有效运用。模拟过程由业务部门根据工作经验进行评价。

　　第四阶段，评估人才的个人特质。应聘人员需要参加一个1小时的集体面试，分别向丰田的招聘专家谈论自己取得过的成就，这样可以使丰田的招聘专家更加全面地了解应聘人员的兴趣和爱好，了解他们以什么为荣，什么样的事业才能使应聘员工兴奋，以便更好地做出工作岗位安排和职业生涯计划，此阶段由人力资源主责。

　　通过以上四个阶段，员工基本上被丰田公司录用，但是员工需要参加第五阶段——**全面身体检查**，类似于国内的入职前体检。

第六阶段，试用期培养及评价。在试用期内，新员工需要接受 6 个月的工作表现和发展潜能评估，接受监控、观察、督导等方面严密的关注和培训，部分岗位会专门安排新人导师带动。导师由业务部门选派，日常员工管理由业务负责人亲自负责，人力资源协助。

经过上述六个阶段之后，丰田对于人才引进的环节才算结束。

丰田有其自身作为大型、成熟型、精益化管理企业的特性。那么，从本质过程来说，我们可以在丰田过去的操作基础上，提出一个相对通用的"全过程招聘"思维建议（表 6-10）。

表 6-10　关于"全过程招聘"思维的建议

全过程	阶段任务	操作逻辑
识别招聘需求	是否需要增加一个人	从业务视角理解人才引进行为
如何弥补空缺（渠道建立）	若不招聘：加班、能力提升、防止跳槽	动质不动量：人力资本增值手段
	若招聘：应急岗位阶段性用工或外包； 关键岗位内部或外部招聘（渠道）	阶段性招聘还是永久招聘
渠道使用	选择使用合适的招聘渠道	对象不同，招聘渠道不同
识人环节	使用企业岗位标准、胜任能力面试人才	企业要建立自己的人才标准
用人环节	以试用期或特定时间作为用人环节	设定一个时间段，通常是试用期或一个关键项目期之内
评估环节	合适：留用、培养、发展 不合适：转岗、培养、淘汰	这里涉及公司绩效考核制度的运用

显然，上述的"全过程招聘"建议流程中，至少在"识别招聘需求""如何弥补空缺""用人环节""评估环节"这些阶段都需要业务管理者的有效介入，单靠人力资源部门，是不可能完成"全过程招聘"的，而只能完成我们上面提到的招聘到面试通过的环节。至于是否要将"人才离职"那个可能更远的环节列入考察招聘效果的范围，就更是一个全公司的系统工程了。

因此，建议公司如果要看全过程招聘效果的话，就需要在业务团队也设立一些对应的管理要求、考核指标（如人才培养激励、人才发展激励等），使人力资源在组织流程、机制上能够有效和业务单元协同，更好地推动人才在公司的全职业生涯周期——这样，才能真正凸显出"全过程招聘"的实际效果。

第七章

组织赋能:

全方位提升组织的作战能力

在人才战略中，任何时候我们提到组织能力的问题，指的都是个人能力和团队能力的叠加。我们说彭德怀将军很能打，说的一定不是他本人很能打，而是他和他所带动的团队很能打。把一个再能打的将军单独扔到战场上，也会被一群敌军秒杀——不是将军不厉害，而是缺乏一个强有力的组织。组织能力就是企业竞争力的基因，源于企业的内部，但影响和作用的要素有很多。

2019年7月底，我参加一家大型企业的华北区域年中大会。在会议开始前，按照常规，区域总裁需要上台做动员，统一军心。但让我没想到的是，他一上台就开始指着台下的人的鼻子骂，说已经过去7个多月了，分公司指标到底完成了多少？为什么每天到了下午5点半，他都还在办公室工作，而其他同事跑得很快，这么早是回去养生吗？随着他怒骂的调门越来越高亢，我仿佛看到一只愤怒而又孤独的雄狮，怒斥着他面前一群佛系的羊——管理者着急而团队不着急，这是一件极其可怕的事情。

在自己公司的一次高管大会间隙，我跟一个区域业务老总聊起当地公司的组织能力问题。他说：我们的分公司里总有些管理干部，将自己的团队业绩不好的原因归咎于人不够、编制不足。他们经常说，如果把人给我招到位，我的业务一定能完成。到底该如何提升我们的组织能力？难道团队的编制数提升是组织能力做强的唯一途径——规模制胜？

这是一个很典型的组织团队管理现象，实际上是对于组织赋能的无能为力。为了引导他能够从本质上看到这个问题，我跟他举了个很生活化的例子：如果我们俩今天闹翻了，决定出去打一架，用一种互联网的方式去解决我们的恩怨——约架。操作方法为：下午 5 点，楼下广场，我们俩都去叫人，谁的团队最终打赢谁就更厉害。假设我很有钱，我拿出 1 万元，在路边见人就发 100 元，迅速凑齐了 100 人的团队；而你没钱，只能使用"圈层营销"的方法（叫人），用电话叫来了 20 个亲戚朋友。那么，我们两个团队到底谁可以获胜？

他想了想回答：不一定。我说：那么，你觉得哪些情况下，我的团队以 5∶1 的编制优势（即 100∶20），却无法战胜你的团队呢？

在我的引导下，他开始了他的分析：

第一种情况，我的人忠诚度比你高。如果只靠钱来招人的话，那么在金钱数一定的情况下，金钱的上限就是士兵作战力输出的上限。假设你的团队有个人被人打了一拳，他一定会在大脑里快速地算计：若治伤的医药费有超过 100 元的可能，他一定会退出，因为投资回报为负数。或者，如果一个人认为他打到了一个人，已经付出了 100 元的力量，他也很有可能收手退出，因为更高的付出不会带来新的回报，即"边际收益为 0"。但我的团队不一样，由于他们跟我之间有亲友关系作为纽带：第一，他们会担心"主帅"受伤；第二，他们担心如果这次不尽力，下次若自己落难我

| 第七章 | 组织赋能：全方位提升组织的作战能力

就不会帮他们，所谓"做人留一面，下次好相见"。

第二种情况，你这100个人从数量上完胜我方，但当你们浩浩荡荡地冲到我们面前的时候，我这边每个人从身后拿出一把AK47，那么你的团队必然一哄而散。若一个普通人使用强大的作战工具，则可以达到以一敌百的作用。在这种情况下，你的"大军"也没有办法仅凭物理输出力强而获胜——人数多却败在了强大的作战工具上。

第三种情况，你带着100个人浩浩荡荡地冲到我面前，而我这边每个人都叫"叶问"。在《叶问2》当中，叶问打日本人的时候说：我一个人可以打10个人。那么我的团队的作战输出力应该是20×10=200，而你的团队人员个体战斗力良莠不齐，让我们取一个均值，100×0.5=50。那么在编制为1∶5的情况下，组织效能的对比却变成了4∶1，你的团队没有机会获胜。

第四种情况，我的团队只有20人，但他们每个人还能继续扩散"圈层"，如果每人还能再叫到20人，那么人数就变为了20×20=400。而你的团队仅靠钱来扩散，上限是1万元，所以最多100人。因此我与你的实际人数差异变成了4∶1，一样秒杀你的团队。通过"圈层"去借力，我的团队也可以增强作战输出力。

一个团队的能力大小，不是简单的数量或规模决定的，组织本身的能力很重要，这个能力是一种数量与质量的"化学反应"。从这个故事里，我们能梳理出组织赋能的四大方向（表7-1）。

表 7-1 组织赋能的四大方向

方向（四个）	常见方式	重点关注
1. 激发团队作战意愿	企业文化建设、多样性激励、团队建设、人才绑定	管理者分享的意愿
2. 强化团队作战工具	标准化建设、决策流程优化、互联网工具、实体工具	流程及环境的优化
3. 提升团队作战能力	实践、经验、理论（员工能力提升的铁三角）	师傅参与的意愿
4. 增强团队作战力量	向内向外借力	内部：人才交流机制 外部：非竞争性、客户重叠度

组织赋能方向一：激发团队作战意愿
关键词：企业文化建设、多样性激励、团队建设、人才绑定

我们很容易理解，"虎狼之师"与"乌合之众"在作战意愿上存在巨大的差异。在企业中有如下几类方式可以提升团队的作战意愿。

方法 1：企业文化建设。 曹操带兵，就讲一个"快"字；白起带兵，就讲一个"狠"字；李云龙带兵，就讲一个"勇"字。企业文化是有传导效应的，新员工看老员工、老员工看管理者，我们需要从上到下建立起以高忠诚度、高意愿、高协同（三高）为基础的企业文化。同时，通过榜样效应激发大家对奋斗心的追求，

鼓励那些有进取心、忠诚度高的员工。

方法2：多样性的激励。员工的"总报酬"从物质上说分为工资、奖金、福利三类；从精神上说分为荣誉、压力、使命感（目标感）三类。但值得一提的是，对于多样性的物质激励来说，管理层的分享意愿、有没有多样性激励的意识则是这项工作的天花板。

方法3：团队建设。建立起公司的团建系统，重点关注"频率""尺度"两个词。人际与部门关系融洽的团队，协同能力也会相应增强，其作战力将远远大于内耗严重的团队。

方法4：人才绑定。汉朝没有我们现在的"事业合伙人""项目跟投"等企业管理手段，汉武帝为了提升那些镇守边关的重臣的忠诚度与奋斗心，采取过一种"姻亲式"的人才绑定手段。他娶了卫青的姐姐卫子夫，就相当于告诉卫青：你所镇守的边关，不是朕一个人的边关，而是"我们家"的边关。某互联网企业采取长期股权激励，即5年期的股权兑现制，若有员工做了2年准备走，会发现原来更大的利益还在后面。某制造业公司为企业关键人才准备了一个外部进修计划，凡列入计划的员工，公司推荐其参加外部商学院的进修，并报销其学费；而列入计划的员工则需要签署三年的工作协议。上述方法，都属于"人才绑定"的手段。关于人才战略中的多样性和人才绑定手段，我将会专门拿出一个章节，在"组织激活：七大引擎与留人的奥秘（激励与保留）"一章里跟大家详细探讨。

表 7-2　提升团队作战意愿策略

主要方法	操作要素	操作提示
企业文化建设	价值观宣贯、鼓励忠诚度、榜样效应	注意文化的传导效应
多样性激励	物质：工资、奖金、福利 精神：荣誉、压力、使命感	管理层有没有多样性激励的意识
团队建设	频率、形式、尺度	避免间隔过长、形式单一、尺度过大
人才绑定	事业合伙人、股权激励、学习绑定等	管理层有没有分享意识

组织赋能方向二：强化团队作战工具
关键词：标准化建设、决策流程优化、互联网工具、实体工具

一个贫弱的士兵，被赋予了强大的作战工具，其作战力也可以被大幅度强化，成为"超级英雄"。美国的超级英雄影片虽然强调个人能力，但大部分英雄更为突出的是工具的重要性。就像《美国队长》里的主角史蒂文·罗杰斯，由普通人类的身体结合强化血清与振金盾牌而变成超级英雄，进而以一敌百。蝙蝠侠、钢铁侠、绿巨人、金刚狼等大众耳熟能详的超级英雄，离开了工具，能力都会大幅削弱。在企业内部哪些可以称为"作战工具"？从整体上，可以通过"标准化建设、决策流程优化、互联网工具、实体工具"四种工具来为组织赋能。

工具 1：标准化建设。标准化是一个企业现代化管理的基础，将企业的各项基本操作流程固化、提炼为可以遵循的标准，进而变为"看板管理"、OA 流程、管理流程。2014 年，我接触的某商业管理企业，总监以上人员年流动率达到了惊人的 36.7%，以至于该企业老板愤怒地抛出了"只要能从市场上买到合适的人，就不要再培养人"的惊人论调。但从实际上来看，在该企业以招聘作为人才战略牵引力的情况下，人大批量地来又大批量地走，企业的内部管理秩序并没有出现太大的问题，一个重要的原因就是其强大的计划模块化管理（如表 7-3）。全部计划模块化纳入软件管理，数百个节点输入信息系统，超期亮黄、红灯，与考核挂钩。标准化的强大，可以极大地削弱某些关键人才对公司的影响，每个人来到公司，都是标准化当中的一颗棋子，岗位应该做什么、经过什么流程、如何评价验收、调用哪些材料等，都一目了然，按标准化实施就不会出乱子。如此情况下，即便发生人员流动，标准化的齿轮依然支撑了"帝国"的强大运转。

表 7-3 某企业计划模块化管理样例

节点类型	节点个数	节点内容	管控主体	监控主体
一级节点	逾 50 个	公司级重要节点，需要各分公司、部门配合	各业务单元、主管部门	分管副总裁督办落实、总裁检查
二级节点	逾 80 个	分公司发起，集团各相关部门配合	各业务单元、主管部门	分管副总裁跟进完成
三级节点	逾 180 个	分公司自行完成	各责任公司	主管系统督办

2016年，我参访某物业管理企业时发现，为了确保每一位在岗员工都能尽快了解岗位基本工作流程及要求，公司的综合管理中心为每位员工精心制作了"胸牌式"看板（表7-4）。员工入职后，将此"看板"戴在胸前，本岗位的职能要求、对接流程、基本联系人及一些应变事项都标注在上面。这个做法，沃尔玛在很早的时候也做过，在大卖场里为每一位员工设计这么一个独特的"工牌"，便于员工尽快掌握该岗位的一些应知应会流程、应变技巧。

表 7-4 某物管企业岗位"胸牌式"看板（样例）

■ 部门：集团物管部
■ 职能：制度/流程/标准制定/指导执行/审计评估
■ 岗位：高级经理（环境/人事）
■ 职责：收集整理环境/人事相关信息为领导决策提供依据，为各城市公司物业体系提供环境/人事方面的技术支持帮助，负责"华中""山东"区域物业体系技术支持，配合完成评估/审计工作、物业运营方案制订及相关合同使用指导、物业相关合同培训/咨询工作
■ 规章制度：考勤制度、计划审计、培训考核
■ 程序：计划/指令、执行、落实、总结、报告、反馈
■ 责任范围：济南、胶州、郑州、洛阳、武汉、荆州
■ 对接联系电话：总部 010-8400×××× 济南 0531-8206×××× 郑州 13733××××××

不过，极端依赖标准化管理，会降低企业的创新能力、员工的应变能力，这一点值得注意。标准化不是包打天下的，一线管理者需要在标准化的基础上，合理地对业务场景进行判断并做出"有温度、有弹性"的决策，这也是任正非提出来的"灰度管理"。

任正非的灰度管理思路，集中体现在其发表的《开放、妥协与灰度》一文中，这里我们摘录三个重要观点：

"一个领导人重要的素质是方向、节奏。他的水平就是合适的灰度。"

"一个清晰方向，是在混沌中产生的，是从灰色中脱颖而出的，而方向是随时间与空间而变的，它常常又会变得不清晰。并不是非白即黑，非此即彼。合理地掌握合适的灰度，是使各种影响发展的要素，在一段时间的和谐，这种和谐的过程叫妥协，这种和谐的结果叫灰度。"

"没有妥协就没有灰度。妥协其实是非常务实、通权达变的丛林智慧，凡是人性丛林里的智者，都懂得在恰当时机接受别人妥协，或向别人提出妥协，毕竟人要生存，靠的是理性，而不是意气。"

相对于变化多端的业务场景，标准化只是个基础，可以避免犯错，也可以通过优化来使新员工、弱员工在很短的时间里尽快上手，为组织赋能；但对于管理者而言，依据弹性业务场景做出综合判断的能力，则是经验带来的，这在未来更为可贵。

工具 2：决策流程优化。一个企业如果组织架构合理、管理扁平化、内部管理流程高效，那么就能快速提高对市场的反应机制、加快对前线士兵的资源调配，有效提供精准支持；而如果内部组织架构臃肿、管理流程迟缓，那么就会带来组织效能的下降。

在华润工作的时候，零售事业部的一位管理干部跟我聊天时讲了这么一个故事：

"那段时间我们发展很快，规模迅速扩张。我觉得组织发展这里面包括两个概念，一个是业务的发展，另一个是人的发展。而在这个过程当中，人的同步成长是更为重要的。所以当时我就制订了一个计划，目的就是打造团队，塑造公司各部门一起奋斗的团队精神。在这个计划中，我提出了'黄金搭档'这一做法。就是管理人员要和某一个店建立'黄金搭档'的关系，由店长定指标，经确认后该指标也就成为这对搭档的指标，管理人员必须和店长一起合作完成它。在这个过程中，我还设定了一些硬性规定，如管理人员每个月至少去门店5次，至少替门店解决3个问题等。另外，针对'黄金搭档'还有一定的奖惩措施：如果门店完成了指标，那么管理人员可以拿到奖金；如果完不成，他们就会被扣工资。实施了这种新的制度之后，整个团队的氛围得到改善，业绩有了很大的提高。"

如何优化团队运作机制、确保团队高效运作，在管理、决策等角度，以市场为导向驱动团队，是企业管理领域一件非常重要的工作。

为了进一步提高产品品质，碧桂园在2018年7月25日开展了"带帽行动""拉群行动"，棘手问题可直接上报主席和总裁，为员工推动高层协调解决问题、质量关注上带来了新的机会，缩短传统企业中的"等靠要"、一级一级向上审批、看眼色行事的官僚化决策流程。2019年11月，碧桂园营销团队下发新通知，精简一线职能部门，使区域公司重"营"、项目公司重"销"；这一思路使得人力资源、营销支持板块作为大后台，统一支持前端项目公司，让职能工作更贴近业务，凸显以业务痛点为决策依据的工作策略。

任正非在2010年的一次会议上指出：在华为，坚决提拔那些眼睛盯着客户，屁股对着老板的员工；坚决淘汰那些眼睛盯着老板，屁股对着客户的干部。前者是公司价值的创造者，后者是谋取个人私利的奴才。各级干部要有境界，下属屁股对着你，你可能不舒服，但必须善待他们。

简化决策流程，一切以市场为导向，这是企业未来管理流程优化的重要方向。专业的不等于合适的，适应市场的才是最好的。

工具3：互联网工具。互联网工具是当下企业面向未来的重要赋能手段，小到一场企业内的远程培训、手机端的移动培训，大到日常会议的远程会议系统、多地协同App，再到VR、AR、人工智能等工具的使用，使得企业内部的沟通、协同、营销等能力大幅度提升。某世界500强企业研发使用的"××通"软件，可以使公司之外的人员注册成为公司的销售人员；平时不用发薪养人，而一旦成交，则可按照实际成交情况进行佣金结算，在原有销售人员不增加的情况下有效地扩张了销售力量，达到"全民营销"的效果。某主流房企使用的VR看房系统，可以使客户在远程就完成看房的过程，原先一个销售员现场带客户看房，一天只能带十来个客户，而采用了VR工具之后，1个销售员一天至少可以接待100个客户，同时准客户还不一定需要花时间来到现场，来到现场的大部分是意向客户，大大提高了转化率。

随着时间的推移，互联网工具在企业内的应用越来越重要。

在5G、物联网的推动下，在生产、品控、营销、客户、人资、财务等领域，企业内部都会涌现出大量的互联网系统及工具。在"信息比钱更容易获取"的时代，互联网手段的使用需要同步关注信息的保密、对数据的敏感（大数据意识），以及一家企业的信息化建设能力——强大的信息化中心或IT团队的作用越来越凸显。

工具4：实体工具。假设一间会议室面积为200平方米，一个清洁工在使用扫帚的情况下，需要20分钟清扫完这个房间，一旦给他配上吸尘器，则很有可能只需要10分钟，如果放上几个扫地机器人，那么可能只需要5分钟，节约出来的时间就可以干更多的事情。实体工具在企业中最为常见，如生产流水线的进化、智能机器人、交通设备、办公设备等。要注意对士兵操作工具能力的培训，避免工具进化了，但人不会使用工具的情况。

表7-5　团队作战工具增强策略

增强方式	操作方法	操作提示
标准化建设	看板管理、OA、标准流程地图等	极端标准化会降低创新能力
决策流程优化	组织架构合理、管理扁平化、内部决策流程迅速	设置有效的组织架构，使"权力由上至下、智慧由下至上"
互联网工具	App、VR、AR、大数据等手段	注意信息的保密、大数据意识、信息化建设能力
实体工具	生产流水线进化、人工智能等	增强使用工具能力的培训

组织赋能方向三：提升团队作战能力（员工能力提升的铁三角）
关键词：阅历 vs 资历、人岗匹配、良性担忧、第三方物化

提升士兵们的作战能力，可以通过三大维度来操作，我将其称为"员工能力提升的铁三角"，包括三大维度、八种手段。

铁三角的第一维度是实践，在组织内部可以通过"轮岗""挑战性任务"这两种手段来让士兵在日常获得更多的实践机会。

手段 1：轮岗。有句话是这么说的，"你行走的半径决定你的视野"：一个人每天去过什么地方、跟谁打过交道、经历过什么事情，都可以提升他的阅历。同一家集团公司，可以轮不同的分公司或项目；同一个分公司或项目内部，可以轮不同的岗位（不同业务岗位或前后台岗位）；同一个部门内部，如果岗位较为稳定，还可以轮不同的工作——小王这次可以跟着老刘一起做事情，下次可以跟着老张一起做事情。上述三点可谓：轮项目、轮部门、轮工作。在公司内部，创造多元化的轮岗实践机会，可以让"士兵"在单位时间之内快速提升阅历。现在这个时代，企业内大量优秀的年轻干部脱颖而出，都是因为"阅历"的提升，而不是简单因为"资历"——一个人在生产线装配了 20 年的手机，工龄虽然不小，但只是"熟练工人"而已。在多岗位上有轮岗的经验，则有助于更好地掌握企业运营的全面能力、促进内部协同，成为未来的"仕官生"。

手段 2：挑战性任务。我们可以用典型的"人岗匹配"思路来考虑挑战性任务的安排。让我们来看一个场景：我的手上有三种任务，第一种是一个很普通的任务，大部分人都会做；第二种是

一个机密性的任务,同时难度也不低;第三种是一个难度极高的任务,只有一个人会做。同时,我的手下有三类员工,第一个是我的亲信,知根知底,但能力较为平庸;第二个是一个刚毕业的大学生,很听话但能力很差;第三个是一个能力很强的员工,上面那个能够完成难度极高的任务的唯一人选,指的就是他,但能力越强越容易顽固,他经常与我产生争执。在上述情形下,三种任务应当如何分配给这三类员工?

很明显,机密性的任务,应该分给亲信,因为他很清楚我要什么、在意什么,但如何解决其能力不够的问题?古代的将军派出去送信的信使,往往忠诚度都很高,但如果将军担心其半路被人截杀,则可以派一位武林高手随行,解决其武力不足的问题。宋朝的包拯为了断案屡犯险境而毫发无伤,因为旁边有展昭陪伴。对于亲信忠诚度高但能力不足的问题,可以安排"师傅"去带他提升专业能力,但机密性的工作(如涉及企业内部数据、商务合作信息、未发布产品架构等)依然要交给忠诚度高的下属亲自执行,假以时日,他的能力提升之后,就是"又红又专"的人才。刚毕业的大学生做工作意愿很高,但能力最差(一张白纸),恰好可以从事一些普通任务,但即便如此,对于他来说也是挑战性任务——这项工作交给老刘一天做完,交给小王则需要十天。不过如果有师傅带他,这个流程也可以相应缩短——但切忌"越俎代庖",一定要由大学生主做、师傅在旁指导。如果单纯为了图快将普通、常规性工作一直交给老刘,则老刘一方面会对这种琐碎工作不厌其烦,另一方面无非是又将老刘打造为了"熟练工人"。难度极高的任务,只有一位会做,则只能仰仗于他，同时容忍其脾性，所谓管理者要能容人，容的就是这些能力极强且容易顽固的人。如果不想容忍其脾性，那么就问问自己：为什么只有他会做？能干的人没有去当师傅，没有把经验复制出来，是组织的又一大悲哀——从"人岗匹配"的视角来说，师傅在全程都起了很重要的作用。

表 7-6 "人岗匹配"下的任务分配机制

三种任务	分配原则	操作思路	"师傅"的作用
机密的任务	保密性原则	分配给亲信处理，用熟不用生	找"师傅"提升亲信的专业能力
普通的任务	锻炼性原则	分配给新人锻炼，使其精进	找"师傅"指导、缩短其摸索期
极难的任务	完成性原则	交给最有可能完成任务的人	容忍其个性的顽固、鼓励其当师傅

同时，当我们把挑战性任务分配给新人的时候，按照"授权不授责"的原则，还需要建立起机制，有效跟进其执行过程、提升执行成功率。做个类比，我从 2013 年开始跑马拉松，目前是一个跑了 7 年马拉松的"老马"，而马拉松本身也是一项挑战性任务，如果一个人不经训练直接从事这项运动，那么出事的概率就会很高。因此，在挑战之前需要进行循序渐进的日常训练，在挑战之中的菜鸟需要"配速兔子"（师傅）的陪伴、需要明确的时间节点、过程的提示与必要的辅助资源，使得马拉松这项挑战性任务的成功率得以提升。从风险控制角度，要建立起退出机制，一旦面临失败要尽快整改或调换执行者；要避免执行者对师傅的依赖，不

能让师傅"越俎代庖";同时,根据过程节点设置节点激励,建立其自信,并匹配相应资源;关注结果,以终为始地设置正负向奖罚制度。由马拉松想到的挑战性任务设计,类比如下(表7-7)。

表7-7　由马拉松想到的挑战性任务设计

五项机制	机制特征	关注点
1. 循序渐进机制（训练）	5km-8km-15km-21km-42km	建立退出机制
2. 陪伴机制	菜鸟是需要陪伴的（师傅）	避免依赖心理
3. 节点提示机制（过程）	比赛提示牌	节点激励、建立自信
4. 责权利对等	凡给予任务必匹配资源	资源的有效性
5. 正负向压力机制（结果）	关门时间与通关奖牌	正负向、奖罚分明

铁三角的第二个维度是经验,可以通过"师带徒""复盘""标杆交流"这三种形式来让士兵经验值升级。

手段3:师带徒。师带徒的目的是使团队作战能力均一。通俗来说:老王很优秀,大家应该跟老王一样优秀。每年企业做完绩效考核、员工评价活动之后,都应该通过师带徒的机制,让那些优秀的人成为师傅,迅速地把经验复制出去。有人曾问我:如果一个老员工不愿意带徒弟,是否意味着其自私、没有奉献精神?这一点我极不赞同。反向思考,如果一个老师傅明天就打算离开公司,他还会不会介意做这样的事情呢?

担心复制出经验后被人取代,这是一种"良性担忧"。组织应该对师傅增加激励,保障其基本权益,以符合"能者多劳、多劳多得"的用人原则,避免师傅产生"教会徒弟,饿死师傅"的良性担忧。比如，海底捞曾明确规定，一个门店的店长，如果业绩达标后，还必须带出一定数量的徒店长才能晋升；某营销代理公司曾规定，一个销冠可以带1—7个徒弟，而徒弟的佣金在半年内抽出10%给师傅作为激励；某科技企业规定，后台职能部门也必须带新人，教授其标准化流程并使其快速适岗，新人顺利转正后师傅有绩效考核的相应加分，这些都是对于师带徒在意愿角度的推动。

当然，上面我们谈到的"师带徒"主要指的是带新人或专业人才的师傅，我们称之为"带岗人""专业师傅"。企业内部按照管理者梯队建设的角度，还会出现后备管理者的导师。在组织的权力架构下，由于上级带直接下属的时候，"控制""执行力"往往是首要强调要素，以"指令"为主、"指导"为辅。所以我们建议后备管理者的导师，以"交叉导师"为主，即非业务直接汇报关系，以辅导领导能力提升为主、不涉及专业指导。

表7-8　企业内部师带徒系统基本思路

师父类型	对象	解决问题	操作提示
带岗人	新入职员工（大学生、社招）	融入企业、岗位要求	警惕三观不正、价值观问题
专业师傅	专业岗位员工	专业技能提升	师傅会产生"教会徒弟，饿死师傅"的担忧
管理者导师	后备管理者	领导能力提升	注意指令与指导的区别（建议"交叉导师"）

手段4：复盘。复盘不同于总结，从任正非的观点来说，复盘的目的是避免组织重复发明（如表7-9所示）。从源头来说，复

盘是围棋术语，意指对弈者在下完一盘棋后，把对弈过程重新摆一遍，看哪里下得好，哪里下得不好，哪些地方有不同甚至更好的下法。用到企业管理中，就是指从过去的经验、实际工作中进行学习，帮助管理者有效总结经验，提升能力，实现绩效的改善。哈佛大学大卫·加尔文教授在《学习型组织行动纲领》中曾指出：学习型组织的快速诊断标准之一是"不犯过去曾犯过的错误"。要想避免"重复交学费"，让整个组织快速分享个人或某个单位的经验教训，提升组织整体智商，也离不开这种机制。

表 7-9 总结与复盘的区别

标签	具体动作	关注点	目的
总结	对已经发生的行为和结果进行描述、分析和归纳	关键点和里程碑	回顾过去
复盘	除总结外，还对未发生的行为进行虚拟探究，探索其他行为的可行性，找到新的方法和出路	过去：关键点和里程碑 未来（销项）：好的经验，推广；待提升点；完善	避免重复发明 （节约学习成本）

2015 年，李克强总理视察了中关村创业大街"联想之星"的学员复盘后，评价说："你们把中国围棋复盘的理念运用到创业中来，这本身就是一项发明。在复盘当中可以看出哪一步走错了，哪一步走得特别精彩，把这个思想传播出去，不仅能创造物质财富，还能够创造精神财富。"一家企业定期组织复盘会议、团队总结复盘材料、每个关键阶段结束后进行复盘交流，这些手段都有助于企业将过去的经验与教训总结出来，为了下一步"再出发"

而做强组织能力。哪怕是个人认为重要的生活事项，也可以进行复盘，很多父母都问过自己的小孩：上次数学成绩为什么考这么好/坏？下次如何考得更好？怎么样才能做到？这也是一种复盘。

图 7-1 复盘

总的来说，值得复盘的事项与复盘当中参与的角色与过程如表 7-10 和表 7-11 所示。

表 7-10 值得复盘的事项

维度	值得复盘的事项/时机（四个）	基本思路
个人	修身：个人成长复盘（组织内外）	个人工作、生活中值得复盘的重要事项
组织	齐家：关键项复盘（关联 KPI）	各部门季度、月度、年度的 KPI 关键项
组织	治国：阶段性复盘（关联关键节点）	项目执行关键节点完成后，进行阶段性复盘，并对目标或策略进行及时调整
组织	平天下：全面复盘（项目完成后）	项目或战略结束后，要进行整体性复盘，总结经验教训，找到规律性，指导未来

表 7-11 某企业复盘的基本参与角色及过程

参与角色	过程及功能	角色关注点
主持人或牵头人	牵头复盘工作、组织复盘过程（最好为同一人）	方向把控、决策权
案例陈述人（复盘者）	复盘项目的本体人员、主要负责人（当事人）	真实复盘工作全貌、优秀经验、待提升点思考
方案质疑者（有经验者+小白）	对方案的优秀经验、待提升点提出质疑	思维边界：预算、时间、可控、落地性等
建议提出者（有丰富业务经验者）	对方案的优秀经验、待提升点提出建议	思维方向：结合个人经验补充建议，使方案更完整、更优秀
拍板者（一把手）	对优秀经验推广、待提升点计划进行现场拍板，委派人员负责督进	方向把控、决策权

手段5：标杆交流。标杆交流是一种团队之间、企业之间相互学习的手段，通常以参访、研讨、对标学习等形式出现。我在某世界500强企业担任企业大学首席学习官的时候，每个月30%的精力用于接待外部企业对我司的参访，坦白来说，如果对方来只是为了泛泛地看看、公开交流一下，实际上作用并不大。这里面有一条原则：公开交流学对方成功的结果，私下交流学对方成功的原因。比如，我们都知道要使用财务杠杆，但现在的问题是我们公司能够找银行贷到款，但你们公司不行；而我们具体找了谁、怎么谈的、台面上下谈了什么条件，这些是很难在公开场合给对方聊得很透的。因此，有些聪明的企业主或职业经理人，会在参

访过程中，在对标的企业或组织里交一个朋友，创造私下交流的机会，面对面再把台面上无法聊透的原因详细交流一下，做到"知其然，知其所以然"。

成功 = 资源 × 能力。成功是很难直接复制的，也许你的能力和对方一样，但你没有对方的资源或条件，也无法做到成功。在交流过程中要通过"公开 + 私下"充分挖掘对方成功的能力与资源，这样才有可能实打实地了解对方成功的各项要素，提高经验转化为能力的可能性。齐白石先生说的"学我者生，似我者死"，也是这个道理。

铁三角的第三个维度是理论，可以通过"阅读""课堂培训""标准化学习"三种形式来提升"士兵"的理论素养。

手段6：阅读。这里说的阅读并不是让员工每年读多少书，业务的节奏往往不允许大家每年有太多时间读书。这里也有一条原则：阅读是管理者意志的"第三方物化"。2014年，我在一家商业管理企业做条线副总的时候，老板推荐大家读《弟子规》，我需要负责推广条线员工做读书会、演讲比赛、征文比赛等活动。我曾问一位集团副总裁，为什么老板要大家读这本书？他开玩笑式地回答我："你提这个问题，就证明你应该先读一下这本书。老板为什么要你读这本书？就是为了让你少提问题，多干活。"虽然这是一句玩笑话，但从本质上思考一下却很有道理：老板或管理团队经常需要开会宣贯一些对员工的工作、价值观要求，管理者讲得多了，员工也听得多了，难免左耳进右耳出；如果这样宣贯的效果一般，那么完全可以"选一本好书"，将自己的管理意志变为一本书推荐大家学习，正所谓"外来的和尚好念经"。学完后再组织大家做读书会、谈心得、聊工作整改思路，可以很好地将管理意图以更生动的形式宣贯下去。上海一家科技企业的副总经常出差，于是他在企业的钉钉群里，每双周周五下班前，都会安排一位同事做工作经验分享，同时把自己这两周看到的特别好的一篇文章再推荐给大家学习，要求大家在周一前每人根据经验进行学习及文章阅读，写出 200 字左右的工作改善思路，勤分享、勤思考、促提升，这是一个很好的习惯。

图 7-2 通过阅读改善工作思路

手段 7：课堂培训。在摩根、罗伯特和麦克三人合著的《构筑生涯发展规划》中，他们提出了"721 职业发展经验模型"。他们认为，成人学习 70% 来自真实生活经验、工作经验、工作任务与问题解决，20% 来自反馈以及与其他角色榜样一起工作并观察和学习该榜样，10% 来自正规培训。课堂培训并不是实践，也无法取代实践，但一个好的老师（无论企业内外部）在为大家分享的时候，必须多以实操案例、个人经验、方法工具为主来推进，而不是讲授某种固化的理论，或照搬某位所谓大咖的思维，这样才能达到"理论结合实践"的目的，使原本以理论为主的课堂朝着经验、实践角度迈进。

"师者，所以传道受业解惑也"，韩愈先生把"解惑"当成了老师的最高境界，我深以为然。如果一个老师，只是善于"摆龙门阵"、做"段子手"，那就浪费了学员的时间，抬高了培训的成本，把培训往"无用"的角度去引。我们反对空对空的培训，现在空对空的培训现象比较严重，在很多培训当中，学员学到的都是概念，不能应用到实际工作中；我们要关注公司的实际业务问题，培训要把问题作为入手点，解决问题是最好的学习。企业内培训最大的价值，就是学习经验、避免犯错。而作为课程主导的老师，主要的作用就是把个人的经验传递给学员，避免组织重复发明，减少员工个人再次犯错的概率，这就是密联业务的培训课堂与讲师的作用。

手段8：标准化学习。在上一节，我们已从工具角度有过分析。从技能学习角度而言，标准化是企业固化的制度与操作流程，可以很好地为大家的工作提供规范与依据。对标准化学习，可以让员工尽快上手工作。什么叫标准化？什么叫经验？通俗地说，把咖啡豆磨成咖啡要分成五个步骤，这五个步骤就称为"标准化"；而咖啡溅到白衬衣上如何处理，则称为经验。相对标准化，经验是解决弹性业务场景的方法。在理论提升员工能力角度，标准化很重要；在实践提升员工能力角度，经验很重要。

前公司的一位项目总经理，跟我讲过一个故事。

某天一个客户去他的办公室里，质问他公司为什么结款流程这么慢。他按照公司标准化流程回复了客户，结果客户听不进他说的"大道理"，只是觉得自己受到了蔑视，于是一怒之下，将他放在桌上的手机扔到地上，屏幕摔得粉碎。在那一刻，他在想两个选择：

选择一，能不能翻翻公司的标准，看看哪条标准上写了"若客户砸碎手机应该如何处理"？

选择二，能不能直接出手，将面前这个人痛打一顿，理由是此人泄私愤砸碎了自己的手机，打完让其再赔偿？

显而易见，这两个选择都不好。第一个选择，找不到答案，这说明处理一线的问题时，当个书呆子，动辄查标准、查书本肯定不行。第二个选择，更行不通，万一对方有备而来，带着录像机、录音笔之类的，那么不仅影响了公司声誉，同时手机也拿不回来。

我问他：你是怎么处理的？

他说，在那一刻，他下意识地看了看天花板，然后顿了一下，面带笑容地看着对方说：兄弟，不要激动，我这个房间里是有监控的……

上面这个处理方法不一定是最好的，但很符合任正非所说的"灰度管理"：既不要当书呆子，也绝对不能犯法，要找一种"有温度、有弹性"的处理问题的方法。如果说，标准化是学习凝结的智慧，那么灰度管理则是使用变通的智慧——前者是固化的基础，后者是灵活应用；一个是智商，一个是情商。

上述三个维度、八种方法，共同构成了员工能力提升的铁三角，简要总结如表 7-12 所示。

表 7-12　员工能力提升的铁三角

维度（三个）	操作手段（八种）	操作提示
实践	轮岗、挑战性任务	避免舍不得放手、缺乏人才交流机制的情况出现
经验	师带徒、复盘、标杆交流	激励师傅、定期复盘、成功原因
理论	阅读、课堂培训、标准化学习	管理意志物化、理论结合实践

组织赋能方向四：增强团队作战力量（向内向外借力）
关键词：人才流动机制、全民营销、综合拓展

组织的"借力"行为，指的是在人手不够充足或质量不佳的情况下，使用非常态性人手作为补充。这要分为两个方向，向内借力是指内部不同业务单元、区域之间的人才交流，向外借力是指向外部合作伙伴、代理机构借力。

向内借力，企业需要建立起一套人才交流的机制来支撑内部的借力，打通人才内部流动是关键，这一点我们在前面详细分析过。向外借力，主要是向外部咨询公司、代理机构、非竞争关系的合作伙伴借力，注意点是要保持住企业的核心竞争力。如某企业在初创阶段人手不足，那么除了投资决策类单元之外，很多职

能及支撑性单元，如人力、财务、法务、制造等，都可以由向外借力完成。发展到成熟阶段的企业，有所为而有所不为，也会采取类似的操作，如小米公司侧重于研发，而制造借由外部代工；苹果公司侧重于设计与创新，而制造交给富士康来操作。

  在企业发展成熟阶段，借力也是一种很典型的组织赋能行为。比如，某大型世界500强企业，2015年打造了"全员营销"，要求公司前台、后台均负担营销指标，都有产品销售的职能，这一下将原有的营销力量扩展了一倍；2018年又打造了"全民营销"，通过和一些保险、金融企业的合作，将对方保险代理人签约成为编外营销人员，一举扩张了过万名的编外销售员。上述方式，都是在向内向外借力角度的尝试。只不过，采取合作式借力的时候，对方应该是同行业的非竞争性合作者，且目标客户有一定重叠，如买保险的客户，也有一定概率会买我司的产品，那么保险代理人就可以既卖保险又卖我司产品，达到"一鱼两吃"的目的。这个行为称为"综合拓展"（简称"综拓"），普通的商业拓展称为BD（Business Development），那么这一种就可以称为MD（Multiple Development）。

表7-13 向内向外借力策略

借力方式	操作方法	操作提示
向内借力	人才交流、轮岗、挂职锻炼等	打通内部人才流动是关键
向外借力	人才代理、咨询公司、非竞争性合作者	保持住企业的核心竞争力

以上就是我们在实践当中提炼出来的组织赋能的四大方向以及一系列策略，而与之相关的人才战略关键能力：员工培养过程当中的梯队建设、培养基地的建设，以及多样性的激励手段，我们将会在后续章节中展开。

第八章
人才梯队：人才梯队建设的入库、在库与出库

《列子·汤问》里有这么一段话，北山愚公长息曰："汝心之固，固不可彻，曾不若孀妻弱子。虽我之死，有子存焉；子又生孙，孙又生子；子又有子，子又有孙；子子孙孙无穷匮也，而山不加增，何苦而不平？"河曲智叟亡以应。

这段话就是大家极为熟悉的《愚公移山》的典故。如果愚公是一位民间创业者，那么他就应该是中国古代很早的一位具有"人才梯队"建设意识的创业者。一个组织的基业长青，不是靠一招鲜和一代人就能承载的。韦尔奇曾经说：在你成为领导以前，成功只同自己的成长有关；当你成为领导以后，成功都同别人的成长有关（如图 8-1 所示）。从这个意义上来说，秦始皇忽略了梯队建设，而盲目追求自身的长生不老，这就是人才管理的本末倒置。组织真正的基业长青，是拥抱变化、主动孵化、代际传承，让组织能力可以有效地复制、延展下去，才能支撑组织的永续发展。

成功的领导者并不只是关注个人的成功，而是能够帮助他人成长的人。

苏宁控股集团董事长张近东说，人才是苏宁的宝贵财富，是决定苏宁转型成败的关键。从传统零售到 O2O 智慧零售，在苏宁 30 多年的发展历程中，人才是最为核心的存在。2003 年，张近东亲自推动面向应届大学毕业生的"1200 工程"计划，每年在全国范围内招聘引进 1200 名本科毕业生,并坚持"自主培养、内部提拔"的原则。"1200 工程"创立之初,学员都由董事长张近东亲自带教,新入职的员工能够充分感受到集团领导人亲自带队的魅力,这种荣誉感与使命感,让初入职场的新人将自己看作企业的主人,肩负企业发展的责任。正是这种"主人翁精神"让众多年轻人从实习生成长为部门负责人再成长为公司高层,实现人生的成长与跨越。而定制化的成长体系、高管带教工作的落实到位,让每一位"1200"都快速成长。传帮接代的培养模式,让成长中的"1200"也逐步成为孵化更多"1200"的"种子选手",这种良性发展规律让苏宁人才梯队的建设固若磐石,坚不可摧。

图 8-1 成为领导

意大利哲学家克罗齐有句话:"一切历史都是当代史。"而一切当代的故事,也决定着未来的故事。

2006 年,万科提出:"在万科每个新发展阶段的初期,都会出现人才瓶颈现象。大发展必然对现有人员的能力提出新的要求，在人力资源方面取得突破，是取得成功的关键要素。"万科董事长郁亮说，万科采用新老并举、以年轻人为主的用人原则，通过对各个层级管理者和后备梯队人才的培养，打通领导力管道，确保管理者具备胜任岗位的能力。早在1999年年底，万科就提出了"新动力"计划，开启校园招聘，培养学生作为新生力量，以此补充万科因规模发展而出现的人才需求。自2000年到2015年，万科总共招聘1700多人，而目前留在公司的就有超过1280位"新动力"成员。在41家一线地产公司的总经理中，有11位是"新动力"出身，接近总经理群体比例的30%，他们已经成长为万科最中坚、最核心的一股力量。

2015年，我参加某公司的一次高管大会，一位高管给大家呈现了一张表（表8-1）。

表8-1 项目与项目总经理关系

组合	项目特征	干部能力	业务结果
组合1	好项目	差项目总经理	胆战心惊
组合2	好项目	好项目总经理	价值双享
组合3	差项目	好项目总经理	无限可能
组合4	差项目	差项目总经理	惨绝人寰

这四种组合关系，很生动地反映了公司项目与人才之间相互成就的关系。无论是人才成就了企业，还是企业造就了人才，不可否认的是，这种相辅相成关系需要建立在一套完善的体系上才

能实现良性的可持续发展。

人才梯队建设的体系与步骤是什么？在一个总裁班的人才战略研讨会上，我曾提出一个"养猪论"，把人才梯队培养的步骤和养猪做了一个简化的类比。

假定现在有一位养猪的农户，那么他养猪的第一步是什么呢？当然是挑选一定数量的猪苗入栏，这就涉及挑选的标准问题，他一定会选那些身形强健、看起来很活泼的猪苗，因为这样的猪苗符合两个要素：第一，身形强健说明之前底子好，类似于人才过去的业绩比较好；第二，性格活泼的话，心宽体胖、能吃能睡，未来成长的速度会更快，类似于人才未来的潜力比较高。因此我们可以类比第一个结论：人才入库在于标准，一个是能力，一个是潜力。

第二步，猪已经入栏了，这位农户不可能每天没事拿着鞭子去抽这些猪苗，弄得"猪心惶惶"；如果猪一看到他就跑到一边不吃东西，那么只能越来越瘦。所以当猪入栏之后，这位农户不光要每天给猪喂食，甚至还要给猪放动感的音乐、按摩、洗澡，让猪乐不思蜀、奋勇进食，这样才能长得快、长得好。因此我们可以类比第二个结论：人才在库在于培养，既要培养人的能力，也要培养人的意愿；千万别一边培养人，人一边流失（忠诚度不够）。

第三步，农户养了一年的猪，马上就要出栏了，那么就涉及猪的体重达标问题。如何得知猪的体重达标了呢？他需要一杆秤，把猪放到秤上，体重超过200斤，就把猪往左边赶——左边是屠宰场，证明猪可以完成自己的"猪生价值"，竞聘上岗了。因此我们可以类比第三个结论：人才的出库在于评估，我们需要一些评估手段（如360、评价中心、岗位竞聘述职会等），来证明人才培养合格，可以顶上新的岗位。如果猪的体重不够200斤，农户就把猪往右边赶——右边是哪里呢？他不可能简单粗暴地把暂时不达标的猪就地正法，因为对于他来说，这些猪就是他的"猪力资本"。他完全可以把猪赶回猪栏继续饲养，只不过这些暂时不达标的猪有先发优势，会比下一批次的同类成长得更快、可以更快地出栏。换句话说，这一批暂时没达标的猪可以成为下一批次的第一梯队。回到企业来说，我们培养的梯队人才，既然入了库，就不应该轻易放弃；即便暂时不达标或迫于现状暂时没有发展机会，也可以成为下一批次的第一梯队——先向内看，再向外看，永远为入库的人才保留机会，这样梯队的培养才有意义。

综合来说，人才梯队建设的基本步骤可以分为三步：入库、在库、出库。入库在于标准，在库在于培养、出库在于评估。

人才梯队建设：入库的人才标准建设
关键词：目标岗位、后备岗位、选拔标准、后备干部委员会

要开始人才梯队的建设，首先是建立人才库。"库"本身没有意义，有意义的是入库的人，而这个"意义"，就是标准。

入库的第一步，是确定目标岗位与后备岗位的范围。目标岗位，指的是后备人才将要成为的岗位、未来成长的目标。我们侧重说一下后备岗位。

后备岗位分为管理线、专业线两类，后备管理人才指板块或部门负责人及以上职位的后备人才，负有明确管理或带团队的职责；后备技术人才指关键技术岗位的后备人才，如生产、研发等各类技术工种的岗位等。

表 8-2　人才梯队的目标岗位与后备岗位

目标岗位	后备岗位	属性
高级管理层	中层以上员工	管理线
中级管理层	资深员工	管理线
关键技术岗位	相关经验员工	技术线

根据高级管理层后备人才从中层以上员工中挑选、中级管理岗位后备人才从资深员工中挑选、关键技术岗位的后备人才从有相关经验的员工中挑选的原则，建立高级后备人才库、中级后备人才库和关键后备人才库，形成后备人才的储备梯队。

同时，我们需要思考后备人才的比例问题。有些人认为，我缺一个目标岗位，那么就直接找一个人作为后备就好了，1∶1 储备最为简单。但这样会带来如下的问题：

问题 1. 缺乏竞争性。过早地让候选人得知他就是唯一人才，会使候选人丧失本来的奋斗心，不利于良性竞争激发组织活力。

问题 2. 易引发恶性竞争。举个通俗的例子，古代的皇帝"龙生九子"，如果皇帝过早地把其中一个皇子册封为"皇太子"，那么我们有理由相信，这位皇太子可能很难平安地活到继任的那天，其他几位明知无望的皇子就会结成"复仇者联盟",让这位皇太子由于某种"不可抗力"而丧失和他们竞争的能力。我自己的团队,在我作为院长选后备的时候,如果我明显偏袒某一个人,那么甚至会有另一个进取心较强但无法实现目标的下属,很"热心"地帮这个人介绍猎头,推荐更好的工作,因为他认为只要把这个竞争对手"运作"出去,机会就还是他的。显然,这也不利于组织的良性竞争。

问题 3. 易引起"捧杀"效应。如果目标岗位非常吃香,那么过早被定义为唯一后备的那个人,反而会被组织孤立、排斥,甚至导致工作难以开展。只有一种情况除外,那就是家族企业直系亲属型的内定人才,由于指定者就是公司老板、企业就是该家族的,那么直系亲属本身就是继承者序列,所以组织抗性不会大——当然,现在很多家族企业也在大力进行职业经理人化转型,没有外部的职业经理人,家族本身是很难做强做大的。

虽然 1:1 储备容易引发问题,但我们也不能极端地说那就敞开储备后备,不设任何数量限制。这样一方面人才质量良莠不齐,另一方面会造成大量的人才通过了培养,但没有机会,内部消化成本过高,向外跳槽比例增加,将本公司活生生做成了竞争对手的人才库。因此,在操盘大量企业人才梯队的经验基础上,关于目标岗位数与后备人才数之比,我给出一个建议值:1:2—1:3。比如,我的目标岗位数是 10 个,那么作为储备的人才为 20—30 个比较合理(如在一个后备干部班里招 20—30 个人才),这样既维持了良性竞争,又避免了后备过多难以消化的情况。

入库的第二步，是确定选拔标准、组织内部评价。大量企业通过业绩（过去）、潜力（未来）双维度来作为人才入库的标准，通常会选"业绩高、潜力大"的人才，同时设一定的入库比例控制总量，这和我们前面提到的"能力""潜力"是一致的。

表 8-3　某企业后备人才评价表（自荐、推荐均可）

部门	姓名	职位	考核排名		评语		潜力评价	
			前年	去年	优点	缺点	未来潜力	建议发展方向（公司内）
A								
B								
C								

※1. "考核排名"一栏，只需在下拉菜单中选择考核结果（前 20%，中 70%，后 10%）即可

※2. "潜力评价"一栏，其中："未来潜力"为对其长期发展潜力的评价（下拉菜单分 A、B、C 三档）；建议发展方向（公司内）为对其今后发展及培养方向的建议

人才推荐：过去两年年绩效前 20%、潜力为 B 及以上者；具有较强的对外关系能力、团队领导力，以及自我提升意愿

当然，也有一些企业直接采取面试法。他们认为：无论是内部或外部的人才，你要胜任这个岗位，要求都是一致的；既然外部人才要通过面试才能"入库"，那么内部人才也是一样。因此，他们对外部人才用的面试方法（测评、无领导小组、业务问题分析等）、面试过程，也适用于内部人才。只不过，由于对企业更为熟悉，内部人才自然会有先发优势，这也符合"先向内看、再向

外看"的原则。

表 8-4　某企业后备人才面试选拔过程（样例）

目标职位	后备职位	选拔流程（参照招聘面试流程）
项目总经理	A 副总	人力资源部—商业规划院—分管副总裁
	B 副总	人力资源部—项目管理中心计划部—总裁助理
	C 副总	人力资源部—项目管理中心营销部—总裁助理

在这个过程中，既可以员工自荐，也可以内部推荐。前者由员工填写《后备人才申请表》，并提交书面申报材料，直属领导同意后报送；人力资源部对各单位报送的后备人才申报材料进行初审，确认其申报材料齐全，符合选拔条件要求。后者由部门领导填写《员工推荐表》，并提交书面申报材料，单位领导同意后报送；人力资源部对各单位报送的后备人才申报材料进行初审，确认其申报材料齐全，符合选拔条件要求。

入库的第三步，是报后备干部考核委员会审批、入库。建议公司内部由管理团队成员组成一个"后备干部考核委员会"，人力资源部将后备人才名单、申报材料及考核情况报考核委员会，由公司领导对管理干部后备名单进行审批。公司领导确认后，人力资源部将确认后的名单纳入后备人才库，完成入库过程。

由于人才战略当中劣性评价的存在，所以人为判断标准不一的现象还是很普遍的，遇有"公说公有理、婆说婆有理"的事件，就可以由考核委员会进行复议、讨论，由公司人力资源负责组织，这样就能有效避免人为干预或标准混乱带来的人员推荐质量问题。

考核委员会就是人才梯队建设当中的"最高院",有效进行后备岗位选用及保护策略,也能避免人力资源部门单兵作战、推动不力的现象发生。

某公司后备干部考核委员会工作职责如下:
- 审核各职能部门、业务单位后备干部年度工作计划;
- 指导各职能部门、业务单位后备干部候选人选拔与培养工作;
- 评审各职能部门、业务单位后备干部培训考核结果;
- 职位空缺时,推荐拟提拔任用的后备干部人选;
- 受理后备干部考核选拔过程中的申诉。

人才梯队建设:在库中的人才培养建设
关键词:级差、时差、八种手段、供需变化、客户触点

人才入库之后,重点就是要把人才培养做好,建立起公司的"中央党校",持续性地培养人才、输出人才。**在这个阶段,首先要注意人才梯队培养的"级差"与"时差"问题。**

如果人才梯队的培养只是做一次简单的培训班或上一次课,那么就失去了人才战略当中的"持续性"的意义。因此,当组织培养任何人才梯队的时候,对某一个目标层级既可以考虑将直接汇报对象成为后备,也可以"下探"到第二级下属(间接汇报对象)、第三级下属甚至更远,布局一家企业面向未来的长远的"人才版图"。只不过由于职级间的差异,第二、第三梯队人员成长为目标层级的时间更久一点而已。这就是以职级的"级差"与对应

"时差"来设计的梯队培养版图，如表 8-5 所示。

表 8-5 职级的"级差"与对应"时差"（样例）

梯队	梯队人群（级差）	培养项目	成为分公司总经理的时间（时差）
第一梯队	优秀部门总监或副总	高——分公司总经理培养项目	1 年内
第二梯队	优秀部门经理	中——部门总监培养项目	2—3 年内
第三梯队	优秀主管和大学生	基——部门经理培养项目	5 年内

在上面这家公司的梯队版图当中，目标岗位是分公司总经理，是支撑公司未来的关键岗位，也是最小利润单元的一把手。公司需要打造分公司总经理的后备梯队，实现优质人才的即时、持续供给，满足集团高速发展中对优秀分公司总经理的需求，从而支撑业绩目标的达成。为此，该公司专门设计了分公司总经理（目标岗位）的"三级梯队"。第一梯队是分公司总经理的直接后备，即优秀的部门总监或副总，预期经过一年期的培养，他们会成长为分公司总经理；第二梯队是分公司总经理的间接后备，优秀的部门经理，他们预期在 2—3 年内成长为分公司总经理；第三梯队是优秀的主管和大学生，他们预期在 5 年内成长为分公司总经理。各个层级成长的"时差"，是该公司对比过去一段时间本公司内的人才成长时间、类比同行业同类人员成长的时间长度来设定的。

当然，如果有的公司由于规模、发展阶段还没到，人员层级不够多，难以按照职级来规划培养的"级差"与"时差"，那么还有一种方法，就是按照专业水平（绩效考核档位）来划分。

表 8-6 专业水平"级差"与对应"时差"（样例）

梯队	培养人群（级差）	培养项目	成为分公司总经理的时间（时差）
第一梯队	绩效前 10%（含）	快——A 级梯队培养项目	半年内
第二梯队	绩效前 10%—30%(含)	中——B 级梯队培养项目	1 年内
第三梯队	绩效前 30%—60%(含)	慢——C 级梯队培养项目	1.5 年内

在上面这家公司的版图当中，他们选定某一后备层级，以绩效考核成绩来划定专业水平，切分为 A、B、C 三个梯队（级差），设定"快（管理加速）""中（能力强化）""慢（基础提升）"三类培养项目，设定成为目标岗位的时间分别是"半年""1 年""1.5 年"，这就从绩效切分角度规划了适合本公司的人才培养梯队。在实际应用中，各个组织可以根据本组织过去的情况，类比同行业，来因地制宜地设计自己的"级差"与"时差"。

清代学者陈澹然在《寤言二·迁都建藩议》中说："惟自古不谋万世者，不足谋一时；不谋全局者，不足谋一域。"**无论是经营一座城市，还是一个企业、一项研究，都需要"谋万世""谋全局"的基本思路，人才梯队的建设也是如此。**

在"级差"与"时差"规划清楚之后（版图），就涉及学习手段的规划了（内容）。在人才入库的培养阶段，以"战训结合"的观点，建议大家参考表8-7的八种学习招式。

表8-7 在库学习方式的八种招式

八大招式	招式解读	针对人群
课堂培训	规划学习内容、运用内外部资源进行管理、技能类课程的学习	全部
交流研讨	1.发掘内外部资源展开高层对话交流及标杆企业学习以开拓思维 2.通过案例学习、读书团建等选择相关主题组织研讨进行经验交流	全部
行动学习	拿出公司内的业务或管理问题，进行调研、讨论，思考解决方案	全部
师带徒	特定内部导师予以管理、技能上的传帮带，加速人才成长和进步	中高级
在岗辅导	日常直接上级在工作中予以工作能力的辅导，通过工作提升人才	全部
见习培养	参与公司各类、各级别管理会议及各类项目的实施管理过程	中高级
岗位轮换	可采取部门内部、跨部门、跨公司的方式，一定时间轮岗培养	中高级
内部兼职	在本岗位工作游刃有余的基础上可以采取跨部门、跨公司兼职锻炼	中高级

接下来，我把梯队培养当中的三个重要手段——"在岗辅导""师带徒""岗位轮换"，结合案例与工作经验给大家做一个分析。

第一,所谓"在岗辅导",指的是日常直接上级在工作中予以下属工作能力角度的辅导。这一招很符合金庸先生笔下慕容复的那一招"以彼之道还施彼身"——不管时间、空间的限制,通过工作本身来提升下属,而不需要特意停下工作。

请大家做一个判断:在如下的场景当中,哪一种属于"在岗辅导"?

➢ 1. 在某分公司的培训室中,销售部的老员工正给新员工进行工作流程培训。

➢ 2. 在生产线上,工间休息 10 分钟。刚一停线,班长便把工人叫到一起:"各位,由于公司正在推广 5S 管理,现在我想花 3 分钟时间跟大家简单讲讲如何在自己的岗位区域中做好 5S 管理……"

➢ 3. 市场部办公室,员工们正在紧张筹备着关于市场调查的工作。市场经理走进办公室,向自己的下属招了招手:"请大家转到这边来一下,为了使大家能顺利开展接下来的工作,我跟大家讲讲关于市场调查的一些原理和步骤。"

➢ 4. 项目经理让自己的一名下属给相关部门的员工发一个关于下周集团培训的通知,下属写好通知之后交给经理审阅,经理仔细检查了这份通知,发现有 3 处表达不清晰的地方,他在文件上做了记号并交还给下属进行修改。

很明显,只有第 4 种是直接通过工作本身来辅导下属的,没有刻意停下工作,只要停下工作就属于传统的"课堂培训"范畴。

第二,"师带徒"是一种培养机制,指的是特定内部导师对后备人才予以管理、技能上的传帮带，加速人才成长和进步。它和"在岗辅导"的差异是：一家企业无论有没有内部导师，管理者都需要对下属做日常的在岗辅导；而建立起内部导师制之后，管理者可以是导师，也可以由其他优秀目标岗位担任专门的导师，实施"师带徒"的机制。

知识在传承中才更显价值，学习在点滴中当弥足珍贵。在我们的组织当中，后备人才除了学习知识得以成长之外，"师傅"是更有战斗力的助长要素。企业当中大量有经验、有资历的老师傅，是这个组织最有价值的人力资源，他们不光是掌握了业务技能的人才，更重要的是组织经验传承、自我生长的关键要素。

组织内部的导师可以自荐、他荐，甚至在新员工入职之后可以举行"师徒见面"活动相互选择。导学关系正式确定后，培养期内后备人才的工作行为、结果及能力发展情况，导师应承担相应连带责任，同时学员的成长、绩效考核结果会成为导师评优的依据。

"师带徒"的培养模式确实在企业人才培养中有着不可替代的作用，它在富有经验的资深人员与经验不足的后备人才之间建立起师徒关系，帮助企业有效发展人才梯队，加速人才成长，提升人才培养效率。**但正所谓"教会徒弟，饿死师傅"，做强导师制的效果，最大的影响并不是导师本人的技能，而是要解决导师的动力问题。** 在这一点上，海底捞做出了很好的示范。

在激励师父带徒弟方面，海底捞规定所有的门店店长有培养后备的义务，并写进了门店绩效考核里。师傅如成功带出了徒弟，徒弟升为店长后，徒弟店利润的 3.1% 自动计入师父的浮动工资。徒弟如果再带徒弟，徒孙店利润的 3.1% 自动计入自己师父的浮动工资，1.5% 自动计入自己师爷的浮动工资。这一点很像是"传销式"的梯队培养（图 8-2）。从激励角度出发，这种利润分享机制实现了人才的复制，让经验不断传承，人才源源不断。

图 8-2 "传销式"的梯队培养

如不是在业务单元实施师带徒，后台的职能部门则可以通过将老师傅带徒弟的行为规定为绩效加分、职位晋升的必要条件、荣誉性的激励等，来推动师带徒的意愿提升。

第三，"岗位轮换"，即轮岗实践。后备人才可以在部门内部不同板块、公司不同部门、分公司/项目之间轮岗，锻炼其全盘能力。内容上可以涉及目标岗位工作各环节及职能，着力点在提升其全方位的管控能力，避免"一叶障目"。具体学习内容可由业务价值链各环节负责单元安排，并视实际需要略做调整。在轮岗时间上，可以根据各专业职能性质、难度做预设安排，具体可视实施时间情况微调。

表8-8　某公司岗位轮换实践基本框架

实践周期	学习内容	学习时间	备注
业务价值链A	由业务价值链对应单位、板块负责规划	1个月	由人力资源协助业务单元共同安排、跟进，建议全程由专人跟进后备人才轮岗，轮岗结束后需要考试测评
业务价值链B		0.5个月	
业务价值链C		2个月	
业务价值链D		2.5个月	

其他更多的常规培训类手段、技巧，在我的上一本书《重新定义培训：让培训体系与人才战略共舞》里，已经有很详细的介绍，感兴趣的读者可以通过那本书做进一步延伸阅读。

在通过"级差"与"时差"规划了梯队的版图、设计了学习手段（内容）之后，在实施培养活动阶段，还需要关注两点，才能确保其有效成功。

关注点一——内容层：供需变化。商业环境的变化是很快的，人才培养的内容必须跟着企业业务需求的变化、组织结构的变化走，不能规划出学习内容、方式之后就"一劳永逸"。很多组织梯队培养的失败，都是因为学习内容与组织实际情况脱节，用陈旧、假大空、照搬模仿的方式来培养人才，导致过程很美好、结果很凄凉，最重要的是浪费了人力、物力与财力。我把供需变化带来的三大误区做了整理,供大家参考(表8-9)。

表8-9 供需会发生变化——时间、地点、对象

三个误区	误区内容	应关注逻辑
守株待兔	时间:一直沿用过去的理论、案例或成型的课程	与时俱进地定期更新课程,定期研讨对案例的启示意义会更大
刻舟求剑	地点:A地点的经验生搬硬套到B地点,造成水土不服	因地制宜地根据不同业务地点对人的要求,安排相应的学习内容
东施效颦	对象:不管对方与自己的差异,贸然学习、复制,导致失败	因人而异地调整学习内容、方式,而不是盲目复制

关注点二——协同层:人才培养的触点。人才梯队培养,乃至公司人才的体系化、常态化培养,都是一个由上到下的行为,千万不能让某一个部门单枪匹马去完成。既不能让老板"号令天下"之后,就当甩手掌柜;也不能提出一句"人才培养是各部门负责人的主要职责"之后,就扔给那些业务出身但对培训并不专业的管理者们;也不要拿"人才培养就是人力资源部的培训工作"这句话做挡箭牌,直接把企业内的人才培养、梯队建设扔给人力资源部门。如果这么操作,这家公司的梯队培养工作将没有任何成功的可能,"一个不想当将军的士兵不是好士兵,一个不关心士兵成长的将军也不是好将军",这项工作必须是公司一项全员的、体系化的工作,功夫在日常培养的各个环节。

管理者,无论是哪个层级、岗位的管理者(包括人力资源管理者),都是人才培养的主力军。营销角度有个名词,叫"客户

触点"。我将各个管理者在人才培养中的角色与责任制作为"触点",称为"管理者的人才培养触点"(如表8-10),便于大家在组织内部实施推动。

表 8-10 管理者的人才培养触点列表

组织身份	触点(即在人才培养中的角色与责任)
CEO、副总裁	高管导师、VIP培训讲师、内部私董会(研讨)、企业文化培训、提出战略要求及痛点(现在+未来)、制定并推动人才战略、建立培训基地等
高管	内部私董会、中层导师、高级培训讲师、新员工培训、企业文化培训、高管见面会、提出业务要求及痛点、推动区域人才战略等
中层经理	业务研讨会议、基层导师、中级培训讲师、新员工培训、推动一线人才战略等
中级经理及以下	员工师傅、初级讲师、自我成长、新员工培训等
人力资源	协助制定并推动人才战略、推动培训基地日常建设、协同管理者进行业务人才培养、对一线进行培训赋能提升等

人才梯队建设:出库中的人才评估与任用
关键词:岗位竞聘、专业认证、"三堂会审"、四个维度、管理者承诺

人才梯队出库工作重在"评估",评估有两类:一类是日常评估,另一类是出库评估。首先,我们来看一个日常评估的案例(表8-11)。

表 8-11　某企业人才梯队的日常评估（样例）

类型	评估	周期	方式	汇报对象
阶段一：××职能学习	职能轮岗总结	各部门轮岗结束前3日	书面总结报告+汇报	职能部门负责人
	阶段评估	职能轮岗结束	向中心负责人做汇报，主题方向：如何从后台管控与服务维度促进一线	中心负责人
阶段二：一线业务实践	业务板块总结	各专业板块学习结束前3日	书面总结报告+汇报	职能部门负责人
阶段三：挑战性任务	任务汇报（行动学习）	任务完成时	书面总结报告+汇报	中心负责人任务主责人

该企业将梯队人才日常培养切分为三个阶段，每个阶段均有学习、轮岗实践，并以总结、书面汇报的形式进行日常评估。日常评估的综合分值可以作为后备人才培养毕业、参加出库评估的必要条件，还可以联合出库评估，各自占一定的评价比例。

通常来说，出库评估有三种形式：

第一种是"岗位竞聘"，由总裁班或人力资源部组织后备人才的岗位竞聘，通过述职、模拟考试、评价中心等方法，评价后备人才的能力是否具备。通常情况，后备人才必须通过岗位竞聘方可提拔，公正、公平、公开，而不得直接提名晋升。

第二种是"专业认证"，专门针对有专业认证体系的公司、专业人群。如某些公司内部建立了工程师评价机制，分为A、B、C、

D几类专业等级，经过一段时间专业培养的后备工程师、助理工程师，必须达到专业定级C级以上才能成为工程师。某些公司在人力、财务等板块也建立了自己内部的专业评级系统和专业试题，这种方式主要适合于专业技术的后备梯队。

第三种是联席会审的方式，直接使用真实的业务问题，通过后备人才当场提出解决方案的方式，由公司评委现场打分，通过问题解决的能力进行评价，确定出库人员名单。

表8-12是一家公司实施过的项目总经理后备"三堂会审"模式。培养期结束后，将后备人才分布在不同的"考场"里，每个考场安排三种类型的评委。业务高管提出自身遇到的业务管理难题，如市场竞争策略、定价策略、投资收益等重要业务难题，由后备人才现场提出业务打法，以考验其业务管控能力；人力资源高管根据目前公司的一些团队建设现状，提出特定管理类问题、后备人才个人发展类问题，以考验其团队管理能力；负责组织培训的人员提出培养过程中的一些课程学习、案例学习知识点，考验后备人员的知识储备。三者的"效度"是不同的，业务管控能力占50%，团队管理能力占30%，知识储备能力占20%。

表8-12 基于业务的"三堂会审"模式

评审角色	分工内容（面试为主）	效度（占比）
业务高管	评估学员在业务操盘角度的思维、打法落地性	50%
人力资源高管	评估学员在团队意识、职涯规划方面的想法	30%
培训负责人	评估学员对于学习过程中的知识框架的掌握	20%

出库过程中，除了评估行为之外，还需要关注以下三点：

第一，如果某个部门、业务单元可供给的职位不足，就需要打通整个组织内部的人才交流机制，通过四种维度（直接调动、飞虎队、外送培养、短期派遣）、两个方向［纵向（职能到业务）+横向（业务单元之间）］进行交流，这一点在"人才盘点（IEA）：人才战略中的大数据思维及应用"一章中做过详细的分析。同时，持续性为后备人才在组织内的发展创造希望，这一点请大家关注"组织激活：七大引擎与留人的奥秘（激励与保留）"一章里关于"希望系统"的建构与分析。

第二，一定要"先向内看、再向外看"，建立起后备人才的保护机制，在"优先替补、离职补员、意向选择、人才保护"四个维度筑起城墙。

表8-13 后备岗位选用及保护建议策略

四大策略	关键手段
优先替补	当公司中由于业务发展出现高层管理岗位或关键技术岗位空缺时，应优先从后备人才库中选择人员予以增补
离职补员	相应岗位因人员离职等原因导致缺员的，业务单元或人力资源管理部门应立即向公司领导、公司后备人才领导小组汇报，替补后备人员
意向选择	公司后备人才领导小组召开会议，研究后备人才库入选人员的岗位意向，选择最适合空缺岗位的人员，向业务单元推荐，尊重本人意愿
人才保护	在缺员岗位存在相应后备人才的情况下，原则上不建议公司对外招聘该岗位人员或选择非后备人才库人员；特殊情况需选用其他人员的，建议说明理由，专项报人力审批

第八章 人才梯队：人才梯队建设的入库、在库与出库

第三，后备梯队的建设，一定要有"管理者承诺"。表8-14为某公司项目总经理后备梯队建设的管理方式，公司总裁在班级管理、任用管理角度充分介入，成为保护后备梯队机制与人才任用的重要屏障，避免了人资部门"单兵作战"的情况。也就是说，在日常管理、出库管理方面，公司高管与人力资源达到了有效的协同。

表8-14　某公司项目总经理后备梯队建设的管理方式

1. 班级管理
所有新任项目总经理，必须完整经历"项目总经理培训班"学习，方可有资格上任
1.1 已在职项目总经理，因项目需要而没有通过培养项目学习的，都必须分批进班回炉学习
1.2 由于历史原因，已通过岗位竞聘，但未参与培养项目学习的人员，试用期为6个月，并且须在6个月内完成党校学习，方可转正，否则延长试用期
1.3 出勤要求
学习为期2个月，采取全脱产方式，原则上学员不可请假
如累计请假超过5天的，按自动退班处理，并报总裁单独约谈，同时免除现有职位
2. 任用管理
2.1 各单位必须优先发展学习表现优秀的学员，优秀学员如在岗表现优秀、业绩突出，经总裁审定，可不参与岗位竞聘并直接任命为项目负责人
2.2 用人单位应按照学员的出班顺序，优先提供发展机会，具体说明如下：新任项目总经理需首先从出班学员中选拔，人力资源部将在岗位竞聘资格审查环节进行把控，确保培训班学员获得优先推荐
2.3 毕业学员的跟踪管理
每期培训班结业后，人力资源部将以双月为周期，对毕业学员（特指还未得到发展机会的学员）开展为期一年的跟踪回访，了解发展情况并形成书面汇报，上报总裁

人才出库的完成，意味着人才梯队的基本过程结束。后备人才通过了入库标准选拔（自荐、推荐）、在库培养、出库的评估，最后就是干部的任用与岗位的实际继任环节了。我列举一家公司梯队建设从入库到任命的整个框架过程，供大家参考（图8-3）。

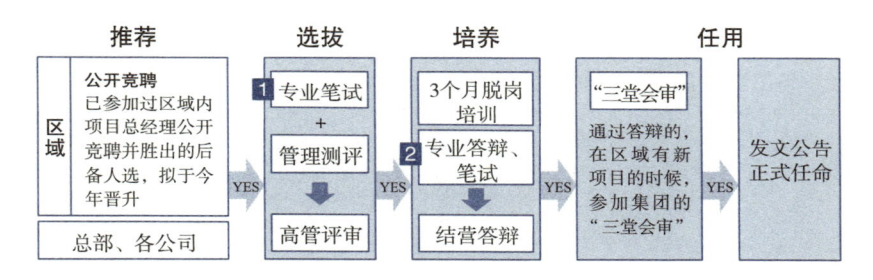

图8-3　某公司梯队建设从入库到任命的整个过程（样例）

第九章
培养基地：人才战略中企业大学的定位与作用

在人才战略当中，要解决人才的培养问题，除了管理者通过管理行为（如绩效辅导）对人才日常的碎片化培养、HR 安排的项目化培养之外，还需要一个战略级的抓手，让人才培养活动能够高度化、体系化、持续化地运作下去，这个抓手就是"培养基地"。企业大学作为很多企业建立的重要人才培养基地，有助于从企业内外解决人才渠道来源问题、降低大量新人带来的文化稀释问题、推动人才梯队的建设、加强知识与经验的管理。

万达董事长王健林在 2009 年年会上曾说："在万达的发展历程中，短板是不断变化的，现在的短板是人才。一把手高管平均面试考核 50 人才能录用一个，但即便如此，来了之后仍然对业务不熟悉。所以要想真正解决人才短板的问题，要想真正做好培训，只有靠学校，万达学院非办不可。"作为一个战略级的人才培养基地，在企业大学建设的时候，一把手的"初心"很重要，到底想用这个企业大学做什么？是主要对内做人才培养，满足企业内部用人的需求（内向型、成本中心）；还是对外做合作伙伴的人才培养，推动外部商业合作、做强雇主品牌（外向型、成本中心或利润中心）；抑或内外结合：这些都要看企业的自主选择。目前，不少初创的企业大学倾向于"攘外必先安内"，先把内部人才培养做好；而一些比较成熟的企业大学则开始了外向型的探索。不论是内向型还是外向型，都要看企业实际的需求，而不能一窝蜂似的往上冲、搞面子工程。

从务实的角度来说，在考虑企业大学建设的时候，有三个"不重要"：

1. 有没有硬件不重要。有的企业大学建立了实力雄厚的硬件，如万达学院、平安大学等；而不少企业大学并没有专门的硬件，依托于公司办公环境挂牌企业大学。这一点不是企业大学好坏的区别。务实地说，有不少企业大学硬件很优秀，亭台楼阁、水榭花都，但主要工作就是每年请几个老师、安排几堂课，由于不贴业务，很快沦为"课程的搬运工"，就只剩下"我们的企业大学很漂亮"这个面子工程了。这就叫"五分的硬件，一分的软件"。说到底，即便是在办公区域安排一块地方培养人才、交付培训项目，或使用外部酒店作为培训硬件，都可以解决场地问题，关键是组织自身有没有人才培养的能力。好的硬件，必须匹配优秀的软件，才能运作流畅。

2. 人数多少不重要。即便叫培训部，只有 2—3 个人，企业打算挂牌成立企业大学，也不用认为"人多力量大"而一门心思将人数扩编到十几、几十人。我在广州交流过一家本地企业，它在成立 2 年后将人力资源培训部挂牌升级为企业大学，但成立后相当一段时间内只有 3 个人，通过老板推动、业务单元联动、全员参与的方式，依然达到了不错的效果：这三个人主要负责组织协调工作，老板担任院长，各业务单元负责人及中层干部都是内部讲师，根据全年的重点战略任务精准地安排几个关键人才培养项目，通过以实地调研、研讨为主、课程理论学习为辅的方式解决问题，依然帮业务输出了很多人才，从培养角度助推了业务问题的解决。反观有的企业大学,人是不少,但都醉心于自己的培训技术、上课技巧这类的专业研究,搞成了一个内部的"研究院",结果自己的培训技术研究得很强,但企业的问题一个也没解决,迟早会被边缘化。不要盲目考虑规模大小,务实地做事情、做企业战略才是最需要的。

3. **叫什么不重要**。有的叫培训中心,有的叫企业大学,有的叫企业学院,这些都不是区别人才基地是否有效的标志。如果每年的工作纯粹以课程为轴心(做做培训需求、安排课程老师、做做评估等),那么无论叫什么,都是一个培训部。而有的虽然叫培训部,但围绕"战略、运营、员工成长"为工作轴心,做到"客户化经营、专业化生存、项目化运作",本质上就是企业大学。

总体来说,从人才战略中企业大学的定位角度,需要关注图9-1的"3+N"原则。

图9-1 企业大学定位的"3+N"原则

具体来说，"3+N"原则含义如表 9-1 所示。

表 9-1 企业大学定位的"3+N"原则

维度	作用点	思考逻辑	操作项目（建议）
根植培养（3）	战略	立足现在、放眼未来	既要培养当下的人才，也要培养未来的人才（适岗培养项目、储备式培养项目）
	运营	有效完成各部门运营指标	专业技能培养项目、问题解决式项目
	员工成长	员工个人能力与发展空间	学习地图、师带徒、移动学习（3A原则）
无限可能（N）	打造雇主品牌、打造商业联盟、企业文化的前哨站、对外培养人才等		

"根植培养"，即本体的"3"，是企业大学立足的根本。一个企业大学，无法承担人才培养工作，就失去了存在的根源。在培养角度，需要做到和"战略、运营、员工成长"的关联。和战略的关联，是指和战略步伐同频，既要培养战略当下关注的人才，也要培养未来的人才；和运营的关联，是指通过专业型培养项目，解决部门员工为达成运营指标所需的专业能力；和员工成长的关联，是指让员工有清晰的学习成长轨迹、专业技能的提升，以及"任何时间、任何地点、任何人"都能获取所需的学习资源（3A原则），打造学习型组织。

"无限可能"，即延伸的"N"，是企业大学迈向未来、长期存续的方向。一个企业大学在承担内部人才培养的基础上，可以进行外拓，对产业链上下游人才进行培养，在校招或社招环节成为雇主品牌，帮助企业打造合作伙伴的联盟，提升企业文化在全社会的影响力等，这部分可能性无限，需要"立足本企业、放眼全社会"地去思考。从长线来说，企业大学承载的也许不仅仅是培养人才，还有孵化商业机会、助推业务战略等重要的职能，可以让企业大学越走越远。

上一段的分析是一个全局性、长远性的探讨，让我们将视角拉回。本章我们从组织的人才战略角度，"根植培养"地来分析一下企业大学的定位和作用。

战略视角：从战略角度看企业大学成功的原因
关键词：战略使命、体系建设、支持力量、工具及机制

2019年，我曾和一家成立了2年多的企业大学做过一次交流，原因是他们越做越觉得"找不着北"。我曾推动他们做了一次本公司企业大学的问题分析，从高中基层人员、集团公司与分公司层面分析了这家企业大学存在的问题，如表9-2所示。

表9-2 从客户角度看企业大学的问题与潜在可能性

关注点	战略使命 （自评分：6分）	体系建设 （自评分：7分）	服务机制 （自评分：6.5分）	生态建设 （自评分：7分）
集团 高层	未与战略同步，培养方式传统	课程老旧、价值不明确、关门做生意		线上线下、外部客户的生态圈未建立

续表

关注点	战略使命 （自评分：6分）	体系建设 （自评分：7分）	服务机制 （自评分：6.5分）	生态建设 （自评分：7分）
分公司	与分公司培养体系分工不清，人才培养错位、混位	自身人才培养力弱，70%靠外部采购	80%依赖客户选择、上门学习	希望能协同提升专业公司培训能力
中高层干部	在推动经营能力提升、内部资源整合方面待加强	课程更新慢，未能有效支持高管人才发展	希望能更主动、资源更便利，根据客户触点考虑培训场景设计	
基层干部	/	有荣誉感，但学习机会不多	希望能随时利用大学平台，完成技能更新过程，为所在的一线组织赋能	

从各层级的反馈中可以看到，这家企业大学在和战略的链接、管理定位、内容定位上都不太精准，同时在覆盖人群、资源匹配上摇摆不定。说白了，就是没搞清楚在公司战略导向下需要做什么、大学里到底学员是谁、课程是哪些、师资从哪里来这一系列的基本定位要素，以及忽略了高层的支撑与员工可以触及的学习手段。在定位上的不清晰，将会使大学难以发挥其应有的作用。

接下来我先举两家成立比较早、相对比较成功的海外企业大学的例子，将其运营的关键价值链抽取出来，供大家参考其定位以及成功的原因。

第一，通用的"克劳顿管理学院"（俗称克劳顿村），是一所最为"古老"的企业大学，成立于1956年，曾被誉为"500强

CEO 的摇篮、美国企业界的哈佛",我们看一下它的关键价值链(表 9-3)。

表 9-3 GE 克劳顿村的关键价值链分析

基本定位要素	战略使命:员工成长、最佳实践、文化价值	学员定位:中高层经理(90%以上覆盖、轮训)
	课程定位:内部管理课程 70%、专业课程 30%	师资定位:35% 教授、15% 咨询师、50% 内训师
关键决胜要素	高层支持:执委 100% 任导师、CEO 授课	战训结合:学习 + 行动 + 评审 + 应用
	E-learning:强大的员工自助式在线学习	培训检验:训前 + 训后测试、管理改进建议

通用电气的基本定位里很清晰地回答了企业大学的战略使命,同时,由于通用是一家以"重资产"为主的商业模式公司,员工学历总体偏高、干部数量多且对组织影响大,因此企业大学很明显在重点打造管理者能力,而将日常的员工琐碎培养下放到下属的分公司(专业学院、培训部等),管理课程的占比、外部的中高端师资占比也占一定比重。而历任高管的支持、战训结合,使企业大学获得了业务的关注度和问题解决的推动力,强大的在线学习,主要是为了解决大量级的普通员工"自助式"培训的问题。像这样的设定,就很符合通用自身的特点。从我的视角,可以把通用企业大学的成功原因归结为如下几条:

➢ 公司最高层的重视是克劳顿村成功的首要因素;

➢ 克劳顿村聚焦领导力发展体系,各分公司、子公司侧重于业态专业能力培训；

> 寻找高成长特质的人才，通过训战结合的方法历练他们；

> 通过大量级的在线学习，提高员工学习的覆盖率（3A 原则）；

> 打造学员学习的圈层，提高学员在 GE 的朋友圈和归属感，增加了对管理人员的吸引。

第二，宝洁的"宝洁大学"。宝洁是一家已经 180 多岁的老公司，每年还能获得无数年轻名校生的青睐，人才流失率一直维持在不到行业平均水平的一半。而即便是那些离开的人，也大多对这所商界的"黄埔军校"心存感激与怀念，我们看一下它的关键价值链（表 9-4）。

表 9-4 宝洁大学的关键价值链分析

基本定位要素	战略使命：员工系统培训及快速成长	学员定位：内部全体员工（100% 覆盖）
	课程定位：GM 学院（管理）+ 专业分院（专才）	师资定位：90% 内部讲师、10% 专家顾问
关键决胜要素	高层支持：管理教练、高管一对一教练	职涯规划：员工职涯规划密联培训体系
	管培生：强大的管培生体系（轮岗、师徒制）	培训检验：岗位技能合格率、新技能培训到位率、新技能应用百分比

很明显，宝洁大学的战略使命、学员、课程、讲师都围绕着宝洁作为一个典型的"研发、生产、销售"为代表的劳动密集型企业的特征而定。由于业务特征，普通员工数量众多，因此大学

要解决大量普通员工的培养，就此将大学切分为管理、专业学院，分别覆盖管理者、专业员工，同时大幅度使用内部讲师传递技能。高管的支持带来管理动力，员工的职涯规划给员工带来在公司全职涯的发展动力，以轮岗、师带徒的传帮带形式推动员工实践技能的提升，同时在一线操作上具体检验培训的效果。从我的视角，可以把宝洁大学的成功原因归结为如下几条：

➢ 公司最高层的重视、亲自参与并带人是宝洁大学成功的首要因素；

➢ 宝洁大学以管理学院、专业学院划分，分别对应管理与战略、业务与技术；

➢ 从入职就开始的员工导师制、终身学习与轮岗机制；

➢ 关注员工职业生涯规划，员工自定 IDP（个人发展计划）；

➢ 提倡服务型领导力（管理者要服务员工），贴合公司战略导向及业务特征。

在上述分析的基础上，结合我操盘过、交流过的 30 所以上的企业大学，我将优秀企业大学的关键要素做一下提炼，供大家从共性角度做参考（图 9-2）。

图 9-2 优秀企业大学关键 4 要素

具体来说,优秀企业大学关键要素的含义如下(表9-5)。

表9-5 优秀企业大学关键要素提炼

要素	要素细节
战略使命	战略维度:3个维度,通常聚焦在"业务绩效成果""关键人才培养""知识及文化管理"
体系建设	学员层:80%以上精力在关键人群(中高管或关键专业人才),与专业学院有效分工
	课程层:70%以上为内部研发课程(聚焦内部经验及案例),围绕战略或产品
	师资层:65%以上为内部讲师(管理干部+业务骨干),外部讲师作为补充,开阔视野为主
支持力量	高层参与:80%以上公司高管参与进来,形式为授课或担任导师
	人才供应链:成为100%关键人才入职、晋升、转岗的关键支撑力量
工具及机制	战训结合:85%以上培训紧跟行动或实践活动,确保成果落地(绩效产出)
	业务小组:按业务分工明确对接、聚焦服务(根据各家公司的不同业态分类)
	在线学习:100%覆盖全员、学无死角(通常涵盖"课程、案例、测试"3个关键要素)

> **企业视角:通过一个国内企业大学定位的案例来反求诸己**
> 关键词:公司战略、组织能力、人才培养、大学定位

上面大家看到了一些企业大学成功的共通性要素。作为人才战略的一个"培养基地"型工具,企业大学是如何链接业务战略

来实现其定位与作用的呢？本节选取我自己 2017 年交流过的一所企业大学操盘定位的过程为例，以原创的"企业大学定位三步曲"为工具，供大家参考。

第一步：公司战略对 ×× 公司组织能力的挑战。此步骤描述公司战略的发展，以及战略发展下，对组织管理、人才能力、人才数量、文化建设等方面的挑战。

在 ×× 公司的发展过程中，短板是不断变化的，最初的短板是"3+1"业务板块协同发展下的人才供应链和组织能力打造存在不足。

至 2020 年，公司要实现年销售额 ××× 亿元，运营 60 万平方米自有物业，年租金 10 亿元及净利润 7 亿元，实现"三年 12 城、五年 40 城"的总体目标；实现四级管控架构及六大区域公司。在管理难度、跨度、复杂度上大幅提升，这一冲击给组织带来了巨大的挑战：

➢ 新兴业态无先例：公司在业务战略上将布局过去未从事过的新业务。

➢ 短板动态变化：过去是单一业务、聚焦本地区域发展，现在要考虑多地、多项目协同。

➢ 庞大组织如何保持效率：组织规模变大之后，管理架构、人才能力如何才能有效提升。

➢ 人才供应链如何打造：大量新业务、新项目需要源源不断的高质量人才保障。

➢ 避免错误重复发生：老项目重复犯错、新项目摸索时间过长，都会提高学习成本。

➢ 大量新员工涌入：新员工从各地加入公司，对企业文化、标准化的践行意识淡薄。

要想真正解决人才短板和组织能力的问题，××公司大学必须建立起以"人才发展＋绩效改进"为核心的培训体系，助推人力资源和业务绩效达成，成为战略落地的坚强后盾。

第二步：组织能力挑战对人才培养的需求。此步骤描述在战略对组织能力提出了挑战之后，上述挑战在人才培养工作上有什么需求（表9-6）。

表9-6 ××公司应对战略落地的人才培养需求

组织能力挑战体现在人才短板上的情况		人才培养工作对应需求
管理人员	需要外招、晋升大量管理人才，外招人才需要快速适岗，晋升人员需要发展机制，形成人才供应链	培养人才梯队，形成供应链；新晋升、入职人员快速适岗
专业人才	专业条线内人才需要有过硬的专业能力，提升组织效率	推动板块专业人才培养
业务问题	能利用组织智慧，有效发现和解决关键业务问题	雷达侦测、群策群力的学习机制
经验复制	要快速学习经验，避免犯错，降低学习成本	案例系统的建立与多渠道使用
管控幅度	总部、区域管控幅度扩大，大量管理、团建、文化、学习行为难以有效落地	建立培训中心，强化培训操盘手；在线学习平台，全周期、即时学习
文化稀释	大量新人加入公司，造成组织文化稀释、员工理解淡漠及践行无力的状态；管理人员缺乏团队建设的有效思路	建立团建机制、管理人员培训；文化建设及审查、强化新人入职培训

第三步：从人才培养的需求到企业大学定位。此步骤描述了在组织对人才培养的需求下，以企业大学为"人才基地"的抓手，应该建立什么样的工作目标（定位、使命）。公司战略是会变化的，所以企业大学的定位需要根据公司战略而变化，因此目前规划的只是1.0版的大学定位，截至公司战略目标的2020年。

1. 工作目标（大学定位1.0版，截至2020年12月）

强调和××公司业务、人才梯队建设的结合，以"人才发展＋绩效改进"为战略使命，围绕公司四大关键人才（财务、投资、城市公司总经理、项目总经理）、四大关键问题（资产管理、城镇化、精装修、城市更新），通过人才梯队项目解决人才数量的供应问题，通过绩效改进项目解决业务问题对人才能力的挑战，完善文化团建类课题在学习实践中的应用，助推人力资源和业务绩效达成，成为战略落地的坚强后盾。

2. 落地思路

表9-7 ××大学定位基本落地框架（大学定位1.0版）

管理架构	三级培训体系：总部—大区—区域	大学架构：五个工作组实施、HR及业务调配同事协同推进	高管参与：董事长任校长、副总裁任副校长、干部任讲师
体系	学员：以四大关键人才为主	课程：围绕关键人才发展	讲师：中高层60%、外部40%
实施项目	四大关键人才发展项目：晋升、适岗、高级经理人	大学生及新人：文化团建、总部学习、技能培养	业务问题研讨：月复盘会、业务研修班（每季度）

续表

| 机制 | 一线培训能力：区域培训帮扶＋培训操盘手计划 | 自身员工能力：项目经理（PM）制＋专业会议 | 培训创新能力：围绕××公司架构特点进行培训创新 |

上述两节内容，从企业大学建设的成功要素、定位三步曲的角度，从方向、策略上帮大家做了完整的分析。本章的最后一节，我将带大家换一个视角，以知名学府与国家的关系为例，来分析人才战略里被称为"国之重器"的国家级大学，对国家这个组织的战略支撑。

从企业到国家：人才战略中知名学府与国家之间的关系
关键词：人才资源、国家意志、国家智库、战略支撑、国家治理

美国社会学家科尔曼有两句名言："你想在国家里得到什么，你必须在学校里投入什么""国家是什么，学校就是什么"。前一句话体现了"国家通过教育进行控制"，后一句话体现了"国家对教育的主导"，这两个方面反映出国家与教育是紧密联系的。

第一方面：国家通过教育进行控制。

教育的直接功能是影响政治发展。国家要发展经济，要维护政治统治必然要重视教育，通过教育进行控制。发展中国家把其稀缺的资源越来越多地用于教育，想通过教育增强自己吸收科学知识的能力来提高经济效益，从而走上通向"发展"的传统道路。我们国家也不例外。

第二方面：国家对教育的主导。

教育政策是由国家制定的，这就决定了国家对教育的主导控制权。教育，尤其是义务教育，从本质上讲就是一项国家事业，课程改革、学院的设立、学科的建设往往也有政府参与其中。所以，教育的问题一定程度上体现着国家意志。

根据我的分析，知名学府与国家之间，至少构成了如下五类关系（作用）：

➢ 1. 人才资源：培养对国家命运、战略有关键影响的人才资源。

➢ 2. 国家意志：由上至下、由点及面全面宣导国家意志、培养国民性。

➢ 3. 国家智库：为政府决策建言是高校智库的重要价值之一。

➢ 4. 战略支撑：为国家重要的战略提供人才及关键组织能力。

➢ 5. 国家治理：高校为反腐关键链之一，重点治理大学行政化。

第一类作用：人才资源。

首先，知名学府为国之重器，为国家在不同阶段培养了对政治、科技、商业、文化有关键影响的人才。

此外，面向未来，中国还通过"长江学者特聘教授""国家杰青""万人计划领军人才"进一步培养面向高科技、学术、重要战略支持（如"一带一路"）等方面的关键人才，支撑未来国家各方面发展所需的人才资源。

第二类作用：国家意志。

前教育部负责人曾讲过，中国的高校宣传思想工作体现着党和国家的意志，必须做到旗帜鲜明。高校教师必须守好政治底线、法律底线、道德底线，否则"上梁不正下梁歪"。如果说计算机的CPU是给机器装上了一颗"运算心"的话，国家的学府就是给学生装了一颗"中国心""未来心"。

大学之所以被称为"国之重器"，还因为大学打造了国民性，打造了一个民族的未来。

第三类作用：国家智库。

2015年1月，中共中央办公厅、国务院办公厅印发了《关于加强中国特色新型智库建设的意见》。在教育部公布的2016年正规大学名单中，截至2016年5月30日，全国高等学校共计2879所。其中，普通高等学校2595所（含独立学院266所），成人高等学校284所。抛开成人高等学校，700家高校智库占2595所普通高等学校的百分比约为27%。

高校建立国家级的智库，有着很明显的自身优势：

1. 人才密集。高校有63万以上的社科队伍，是我国智库建设中最为重要的一支生力军。

2. 知识储备雄厚。有最为齐备的学科体系以及几乎涵盖所有重大问题研究的基础。

3. 科学客观。与党政智库比，离政府不那么近，也不像社会智库那样离政府那么远，更易于对政府决策做出客观分析和合理建议。

4. 体制灵活。与党政智库和党校社科院智库相比，高校在创新智库的运行和管理体制方面有着更多的操作空间。

第四类作用：战略支撑。

清华大学校长邱勇曾说："全面提升高校创新能力，不仅要着力培养学生的创新能力，还要面向国家重大战略需求，大力提升原始创新能力，通过学科交叉推动取得前沿技术突破，建立学校、地方、企业、行业紧密结合的技术创新新模式。"

举例来说，国家的商学院在尤为重要的"一带一路"建设中，能起到什么作用呢？在我看来，有如下5类作用：

1. 技术人才：大量的基础设施建设，需要宏大的不同领域的工程技术、项目设计与管理等专业人才。

2. 人文人才：随着众多的企业落地，急需大量通晓当地语言、熟知当地政治经济文化风俗和人文地理的人才，特别是熟悉东南亚、南亚、中亚、东北亚国家政治、经济及风土民情的人才。

3. 贸易人才：区域性经贸往来和良好秩序的形成，需要大量的国际贸易人才。

4. 教育基地：要有选择地在沿线国家建立境外大学和教育基地，向世界高等教育体系问诊，从世界秩序重建的高度，谋划我国高等教育在"一带一路"建设中的战略布局和行动策略，为沿线国家共建"一带一路"提供人才支撑和智力支持。

5. 民族理解：服务于"一带一路"建设，需要加强民族理解和文化理解教育，力促民心互通。

第五类作用：国家治理。

高校本身的管理，也体现了国家治理的意图与导向。2014年，反腐飓风席卷高等学府，仅梳理中纪委网站所通报的情况，就有27名高校官员没能在马年"一马平川"，而其中大多数"马失前蹄"于巨额贪污受贿，让人看到了象牙塔的另一面。这些落马的高校官员年龄普遍在 50 岁到 60 岁。

2014 年，教育部集中公布了 47 所直属高校章程，"反腐"占有重要位置。超过九成高校提出设立具有纪检职能的机构，并且由学生参与其中，调查处理学校人员违反校纪行为等，机构名称为学校纪律委员会、学校监察委员会等。

2015 年伊始，中纪委监察部网站在 5 天时间内连续公布了 5 所高校领导的违纪问题。同时，教育部也多次强调，严查考试招生环节违纪行为及基建领域、校办企业腐败，并对科研经费全面清查，同时采取曝光、约谈、巡视等方式加强管理。

在教育部的会议中，曾有委员建议：如果大学中存在严重的行政化问题，把控着学术权和教育权，就会导致学校缺乏监督。最好的办法是建立现代大学制度，将教育权、行政权、学术权分开。大学的治理，本身也体现了国家的组织管理思路和文化导向。

第十章

组织激活：七大引擎与留人的奥秘（激励与保留）

和中山大学岭南学院的 EMBA 同学聚会，有位同学把他对于公司人才管理的一些想法跟我做了交流，其中有一个故事令我印象特别深刻。

A 公司是一家小型私营企业，地点在深圳华强北，主要做一些手机零配件的销售和贸易工作。公司业务员小刘能力强、情商高、客户资源广，为公司做出了很大的贡献，深受总裁的器重，总裁曾多次在公开场合赞赏小刘。小刘也的确通过自己出色的工作能力为公司开拓了业务，不仅个人业绩连续几年是冠军，也助推公司业绩蒸蒸日上。当然，公司也给了他相应的回报：他很快由一个业务员升至公司部门总监，在各个平级部门中也因为受到总裁的器重而颇有地位。

但是由于公司高层职位有限，小刘高升的空间已经快到尽头。于是小刘向总裁提出辞职，在辞职信上说，很感激公司的栽培，但他更希望追求自己事业的发展，所以决定离开公司。虽然公司再三挽留，小刘还是离开了公司。谁知过了几个月，有知情人告诉 A 公司总裁：小刘已经注册了自己的公司，并利用自己在 A 公司工作时建立的客户关系和社会关系网，经营着与原公司类似的业务。

小刘的离去让 A 公司总裁感到恼怒，但既然公司已经不能为其提供更大的事业发展空间，对他的离去能过分苛求吗？然而，更为严重的是，由于小刘在 A 公司曾经独当一面，许多客户和重要信息都由他一手掌握，他离开后，公司其他人既不熟悉这些重要信息，又暂时无法担当其业务总监的职责，原有不少客户也纷纷转向与小刘开的新公司进行合作。这一情形，使本来近期业务就不佳的公司面临着更大的冲击。如何解决小刘离开后与原公司"对着干"的问题？但更重要的是，像小刘这类优秀的骨干员工，除了晋升与加薪之外，还有没有更好的激励办法呢？

显然，A公司所遇到的管理者离职创办业务相近的公司问题，极具普遍性。小刘在A公司工作多年，由于高层职位有限，小刘离开原公司以寻求个人职业的发展，是一种目前比较常见的职场行为。同时，由于小刘既具有极强的工作能力，又掌握了公司关键客户信息及一些社会关系网，他若离开公司自主创业，就会有一个先发优势：打造与过去工作相近的业务，这样既可以迁移工作能力，又可以有效使用过去自己的客户资源及社会网络，避免"零基础创业"，这是一种较为安全的操作行为。我想，不少处在小刘这种状态下的人，都会采取类似小刘的行为。

从当下着眼，面对小刘与原公司"对着干"的情况，我们应该如何应对？对公司之外的他方，可以称之为"竞争对手"，也可以称之为"合作伙伴"，秉持"竞合"的原则，可以有以下两个方向。

A. 合作类：和小刘洽谈，毕竟过去同事一场，由我司向小刘的公司注资，成为股东，双方在产品链、业务区域上优势互补，共同创业；或参考万科的"小草计划"（注："小草计划"是指，万科为符合条件、有意愿做事业的创业员工提供数额不等的资金，同时提供合作方、专家等资源支持，帮助创业员工创业，以此扩大万科的商业生态圈。小草计划是一种孵化创业的形式,依靠万科自身的资源,为创业团队提高成功的可能,同时有一系列规定也保证了该计划的可操作性,不至于一旦失败会对万科造成巨大影响。万科规定,员工创业需有益于万科的生态系统;创业员工需离职创业,但两年内员工可选择回归万科)。

B. 竞争类:毕竟小刘才刚刚创业,可以利用我司自身规模优势,通过价格战、产品创新的方式,打垮小刘这样规模经济弱的企业;或和老客户洽谈,开出更为优厚的合作条件,重塑合作网络;再或者,在"撕破脸皮"的情况下,直接通过媒体传播小刘背离商业诚信原则、利用原公司渠道恶性竞争的"白眼狼"行径,实施PR层面的进攻;等等——不过,这样难免大家"吃相"都不好看。

从未来着眼,一定要想办法杜绝这类事情再度发生。公司一方面要培养及激励人才,另一方面又不能被人才所绑架。从这个角度来说,"激励"与"保留"是一套相辅相成的策略:不能激励过了,人也走了;也不能费很大力气留人,结果留下的是"人渣"而不是"人才"。从上面这个案例来看,我们可以提出如下一些参考建议(表10-1)。

表10-1 A公司面向未来的组织激励策略(建议)

策略建议	操作思路
事业合伙人	在公司内部实施事业合伙人机制,将类似小刘的这类关键人才都纳入事业合伙人机制中,让其参与股权激励、项目跟投,充分享受公司发展带来的红利

续表

策略建议	操作思路
师带徒	推广师带徒机制，尽快把关键人才的经验复制出来，使团队"作战能力均一"，避免人才流失带来经验流失，同时给师傅发放奖励，提升师带徒的意愿
客户管理	在内部建立客户档案库、客户管理电子平台，由客户关系部门统一管理，业务经理拜访、与客户签单均需通过公司平台，降低业务经理对客户的绑定效应
竞业协议	和全员签订竞业协议，规定员工离职三年内不得从事相关业务或与公司原有客户从事竞争性业务，否则将诉诸法律
希望系统	公司的机会是有限的，但要给员工创造不间断的希望，如人才梯队、AB岗、授权、股权激励、外部进修成长等，为员工带来更多样化的成长机会
内部创业	鼓励员工内部创业，利用公司平台和品牌打造更有创造力的产品，类似海尔的"海立方"，中兴通讯的"创客学院"等，为员工发展带来更多事业机会

在本章，我们就从"七个引擎"角度重点聊聊关于组织里的人才激励与保留问题。

引擎1. 总报酬模型：员工激励的多样性设计
关键词：保障要素、比较出来的幸福、及时性、补偿效应、机会与希望

先思考一个简单的问题：如果你的企业有一个员工，他发明了一种新的工艺流程，提高了工作效率，你决定奖励他。现在有两个方法供你选择：一个是给他3000元奖金；二是用他的名字来

命名这个操作方法。你会怎样选择？员工会倾向哪一个方法？

答案显然是因人而异的。如果是收入比较低的基层员工，大概率会选择第一种方法；如果是收入偏高的中高层员工，他可能更倾向第二种方法。但这也只是概率问题，人是有复杂性的，有人把名看得比利更为重要。因此，这里面就涉及一个重要的观点：激励的多样性设计。

过去，很多管理人员都认为：吸引或保留住员工的，大都是物质性的激励（工资），或者发展性的激励（升职），但现实不一定是这样。

在广东佛山工作的时候，我跟一家知名家电制造企业交流，他们的一个部长告诉我：何老师，在我的部门里有三个员工，已经工作了五年多，打也打不走、骂也骂不走，相当稳定。我问他：他们是不是每年都有加薪或升职？他说：没有，包括他们这些年的绩效考核也是在中等偏上，很少有专门的奖励。我很好奇地问他：那你能不能帮我问一下，这三个人在什么情况下会走呢？

他说：前一段绩效考核结束，我跟他们面谈的时候特意开玩笑地跟他们说，你们几个也在这里做了很久了，有机会也可以出去看看。结果他们说"我们是不会走的，除非公司搬家了"——试想，如果你像他们三个一样，家就住在公司旁边，上班只需要五分钟，你会怎么看待这份工作呢？

这个答案很有意思，我们可以说，这三个员工就是冲着家庭工作平衡，或者说"稳定"来到公司的。但如果他们恰好从事的就是组织内部的一些维稳型工作，如行政、服务类，且对事业没有特别大的追求,那么追求稳定又有什么错呢?只要他们能够保质保量地完成本职工作,他们就是人岗匹配的。从这个角度上来说,吸引或保留员工的,除了传统认为的工资或发展,至少还有稳定或其他要素。

达尔文的《进化论》里,有一个非常著名的观点:一个生物圈存在最大的稳定性,就是来自多样性。即便是以"狼性"管理著称的任正非,在他的眼中,员工也可以分为三类(如图10-1所示)。

普通劳动者　　一般奋斗者(享受家庭温暖)　　有成效的奋斗者(分享公司剩余价值)

图 10-1　任正非眼中的三类员工

第一类,普通劳动者,暂时定义华为12级及以下为普通劳动者。这些人应该按法律相关的报酬条款,保护他们的利益,并根据公司经营情况,给他们稍微高一点的报酬,这是对普通劳动者的关怀。

第二类,一般奋斗者,我们要允许一部分人不是积极的奋斗者,他们会想小家庭多温暖啊,想每天按时回家点上蜡烛吃饭呀,

| 第十章 | 组织激活:七大引擎与留人的奥秘(激励与保留)　257

对这种人也应理解，也是人的正常需要。

第三类，有成效的奋斗者，他们要分享公司的剩余价值，我们需要这些人。分享剩余价值的方式，就是奖金与股票。这些人是我们事业的中坚力量，我们渴望越来越多的人走进这个队伍。

在组织当中，员工的类型是不同的，追求是不同的，经营人的方法，永远比经营事的方法要复杂，它不能只靠一种方法，而是需要一个系统。

如果我们把员工在雇佣关系中认为重要的所有东西做一个整合，实际上就能得出一个基于多样性激励的模型：总报酬模型（如表10-2所示）。

表10-2 总报酬模型及操作思路

总报酬策略（包括但不限于）	操作原则	逻辑解读
工资	越多越好	对工资的满意是没有上限的
福利	比较出来的幸福、创意	人无我有、人有我优
员工认可	正负向、及时性	强大的精神激励及行为引导工具
工作生活平衡	补偿效应	很难做到，但可以相对平衡
个人发展与职业机会	机会、希望	机会是有限的，但希望是无限的

第一，工资。我们这里说的工资，指的是员工的劳动合同里明确写出来的"岗位工资"，而不涉及福利、年终奖、股权等变动性激励收入。这是很多管理者普遍意义上认为的员工激励的主流

方式，但恰恰它的地位比较尴尬。通俗地说：一个管理工具，如果你也觉得重要，我也觉得重要，但我们两人说了不算，就不应该成为主流的管理工具。举个生活中的例子，一个母亲跟孩子说："如果你的数学考到 98 分，就带你去游乐场。"她的孩子问："哪个游乐场？"在这位母亲回答之前，旁边的一个母亲跟她的小孩说："如果你的数学考到 98 分，就带你去东京迪士尼。"也许后面这位母亲很有钱，那么金钱这个工具是她可以直接控制的；但如果前边这个母亲夫妻两人一个月工资总额都不到一万元，她会不会学旁边那位母亲去回答她的小孩："如果你的数学考到 98 分，就带你去东京迪士尼"呢？——显然不可能，因为对她来说，金钱不是一个可以随意支配的工具。

企业内的管理者，谁也做不到"想给谁加薪就给谁加薪"。如果把这个球踢给人力资源，假设人力资源可以随便给人加薪的话，那么为什么他们不先给自己加薪呢？显然，职业经理人都说了不算。而如果是老板，那么他就更清楚"节流"对自己意味着什么，以工资作为主要的激励手段，不仅会影响利润，更会影响财务报表中的股东权益。因此，这个东西不是谁说了就能算的，必须审慎对待。

同时，如果我们给公司里的员工做一次不记名的满意度调研的话，我相信大部分的"不满意"会集中到两个地方：一个就是以"工资"为代表的物质性激励，另一个就是"锦上也未必添花"的行政服务类工作。这两类的本质都是"满意度没有上限"的保障性工作，就像行政工作是一种经营活动的保障一样；以工资为代表的物质激励，也是一种激励中的保障要素。关于股权激励、事业合伙人等变动性激励收入，我们在本章下面几节会详述。

因此，工资在激励手段里需要审慎对待，并且它是一种"满意度无上限"的保障要素，从本质上说就不应该成为一种主流的激励手段。如果要以它作为主流激励手段的话，那么方法就是"越多越好"。

第二，福利。福利是一种"比较出来的幸福"，它所带来的激励作用在于管理者的创意，它可能花钱，也有可能不花钱或花很少的钱。比如，某公司项目所在地很偏僻，于是给员工盖了一个食堂，解决中午吃饭难的问题，这是一种福利；某公司上班地点交通不便，于是给员工早晚上下班安排了班车，这也是一种福利；某公司给孕期妈妈们安排了每个月一次的"准妈妈课堂"，这也是一种福利。A、B两家公司都有食堂，如果A公司的食堂菜品比B公司更好，那么员工就会说"A公司的福利更好"。

管理者的创意对于福利的建设极为重要。某部门领导发现部门内年轻员工比较多，平时忙于上班没时间考虑婚姻问题，于是每个月给大家安排一次跨企业的"相亲大会"；某部门领导发现"90后"员工很多，于是每个月在团队内安排一次《王者荣耀》手游争霸赛。这些都是创意型的福利。

我在跟一家地产开发公司的项目总经理团队交流的时候，提到团队的福利建设，一位项目总经理跟我滔滔不绝地大倒苦水，说他的项目地点很偏僻，自己从市中心开车上班都要近2个小时，到了中午想点餐，周围快餐店都很少，再加上项目在建设初期，办公环境也比较恶劣，大家都在板房里面办公，门口是一片工地。他的结论是：像这种情况，团队不可能搞什么福利建设，我的压力都很大，员工能不离职就不错了。

我说：你说的情况的确比较"恶劣"，但福利建设永远在于管理者的创意。

首先，在交通方面。你说你自己开车要近2个小时，那么没车的员工可能就要更久，换作是我，如果上下班加在一起要花4个小时的话，估计也坚持不了多久。但你可以想办法找你上级的区域公司申请班车，如果班车申请不到，你可以盘点一下你的团队包括你在内现在哪些人开车，让开车的同事上班捎带一下那些没车的同事，那么起码在项目初期，大家的交通压力不会那么大。当然，可以让坐车的同事每月给开车的同事凑点油费，别让人家贴钱给你的团队谋福利；同时，开车的同事早上相互接人的话，可能会影响上班时间，那么你作为当地项目总经理，可以找上级领导或人事系统申请一下，你的项目能不能上班时间相对弹性一点，如公司要求早9点晚5点的话，那么你申请一下看能不能早9点半晚5点半，这样在总时长上也不会有问题。

其次，在吃的方面。你自己说点餐很困难，那么就可以鼓励大家带餐，你作为项目总经理拿出一点项目经费出来，买个微波炉和电冰箱，这样给大家带餐提供便利；如果大家不愿意带餐，那么既然你说项目很偏僻，项目所在地的消费一定比市中心要低很多，完全可以从项目经费里抽出一点钱出来，从所在地的镇上或村里请一个阿姨每月帮你们做做饭，这样也能解决吃的问题。

最后，办公环境恶劣的问题是个硬条件，无法改变，但你完全可以做到"板房外面什么都没有，板房里面什么都有"：安排项目行政人员把板房内部好好布置一下，环境弄得美观、温馨一点，让大家有"回家"的感觉——如果一个员工把家里的照片放在办公桌上，你是觉得不够严肃，还是认为他"以公司为家"呢？同时，让行政人员买一些零食、简单的健身器材，让大家饿了、累了可以调节一下。我有一个感受，办公环境每温馨一分，员工下班时无意识加班的概率就提高一分。如果办公环境很恶劣，而你又无所作为，那么员工一定每天巴望着早点下班回家，因为家里比办公室吸引力更大。

福利的建设，讲究因地制宜、因时而变、因人而异，讲究管理者要"有心"，就看你关不关心员工的需求、敢不敢想、会不会想。

第三，员工认可。这是一个很强大的精神激励与行为引导工具。首先是"正负向"的方向问题，管理者既要善于鼓励人（正向激励），也要善于批评人（负向激励）。有些人盲目照搬一些管理理论，说"表扬要公开、批评要私下"，这是一个极大的误区。如果一件事情对团队而言，既重要且有重复犯错的概率，那么公开批评的目的就是教育大家，这样会提高管理效率，避免私下一个一个重复说的现象发生，也避免发生遗漏后某些人又重复犯错；

而一件事情如果不是那么重要或没有重复犯错的概率的话，私下批评当然是为了保全某位下属的脸面。但如果某位下属的脸皮很薄，薄到你公开提到他名字他都受不了的地步，那么你还要不要无限制地迁就下属的脸面而拉低你的管理效率呢？我们的建议是：就事论事，选择你认为管理效率最高的打法——管理没有绝对公平，也没绝对完美，什么都想要是最贪婪的，也最有可能是效果最差的。就像董明珠女士所提到的"菩萨心肠，霹雳手段"，也像王健林提出的"严管厚爱"，主观动机不能是害人的，但"慈不掌兵"是一条铁律。不会批评人的管理者、老好人式的管理者，是不可能有很高的管理效能的。

其次员工认可还在于及时，这是一个时间效率的问题。如果需要认可员工，那么越早越好，越晚效果越差，甚至会被忽视。如果现场来不及，那就发个微信、打个电话、发封邮件，总之一切O2O式的手段，都是可以在你想认可员工那一刻及时进行的，这个意识很重要。

给大家分享一个我自己生活中亲身经历的故事。我女儿上二年级的时候，有一段时间数学成绩特别差，不过跟我小时候比起来，可谓"青出于蓝而胜于蓝"。有一次我在外地出差，班主任告诉我说，我的女儿数学考了68分，全年级倒数第一。当时我十分愤怒，出差回来第一件事情就是痛骂了她一顿，然后把她玩的平板电脑、玩具统统都收起来，让她母亲给她报了个数学补习班加强训练，同时每晚要做规定数量的练习题。两个月过去了，有一次我出差回来接她放学的时候，她很兴奋地告诉我："爸爸我的数学考了96分。"当时我刚出差回来比较疲惫,就随口回了句:"是不是题目比较简单?"记得当时女儿脸色一白,把试卷扔在地上就气鼓鼓地冲回家了,晚餐时也不理我。吃完饭后,我坐在沙发上用手机处理一些工作信息,她坐在我旁边看电视,时不时用眼看看我。看得多了,我就问她还有什么事,她又很不甘心地把试卷拿出来、展开,大声地说:"爸爸,我的数学考了96分。"在那一刻我一下子反应过来:我似乎缺了一个对她及时的正激励——虽然我曾给过她一个及时的负激励。时间不早了,我立即带她下楼去超市,选了些零食作为奖励。女儿选了很多零食,很重,在我埋单之后,她坚定地拒绝了我帮她拿的请求,一定要自己亲手把这一堆"战利品"扛在肩膀上,很自豪地往前走。在那一刻,看着一个孩子扛着属于自己的战利品向前走的骄傲的小小背影,一个"迟钝"的父亲也看到了一种及时激励的力量。

人类社会当中的所有人,哪怕是一个尚未完全觉醒的孩子,对于激励的及时性,都是有一种发自内心的敏感度的。激励的时间效应对每个人来说,都是公平的。

第四,工作生活的平衡。坦白来说,这一点在现代企业中很难做到,很多年前就有员工说企业把"女人当男人、男人当牲口",还有人以三家公司举例说"生不进××,死不进××,生死不进××",2019年很多企业又被"996"推到了风口浪尖。即便是几乎不加班的企业,要想完全做到工作与生活的平衡都是不可能的,毕竟"公司不养闲人"。

既然绝对的平衡很难做到,那么通过"补偿效应"达到一种相对的平衡还是很有必要的。比如，团队成员最近压力很大，于是管理者带大家出去搞搞团建，吃饭、喝酒、唱歌，宣泄一下压力；或者管理者出差也可以给下属带些小礼物，当地的特产、孩子的礼品等，当一个下属正在埋头苦干的时候，领导给他放上一个小小的礼物，相信每一个下属也会感受到莫大的激励。适度、合理的"补偿效应"，目的是给团队成员有效地疏压。而这些疏压手段，大家也可以灵活应变。

第五，个人发展与职业机会。这一点和工资一样，都受制于组织资源的有限性。由于组织结构是个金字塔，而不是正方形，故而所有员工越往上走，必然机会越少——职业发展机会就是一种稀缺资源。再用林肯讲过的话来做个类比：管理者只能在有的时间里，给所有人带来机会（阳光普照的小激励）；也可以在所有的时间里，给有的人带来机会（特定的人群激励）；但管理者没有办法在所有的时间里，给所有人带来机会（资源的有限性制约）。

虽然机会是有限的，但希望却是无限的。"希望系统"的出现，就是为了解决面对稀缺资源时有限与无限之间的问题。

引擎2. 希望系统：Hope System
关键词：职业机会、愿景规划师、职业认可、希望疗愈系统

我曾经把企业执行力弱的原因做了一个基本分析，如表10-3所示。

| 第十章 | 组织激活：七大引擎与留人的奥秘（激励与保留）

表 10-3 企业执行力弱的原因（含建议）

四个维度	涉及原因	解决建议
指标	指标高低与达成信心	指标的合理制定、宣贯与过程管理
新员工	新员工与技能提升	新人带岗人制度、线上线下专业学习
老员工	老员工与职业机会	发展机会、激励技巧、留人技巧
管理者	管理者的认可能力	正负向认可、及时性认可、培养人才梯队

在上面的四个维度里，我们重点说一说员工的职业机会问题。

我们上面说过，组织结构是个金字塔，而不是正方形，故而所有员工越往上走，必然机会越少。除非改变企业内部的组织结构（如扁平化、鼓励内部创业等）、改变职业发展通道（如"做宽、做细、做快、做活"的四维通道，这在本章下一节会详述），或外部业务持续扩张带来新的机会（蛋糕做大）；否则，在固有的结构、通道之下，此类问题将长期存在并困扰管理者。那么，假如我所在的企业没有那么灵活的结构，也没有所谓的"内部创业机制"，更涉及业务扩张不快的情况，该如何给员工，尤其是一些关键岗位的老员工带来内部的机会与稳定度呢？

我在北京一家传统企业做管理的时候，有一年公司通过商学院培养了 200 个后备干部。结果到了年底，由于公司做轻资产转型，卖掉了很多项目，不仅难以给大家提供应有的职业发展机会，而且原有的机会也大大减少。在我们的内部控制之下，200 个人当中，有 60 个人通过了岗位竞聘，获得了发展机会，其他 140 人只能暂时搁置。从组织管理的角度，如果因此造成人员大面积离职，那么就是一个很明显的负向效应,既伤了这批后备人才的心,又变相传递给其他人一个悲观的信息:即便公司培养了你,你还是没有机会的。在人才项目的总结大会上,我受分管总裁的委托,需要宣布通过竞聘的人员名单。这是一个挑战,因为一旦名单宣布结束,可能有一大批人因此离职,那么我自己脸上也不好看,但我也不可能无中生有地创造组织机会出来。总结大会前我特意准备了很久,当大会最后轮到我宣布项目成果时,我走上台,打开一张巨大的名单,跟大家说:

"首先,恭喜名单里标注颜色为绿色的60位同事,你们通过了公司的岗位竞聘,很快就要走上新的岗位了,这证明企业认可你们的能力。其次,我要更加隆重地恭喜另外140位标注颜色为紫色的同事。第一恭喜你们多了位师傅,所有绿色姓名的人员旁边都有2—3位紫色姓名人员,意味着绿色姓名的同事必须成为这2—3位紫色姓名同事的师傅,师傅与徒弟双向评价、互相打分;第二恭喜你们多了个方向,按照'干部能上能下'的原则,绿色姓名同事虽然即将接到岗位任命,但在接下来的半年考核期内如业绩不达标,依然可能会下来,由组织选拔旁边的2—3位紫色姓名人员中的优秀人才接任,因此请紫色姓名的同事继续保持奋斗;第三恭喜你们多了个未来,你们这140位同事将会是接下来公司的第一人才梯队,未来有任何管理岗位需求,会先从你们当中择优提拔,你们进入了公司第一梯队人才库。当然,如果有人说,那我现在不还是没机会,我跳槽算了,那我就替你觉得不值——因为你现在去到任何地方,你都是个空降兵,需要从零开始,要突破更多的业务和人际的障碍,但你留下来,你就是第一人才梯队,保持奋斗等着上就好了,没有比这个更好的利好了。所以,我要隆重地恭喜大家!"

上述这段话,是我特意说给这 140 个人去听的。很明显,我作为公司的一个管理干部,并没有办法创造机会出来,但设计"希望"却是我可以做的一件事。事实上,由于我们做了这样的"希望"设计,当年年底,关键岗位后备的流动率依然保持了行业正常的水平。

首先,"希望系统"的本质含义是指,公司的发展机会总是有限的,而管理最大的障碍,就是如何在资源有限的情况下去推动团队。让大家意识到"未来可期"、希望是无限的,是一件很重要的事情。换句话说,管理者要会"讲故事"、成为"愿景规划师"。

其次,除了"未来可期"之外,"希望系统"还意味着为人才创造"职业认可"。

我印象很深的一件事,是在我的小区楼下,很多保安工作了 5 年都还在岗,按常规判断,物业管理、零售、保险、销售代理这种劳动密集型行业,一线员工流失率应该是很高的,但我的小区保安却很稳定。有一天我去物管中心,跟小区的物业经理聊起天,问他:你们的团队这么稳定,有什么特别的原因没有?

这位物业经理先是告诉我,他平时很重视员工关怀、跟大家同吃同住、关心家属等。我说:很多同行也是这么做的,但依然流动率很高,你们到底有什么特别的做法?在我的追问下,他用办公桌上的电脑打开一个 PPT 文档,映入我眼帘的是一行标题《门岗形象及工作须知》,我想这应该是一个很普通的保安培训材料,但当他翻开第 2 页时,我看到了一幅画:在一个风景秀丽、形似苏格兰庄园的住宅门口,一个女士从车里躬身探头出来,旁边一位西装笔挺、笑容可掬的管家正用手护着这位女士的头顶，而这位女士也面带微笑抬头看着这位管家。我问他：这幅画是要说明什么？他说：我们在给所有保安人员培训的时候，都希望给保安们带来对自身职业的认同。他们明确地告诉保安们：你们不是那个"看门的"，而是我们楼宇的"管家"，你们看看这幅画，这个就叫管家。

这位物业经理最后说："我认为我们作为管理者，应该给每一位员工带来职业的价值感和认同感，不管他是谁、在什么岗位、收入多少。"

这种职业认可，有效地规避了员工受外界影响而贬低自身职业价值的行为。在我们身边，还有很多这样的职业认可。2018年我去成都的时候，在天府大道旁的一段路上，遇到了一个扫地的清洁工，当时我下意识地把手里喝完的一个矿泉水瓶子递给他，当他表示感谢接过去之后，我扫了一眼他制服上的工牌，上面写了几个字"城市美化师"。回想起来，这也是成都的市政部门给他们的一线员工做的一种职业认可吧。

最后，"希望系统"还意味着为人才创造"比较优势"，使其重塑信心。

2019年我跟一个零售企业的店长交流。他说，他们这个行业基层员工收入低、不好招人，而且社会认知度低，员工普遍对未来没有太大的期许、动力不足，有的干几年没啥奔头就回老家务农去了。于是，他经常跟年轻员工边吃饭边聊天，讲他刚来大城市的时候，住在五环外工厂旁边的小出租屋里，每天5元钱的伙食费，住木板拼成的小床，穷到用自己的秋衣秋裤当被子盖的故事。我说：你这么说的目的是什么？他说："我希望他们能意识到，虽然他们看到现在的我很光鲜，但当年的我还不如他们，他们只要肯努力，未来一定会比我更强。"

这种策略属于"希望系统"当中的"比较优势"策略，它通过让人才看到标杆或榜样与自己同时段的对比，从而发现希望，建立起比较优势。这个策略由于卷入了一个比较对象，那么激发员工面向未来的动力就会更有说服力。我想给它起一个心理学的名，叫"希望疗愈系统"。

试想，如果一个人毕业超过10年，参加大学同学会的时候，他会最厌烦、惧怕什么？显然，就是"炫富"，因为这是对方带来的"比较优势"。假设一个场景，这个人去参加同学会了，有位老同学果然跟他炫富，称自己做到了某世界500强事业部总经理、自己认识谁谁谁、自己年薪拿到了多少多少。这番话应该会给这个人带来很不舒服的感受，甚至会由于不知道自己未来会不会有老同学那样的机会而感到人生很绝望。那怎么办？难道他应该推开门去跳楼？——当然不会。大多数人的做法，就是找到自己强于对方的地方，建立起"比较优势"，从而重塑未来的信心。比如，他会在参加完同学会之后，在心里跟自己说："那个人有什么了不起，别看他赚钱很多，但天天累得像狗，身体这么差，说不定哪天就没了——我们不比谁官位高，我们比谁活得久。还有，他赚钱很多，一定忙得没时间陪小孩，万一他小孩长大了不成器、败家，把他的钱都败掉了，那他不也是白干？我们不比谁钱赚得多，我们比谁家孩子有出息。"回到家，他一定会情不自禁地摸摸自己小孩的脑袋,说:"孩子,你一定要努力啊,你是我的希望。"

上面这个过程,我们虚拟推导了一遍一个普通人的"希望疗愈系统",它总能在人绝望的时候,通过差异化的比较优势,帮一个人重新建立起希望,避免本人走向绝望的极端——这就是"比较优势"的作用。

以上我们通过案例分析了"希望系统"中的三个操作策略:未来可期、职业认可、比较优势。我将其做一个整理,结合对管理者能力的要求,呈现如表10-4所示。

表10-4 "希望系统"的三种操作策略

策略（三种）	操作方式	对管理者能力的要求
未来可期	为员工建构未来的发展机会	会讲故事、成为愿景规划师
职业认可	使员工具有职业的价值感与认同感	充分挖掘员工职业价值
比较优势	通过差异化比较,使人意识到比对方强的地方	为员工建立"希望疗愈系统"

引擎3. 四维通道:使人才发展的高速公路不再堵车
关键词:通道做宽、通道做细、通道做快、通道做活

前面我们提到,组织结构是个金字塔,而不是正方形,故而所有员工越往上走,必然机会越少。因此,除了"面对现实",设

计"希望系统"之外，灵活地改变职业发展通道，通过"做宽、做细、做快、做活"的"四维通道"，让人才发展的高速公路不再堵车，也是一个重要的思路。

第一，是把发展通道"做宽"。在传统的员工发展通道里，大家大都是沿着"专员、主管、经理、总监、副总"这样的链条向上走，所谓"一个萝卜一个坑"。如果上一个人不能动，那么下一个人只能被迫等待。目前很多公司都开始实施员工发展"双通道"甚至"多通道"系统，员工向上发展可以有多重选择，这就给员工除了管理线之外的灵活发展奠定了方向（图 10-2）。

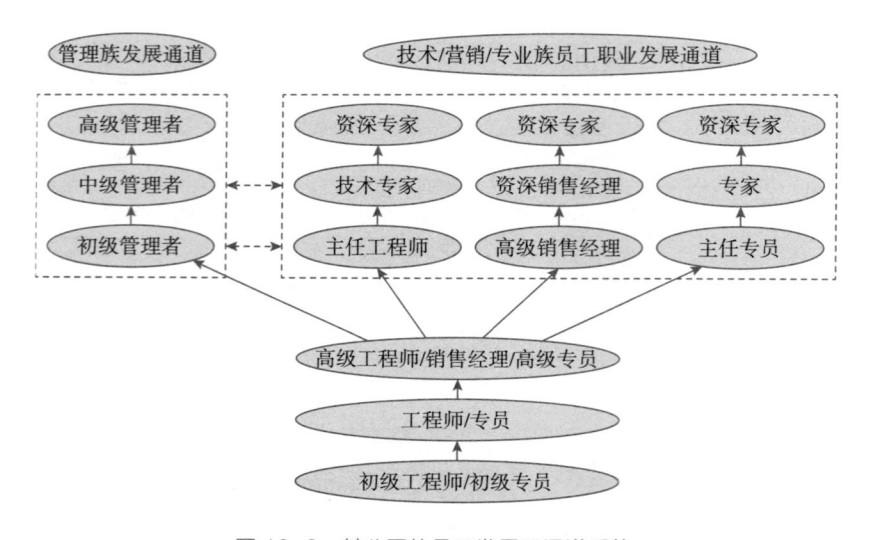

图 10-2 某公司的员工发展双通道系统

第二，是把发展通道"做细"。某公司发现，一个员工由主管做到经理需要经过三个考核周期（2—3 年）、打败 3—4 位竞争对手，才能脱颖而出。但在这种"漫长的等待"过程中，员工往往由于丧失耐心而选择跳槽，或被竞争对手挖走。那么，能不能考虑把员工发展的通道做细呢？比如，过去员工的发展阶梯是"经理、总监、副总"，那么现在我们把各个层级再做一次切分，如将经理层级切分为"助理经理、副经理、经理、高级经理、资深经理"，使优秀的员工每年可以往上升一级、涨一次薪。"跑道"内的每个阶段切得更细，虽然激励的"步伐"没有以前那么大了，但激励的"步频"却提高了，对于互联网时代容易丧失耐心的员工来说，这是一个很好的尝试。现在一些公司实施的"宽带薪酬与职务序列"，就属于这样的尝试（图10-3）。

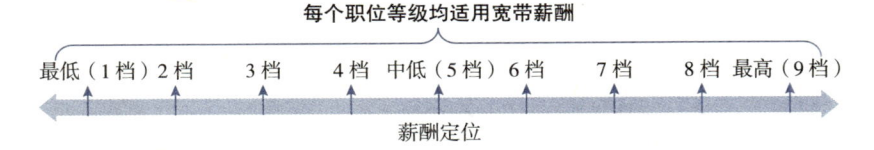

每个职位等级均适用宽带薪酬

最低（1档）2档　3档　4档　中低（5档）6档　7档　8档　最高（9档）

薪酬定位

主要档位	各主要档位的一般标准
8—9档	个人能力超出岗位要求，工作表现优秀具有晋升的潜力，可考虑晋升
6—7档	个人能力略高于岗位的要求，工作表现优秀，具有指导其他同岗位任职者的能力
5档	个人能力完全符合岗位要求，工作表现较好，能够独立完成本岗位工作
3—4档	个人能力与岗位要求有一定差距，业绩表现一般但有一定潜力，需要指导
1—2档	个人能力与岗位要求有一定差距，需要经过一段时间的培训和指导方能基本胜任

图10-3　某公司的宽带薪酬与职务序列（样例）

第三，是把发展通道"做快"。公司在员工入职之后，都要为其展示在本公司的职业发展通道；同时，明确告知优秀人才在各个阶段发展所需的最小时间，最好还能够列出之前快速发展的榜样员工。这样，有助于激发员工在公司快速成长的欲望。所谓"无利不起早",建议大家今后在本企业的新人入职、人才发展项目等活动启动之前,都明确为员工呈现这样的"快车道",激发人才成长的"狼性"。

同时,公司各业务单元都要建立起梯队培养的基本思路,为员工的"快车道"提供必要的辅助。如安排师傅带徒弟、培训课程、标杆交流等,这些就类似"快车道"上的"加油站",能够助推员工真正利用好这段"快车道"。

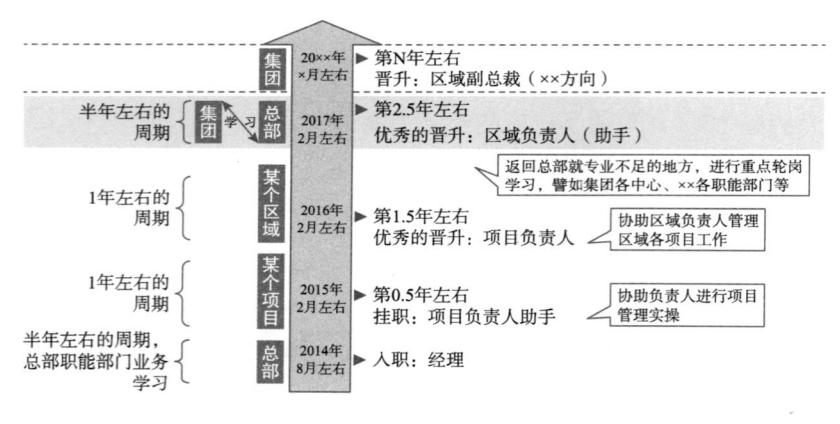

图 10-4 某公司职业发展"快车道"(样例)

第四,是把发展通道"做活"。目前不少企业实施的 AB 岗位制,就属于这样的做法。在现有的岗位(A 岗)基础上,设置 B 岗,由 B 岗辅助 A 岗、A 岗培养 B 岗,关键时刻 B 岗可以随时顶上 A 岗。这样,对于被列为 B 岗的员工来说,就能有机会在还未从事 A 岗职务的基础上,历练 A 岗的工作,既是一个挑战性任务,又能够使组织结构变得更加灵活。

表 10-5　某公司业务部 AB 岗工作制度

　　为加强管辖分行管理工作建设，提高公司业务部内部工作效能和服务质量，确保限时办结制、首问负责制等制度的有效落实，根据"链条式"目标责任管理相关规定，特制定本制度。

第一条　基本含义

AB 岗工作制是指一个岗位或环节由两人兼顾，A 岗是业务主办人员，B 岗是业务协办或复核人员，当 A 岗因休假、培训等原因不在岗时，由熟悉 A 岗业务的 B 岗代行承办业务，保证工作的持续、高效、有序运转的一种工作制度，并在此基础上逐步实现各类办公信息资源全行共享。

第二条　适用范围

公司内部各管理组、各个岗位，除涉及特殊机密的，都要建立 AB 岗工作制。

第三条　主要职责

1. A 岗承担对 B 岗传授业务知识、工作流程和操作技能的职责，对自己掌握的信息数据、档案资料等资源要与 B 岗共享。B 岗要加强学习，争取在最短的时间内熟悉 A 岗工作。

2. A 岗责任人不在时，必须提前与 B 岗责任人做好交接工作。A 岗责任人因特殊原因来不及移交的，及时电告 B 岗责任人。特殊紧急情况，B 岗责任人要主动补位。

3. A 岗责任人不在岗期间，必须与 B 岗责任人保持通信工具的信息联络通畅。

4. B 岗责任人在顶岗期间，对 A 岗的工作应认真负责，同时做好本职工作，并对执行 A 岗工作结果负相应责任。

5. A 岗责任人外出返回后，B 岗责任人应告知 A 岗不在岗期间处理工作的有关情况，并将有关文件资料移交 A 岗责任人。

6. A 岗、B 岗二者可以根据各自工作岗位相互补充，但同一岗位必须保证一人补岗。

第四条　责任追究

A 岗责任人离开岗位未及时交代 B 岗责任人，影响工作的，将追究 A 岗责任人的责任；B 岗责任人在顶岗期间出现问题的，追究 B 岗责任人责任；造成不良后果，按"链条式"目标责任管理有关规定追究部门负责人和相关人员的责任。

续表

> 第五条 本制度由公司部负责制定、修改和解释，如遇相关政策变化等情况，将酌情予以调整。
> 第六条 本制度自下发之日起试运行。

如果我们再灵活地思考一步，还可以使A、B岗互为补充、相互转化：某个事情、职位上甲为A岗、乙为B岗；而另一件事情、另一个职位上乙为A岗、甲为B岗。这样，两个岗位人员可以相互历练、共同成长，既灵活了组织用工、补位机制，又为人才未来的发展激活了一个新的方向。

像华为、中兴等互联网企业实施的"项目经理制"，某件事情由张三挂帅、管理团队；结束后张三可以参加另一个项目，成为另一个项目的组员。"组长""组员"身份在动态中转化，也比较适合这类以互联网"项目"为任务推动的组织。

下面我将上述提到的"四维通道"做个整理，如表10-6所示。

表10-6 "四维通道"的基本逻辑

四维通道	通道标签	资源匹配
通道做宽	双通道或多通道职务序列	把蛋糕（职位体系）做大
通道做细	宽带薪酬与职务序列	把蛋糕（职位体系）切细
通道做快	快速、持续人才梯队建设	快车道=能力+资源
通道做活	AB岗位制或项目经理制	需要做岗位赋能

引擎 4. 人才绑定：从机制角度锁定关键人才
关键词：股权激励、姻亲关系、外部进修、人才梯队、事业合伙人

在 EMBA 课堂间隙，一位浙江籍的创业者跟我讲了他苦恼的事情。

他老家在浙江诸暨，前几年从企业出来后跟几个朋友一起创业。在他老家的一个江面上，一艘客船因为年限到了退役下来，被他们几个合伙人一起花钱买下，在江边做餐饮娱乐。为了做出特色，他特意从老家的镇上请了一个做鱼火锅非常地道的厨师，该厨师据说几代单传了一手极为独特的火锅卤料，配上原产地的鱼，使得火锅异常鲜美。由于有这样的特色菜，所以到他这家店来吃饭的客人络绎不绝。一年过后，厨师突然提出：觉得之前谈的钱比较少，希望能够加薪 30%。他和合伙人讨论了一下，认为没有厨师就难有这道特色菜，加上去年生意也不错，就答应了厨师的请求。结果又过了一年，厨师又提出：因为把老婆孩子都接了过来，生活成本上升，所以希望再加薪 30%。这次他和合伙人一讨论，担心以后该厨师每年都如此要求，或者再给厨师加钱，别的员工有意见不好办；但由于厨师掌握了关键技术，他们也不想双方闹崩。

这是一个典型的关键人才对公司拥有"高谈判筹码"的案例，它很符合我们之前提到的观点：一个人在公司里面越优秀，越不可替代，就拥有越高的"谈判筹码"；而管理的目的并不是创造一大堆不可替代型人才，因此从长远看，公司必须有效降低这种"谈

判成本"。

一方面，我建议这位创业者考虑替代型产品，不要"唯厨师马首是瞻"，尽快打出公司的多样化特色，而不是绑定在一个专业员工身上；另一方面，要鼓励厨师带出徒弟，以降低他的"谈判筹码"——当然，我们都认为厨师是不会乖乖"就范"的，需要给厨师带来激励。如果一怒之下开掉厨师，且不说会影响公司业绩，更会让其他员工看到管理层是如何对待老功臣的，寒了大家的心，也不利于团队稳定。那么，在不替换掉厨师的情况下，如何保证厨师长期的忠诚度，同时又不用采取每年都加薪的做法呢？

我问这位创业者本人，很快，他就想到了诸如"事业合伙人""股权激励"之类的方法，将厨师绑定成为"自己人"，不要以工资作为唯一目的——既看眼下，也看长远，同时更心甘情愿地给组织培养人才，在公司待得更久。

实际上，这位创业者面临的窘境，以及想到的一些方法，就属于"人才绑定"的范畴。针对公司里面的关键岗位人才，采取多种绑定的方法，来激励其忠诚度。毕竟，只跟厨师谈情怀是没用的，忠诚度＝情怀 × 制度。建立起"人才绑定"的机制，更为重要。

任正非曾提出：在华为，改变命运的途径有两个，一是奋斗，二是贡献。2010 年，华为开始在公司进行虚拟股激励，由于华为是一家非上市企业，持股员工的权力不涉及产权，所以不用像万科那样担心控制权旁落的问题。每年被公司评为表现优异的员工会得到一份合同，告知他们今年能够认购多少数量公司股票，员工可以通过一个内部账号来查询自己的持股数量。拥有虚拟股的员工，可以获得一定比例的分红，以及虚拟股对应的公司净资产增值部分，但没有所有权、表决权，也不能转让和出售。在员工离开企业时，股票只能由华为控股工会回购。

华为的虚拟股激励，在很大程度上激发了员工奋斗的活力，也让"奋斗者计划"充分贯彻了"能者多劳、多劳多得"的原则。然而，随着时间的推移，很多持有股权的老员工开始躺在股票收益上混日子，"拉车的人变成了坐车的人"，这就违背了激励的初衷。激励的目的是让大家持续奋斗，而不是躺着混钱。于是，在 2015 年，华为又推出了 TUP 计划（Time Unit Plan），即时间单位计划，这是一种从国外引进的模式，可以理解为奖励期权计划。

从本质说，TUP 即现金奖励型的递延分配计划（不需要购买），属于中长期激励模式的一种，除了分配额度上参照分红和股本增值确定之外，其他方面与涉及所有权性质的股票没有任何关系，更接近于分期付款：先给你一个获取收益的权利，但收益需要在未来 N 年中逐步兑现（递延＋递增）。

让我们具体理解一下：假如 2014 年给你配了 5000 股，当期股票价值为 5.42 元，第一年没有分红权。

2015 年（第二年），可以获取 5000×1/3 分红权。

2016 年（第三年），可以获取 5000×2/3 分红权。

2017 年（第四年），可以全额获取 5000 股的分红权。

2018年（第五年），在全额获取分红权的同时，还进行股票值结算，如果当年股价升值到6.42元，则第五年你能获取的回报是：2018年分红+5000×（6.42-5.42），同时对这5000股进行权益清零。

可以看出，华为采取的是五年期（N=5）的TUP，前四年递增分红权收益，最后一年除了获得全额分红收益之外，还可能获得5年中股本增值的收益。简单来说就是：大头在后面。

而TUP计划的智慧点恰恰在于，用"此消彼长"的方法来调节激励机制的方向（避免懒汉）。华为员工每年收益=工资+奖金+TUP分配+虚拟股分红，而分配的顺序是：先分配工资、奖金，再分配TUP激励，最后剩下的才是虚拟股分红池。这就构成了一个"此消彼长"的效应：TUP池越多，虚拟股分红池越少。随着TUP实施范围和力度的逐渐增加，TUP收益的稀释作用会让虚拟股的比重逐年下降。对老员工，若只是坐享其成，其收益就会随着TUP的出现而逐渐减少；对真正的奋斗者，激励比重就会逐步赶上甚至超过老员工。同时，当员工工作2年左右准备跳槽的时候，就会发现"大头在后面"，选择继续留下来奋斗的概率就会大大增加。

华为的虚拟股与TUP计划的组合，是一个典型的人才绑定策略。从新员工层面，它绑定了新员工留在公司的意愿，让人才在公司尽可能服役得更久，免得刚了解公司就跳槽，机会成本太高；从老员工层面，它绑定了老员工持续奋斗的动力——可谓"一举两得"。

但是，人才绑定的机制，除了"股权激励"这类纯激励的方式之外，还有很多。

汉武帝屡次派大将军卫青开拓北部疆域，卫青为此立下赫赫战功；同时，汉武帝曾娶卫青的姐姐卫子夫为妻，而卫青后来曾娶汉武帝的姐姐平阳公主为妻。从关系上来说，汉武帝与卫青互为亲戚关系。实际上，汉武帝就是通过这个行为告诉卫青：你镇守的边关，不是我的边关，而是我们的边关。将卫青通过一种"姻亲关系"的方法进行绑定，这是汉武帝和很多历史上的皇帝都对关键人才采用过的做法。由于古代并没有"事业合伙人"这样的机制，也没有股权激励这样的做法，而关键人才也不一定只在意工资，所以只能采用类似"姻亲合伙"的方法。

更早一点，还有周天子的"分封"机制。周朝时期也没有事业合伙人、股权激励等机制，因此周天子打下天下之后，将天下划分为几个区域，进行分封，将周王朝内主要的一些亲属、大将分封到各个属地去任职。只不过，这些分封成为王侯的将领，第一代还和周王朝关系紧密，随着后代的不断更迭，姻亲关系逐渐淡漠，才带来了战国时期的割据与分裂。简单来说，就是采取了分封制这样的方法来绑定人才，但后来"控制权旁落"，落得分裂的下场。初衷是好的，但在实施过程中背离了初心。

对于"姻亲关系"式的绑定方法来说，除了古今中外的皇室之外，在企业方面，一些私营、家族企业也会采用类似的方法，在这些家族企业当中，家族成员的婚姻也可以成为一种人才绑定方式，不一而足。

除此之外，还有存在于企业人才培养及发展角度的绑定方法。

某企业和当地的商学院签署协议，安排优秀管理人才到商学院进修 EMBA，学制 2 年，公司报销 30 万元学费；同时，参与进修计划的人才必须与公司签订 3 年的服务协议。这个策略，也是一种绑定策略，通过推动关键人才外出进修的方法，达到签署一定时间段绑定协议的目的，达成一种学习发展领域的"绑定"。

此外，有企业 HR 问我："何老师，我们公司搞人才梯队建设，由于公司太忙了，我们打算项目时间尽量做短一点，如人家一年期培养，我们三个月，您看是否可行？"我说，这里面的时间长短，实际上并不仅仅是专业度的问题。你想，如果你的人才梯队项目做的时间很短，固然节约了成本、提高了效率，但我们先不说质量如何，这么快结束，万一有的人才没得到机会，会不会带来"马上跳槽"的选择？而如果公司通知关键人才参加为期一年的培养，那么最起码在这一年内，这个关键人才还是对未来充满希望的。如果公司的人才梯队项目是持续进行、长期存在的，那么就会持续给人才带来希望。长与短，各有其道理。如果你要说单纯去上堂课、学习一个知识点，那么我很支持"短平快""碎片化"地操作——学习策略与发展策略，从操作目的的角度看，还是会有些许不同的，专业的并不等于合适的。

我将上述主流的人才绑定方法整合在一起，并提出一些策略建议及关注风险，供大家参考（表 10-7）。关于"事业合伙人"这种机制，我们下一节继续聊。

表 10-7 人才绑定的主流方式和策略建议

主流绑定方式	策略建议	关注风险
股权激励	中长期为主、TUP 计划（华为）	"坐车与拉车"
姻亲关系	以姻亲绑定关键人才	多适合民营、家族企业
外部进修	商学院机构、委托培养	签署约束机制、知识内部转化
人才梯队	持续性人才培养	稳定、持续、不断档
事业合伙人	绩效对赌、项目跟投	"挑肥拣瘦"

> **引擎 5. 事业合伙人：职业经理人的奔跑动机问题**
> 关键词：创业与事业、门店合伙人、项目跟投、自检六大问题

从古到今，从事业角度激励人是很多组织尤为重视的方法。从"桃园三结义"到"水泊梁山"，再到以俞敏洪为代表的"中国合伙人"，事业合伙人以"共创、共享与共担"的方式，升级了职业经理人体系。从知识、技能密集型行业（如律师、培训、投资）到科技企业，再到房地产等重资产企业，在合伙人的架构下，只要你能够提供足够的价值，给企业带来足够多的利益，你就可以成为合伙人，变成企业的股东、所有者，从而参与企业利润分享。员工自己的付出决定自己的收入，付出与回报更紧密，具有更高的激励性，也同样为员工开辟了一条收入通道。

事业合伙人在企业内部，主要有以下四种基本模式（表10-8）。

表 10-8　组织内部事业合伙人常见四大模式

类型	参与人	基本逻辑
狭义合伙人	创始人	随着业务发展"滚雪球"式壮大
企业精英	业务核心高管	由对企业未来发展有至关重要影响的核心人员构成
广泛合伙人	管理团队中高管	建立一支共担责任、共创价值的团队，赢得公司的控制权
共同创业者	全员合伙人	所有员工都要具有合伙人精神，打造全员合伙人文化

前面三种类型，都属于一定范围内的合伙人，属于管理者角度的合伙创业、控制公司股权及发展；最后一种，是通常意义上我们在企业实施到员工层面的事业合伙人，华为的"虚拟股激励"、万科的"项目跟投"、永辉超市的"门店合伙人机制"等，都属于这一种，激发全员的合伙人与主人翁意识。

永辉超市实施过的"门店合伙人机制"属于一种典型的"绩效对赌"模式，即设定一定的绩效指标或系数，以整体业绩任务达成作为参与分红的前提条件，从而激发员工超额完成公司下达的经营目标。其参与的人员以门店为单位，从营运部门到后勤部门，从员工到店长均参与，体现全员参与、共同经营门店的目的。某大区从 2012 年 12 月开始试点门店合伙人项目，2013 年 6 月开始在大区内全面推行，经过试行，在调动员工工作积极主动性、增加员工收入、促进门店业绩提升等方面取得了显著成效。现门店合伙人项目走过了试行阶段，《永辉超市股份有限公司 2015 年门店合伙人方案》已正式发布。以下我们以某大区的门店为例，看一下门店合伙人的基本思路（表10-9）。

表10-9 门店合伙人分红前提条件

职级	分红条件
店长、店助、后勤人员	门店销售达成率、利润总额达成率均大于等于100%（大前提）
营运部门经理、经理助理、部门公共人员	部门销售达成率大于等于95%，部门毛利达成率大于等于95%
营运部门各课组人员	课组销售达成率大于等于95%，课组毛利达成率大于等于95%

其中，若门店销售达成率小于100%，则该门店退出分红；若门店达成率合格，但部门销售或毛利达成率不合格，则单部门退出，其他部门照常享有分红。同时，合伙人设奖金包，店奖金包 = 门店利润总额超额部分 × 30%，奖金包初设上限为30万元。各层级奖金包占门店奖金包的比例为：店长级（含店助）占门店奖金包的8%、经理9%、课长13%、员工70%。

表10-10 合伙人奖金计算

职级	个人奖金
店长、店助	店长级奖金包 × 出勤系数
经理级	经理级奖金包 / 经理级总份数 × 对应分配系数 × 出勤系数
课长级	课长级奖金包 / 课长级总份数 × 对应分配系数 × 出勤系数
员工级	员工级奖金包 / 员工级总份数 × 对应分配系数 × 出勤系数

表 10-10 为个人奖金的计算方式。其中，总份数按人头，分配系数按部门毛利达成率的排名情况，第 1 名至第 4 名分别为 1.5、1.3、1.2、1.1，后勤部门按照 1.0 计算。例如，某店生鲜部毛利达成率在该店四大运营部门中排名第 1，对应分配系数为 1.5，即该部门所有人员对应分配系数为 1.5。奖金发放按季度结算，与次月工资一起发放。

永辉超市的"门店合伙人机制"，充分调动了员工工作积极性，激励员工超额完成公司下达的经营目标，践行了其"融合共享、成于至善"的企业文化。从 2014 年公司合伙人方案执行效果来看，人均工资提升 14%（314 元）、日均人效提升 19%（308 元）、离职率降低 2.46%，达到 4.37%（原 6.83%），取得了很好的成效。

万科实施过的"项目跟投"是目前比较常见的一种内部事业合伙人模式，员工以自有资金参与投资万科旗下新建的地产项目，其中一线公司管理层以及项目管理人员必须跟投，董事、监事、高管以外的其他员工自愿跟投。在 2014 年 4 月 1 日之后的新项目都可参与跟投（旧城改造与部分特殊项目除外），之后万科又将商业、物流项目纳入了跟投覆盖范围。跟投人员合计投入资金不超过项目资金峰值的 10%。

在参与者方面，一线公司的核心管理团队和项目操盘团队必须参与跟投，其中地区公司涵盖了人事、财务负责人，起投奖金一般不少于 20 万元。项目层面所有参与者必须跟投，起投资金不少于 5 万—10 万元。这是其中一个项目的起始投入资金，各个项目之间会有差异。在实际操作中，万科、金地、碧桂园等企业在进行项目跟投时，均提前成立有限合伙企业，吸纳员工跟投资金，再以合伙企业的名义购入项目公司股份，从而完成项目跟投。

在分红机制方面，一是确保资金安全，二是确保利润为正。项目累计经营净现金流回正后启动分红，项目结算前分红不超过60%，项目结算后分红不超过80%，留存20%的利润到项目清算或已有债务解决后进行一次性分配。

表 10-11　事业合伙人与项目跟投机制对
房地产开发企业全价值链主要阶段的积极影响

阶段	影响
投资策划	区域（项目）在土地投资环节（如介入）更加谨慎和科学决策
定位设计	关注定位，以市场为导向的产品实现
成本管控	区域（项目）会自主关注成本控制
招标采购	利益要害关联倒逼项目透明化，降低管理者的暗箱操作等道德风险
工程建造	促进工程建造与设计、成本、采购、报批报建、营销客服之间的协调
营销招商	全民营销不再只是口号
计划运营	群策群力促进项目周转速度加快，提升运营效率

万科事业合伙人机制落地后，业务上实现了开盘认购率增长4%，开盘周期缩短近5个月，首期开盘毛利率增长6%，营销费率大幅下降的突破，人力上凝聚了人心，中层流动量大大降低。

但从行业特征来说，一个建筑项目成败的关键在于三点：第一是项目拿的好不好；第二是成本控制；第三是创收和运营能力。从目前来说，跟投机制有助于项目优胜劣汰，而对于有战略意义（非利润导向）或短期盈利较低的项目，跟投则不一定适用。因此，万科也数次修改其跟投制度，确保与时俱进、因地制宜。

最后，对于企业是否适合做事业合伙人这个问题，在很多场合下都有人问到我。我的回答是：当然，还是得因地制宜思考本企业的情况。我把做事业合伙人的企业特征做了一个整理，供大家结合本组织做思考、自检（表10-12）。

表10-12 事业合伙人打造自检六大问题

问题标签	问题描述（自检）
知识的个体性	我们的知识是掌握在流水线上、少数人手里，还是全员？
股权或利益的分享	我们的股权是分散还是集中，是否可以分享出去？
业务的封装性	我们现存的业务是否可以拆分为独立单元，或需要创新业务？
分享的意愿	作为公司管理层或事业部高管，我们是否有将组织利益分享的意愿？
完善的机制	我们是否建立了内容、保障、人才三方面的机制？
人选的特质	合伙人在价值观、风险承担、业务执行方面有没有问题？

法国思想家托克维尔讲过一句话：富人即使倾家荡产给予穷人也不能温暖人心。穷人想要他牺牲的，并不是他的财产，而是他的骄傲。对于很多职业经理人来说，能激励他的，不光是金钱或认可，更重要的是让他对自己的事业有真正的掌控欲。事业合

伙人，就是组织在这方面的有益探索。

> **引擎 6. 员工体验感建设：强化员工被组织期望的行为**
> 关键词：极简原则、美观原则、奖励原则、承诺原则

在讲到"总报酬模型"的"福利"一词的时候，我们在案例中提到"办公环境每温馨一分，员工下班时无意识加班的概率就提高一分"。这条原则，恰好也符合员工体验感设计中的"美观原则"。员工体验是员工对他们在组织中遇到的和观察到的人、事情、流程、环境的总体感受，公司的硬件、软件、协同等要素都会影响员工的体验感。

从激励的角度来说，增强员工在组织内的体验感有助于强化员工被组织期望的行为。换句话来说，员工行为是可以被设计的。

表 10-13　通过员工体验建设强化员工行为的设计逻辑

原则（四个）	设计逻辑
极简原则	一件事越容易做，对方行动的可能性越大
美观原则	如果人们喜欢某件事物的外观，那么他们就倾向于喜欢这个事物（晕轮效应）
奖励原则	人们更喜欢那些有奖励的体验（"海豚要素"）
承诺原则	令人激动或有承诺的行为，会让人们更容易去实施

从极简原则来说，任何事情都可以通过"难度下降"来驱动

对方的行为。比如，你希望另一个部门配合你的工作，那么你首先应该在你的专业范围内把该做的辅助工作都做到位，让对方的"举手之劳"就可以协助到你，这样对方协助你的意愿就会大大增强。试想，如果营销部门希望IT部门协同开发一套系统，但又丢了一堆IT部门完全搞不懂的广告、销售术语给对方，那么对方协同起来难度就会很高，意愿就会下降。如果营销部门首先把这些要求、术语做了清晰的解释，同时又帮着IT部门争取了一些资源或便利，还派了一位部门对接人专门对接日常系统设计及调试的工作，营销总定期主动关注IT部门该系统工作的进展，这就意味着在自己工作范围内走了99步，仅将需要对方发挥专业的地方交给对方，符合古人"举手之劳"的原则，对方行动成功的可能性就会大大增加。

美观原则我们前面提到过，除了办公环境之外，公司内部的一些"形式化"工作也很重要。组织里的任何一件工作，当内容确定之后，形式就比内容重要得多。比如，公司给员工过生日，简单送个生日卡也是过；送一个大家都签好名、精美包装的礼物，然后再办一场生日会，由一把手专门送上寄语，这也是过。简单的东西，如果形式上加以设计、添加心意，那么对方心动、行动的概率就会大大增加。年初，公司董事长讲完了话，定下了公司的战略方针，各部门就开始结合董事长讲话组织战略分解研讨会，员工结合董事长提到的战略谈自己工作的想法，人力资源也组织了公司的文化战略知识竞赛、读书会等，这些都是在内容确定之下的形式化工作——不要不注重形式，基于内容形式的美观度，的确会令大家更感兴趣，更容易产生行为。

奖励原则更像"总报酬模型"里的激励的正负向与及时性，"海豚要素"告诉我们，海豚之所以对在海洋馆里的表演始终保持热情，是因为驯兽师随时会对其表现行为给予正向的、及时的激励。人们更喜欢那些有奖励的体验，因此，"价值交换系统"的存在，就是为了通过激励性资源来调动人们行为的热情。

承诺原则涉及组织当中的员工公众承诺行为，以及工作价值感的宣贯。一些公司里员工的"誓师大会"、优秀员工表彰、"目标上墙"、文化宣导等策略，就是为了使员工能够长期保持做事的激情。公司销售团队每天的晨会，表面看是打打鸡血、宣贯一下工作，看起来比较形式化，但实际上有助于保持每一个作战单元的作战兴奋度，应该常抓不懈。

引擎7. "多种树"：留人的终极奥秘
关键词：习惯、回忆、情感

如果你问我：上面提到了一系列激活组织的要素，那么留人的终极奥秘应该是什么？我会回答三个字："多种树。"

多年前，一位年轻的项目总经理跟我谈起了他经历的一件事。

他大学毕业后加入公司，由于工作能力强、情商也不错，所以发展很快，3年内就成长为项目总经理，管着近百人的团队。但由于项目在外，他长期不在家，导致结婚不久，家庭关系就亮起了红灯，他爱人跟他一年见不了几面，而且脾气又比较倔，在一次电话吵架之后，爱人通知他：下次回来就直接办理离婚。

"五一"假期，他特意请了几天假，凑足一周，希望回去挽回家庭。但回到家几句话下来双方又是一顿吵，爱人放话：明天就去民政局办离婚。他原想拖延一下，说民证局办事需要预约，结果他爱人的一句话让他无言以对：大不了，明天我早点去现场排队。

无可奈何之下，第二天一早他开着车带着爱人赶到民政局。一下车他爱人就先上楼去了，他关上车门之前，想随手拍几张照片，纪念一下这个人生"里程碑"式的时刻，结果在手机相册里发现了几张照片，突然心生一计，马上关好车门冲上楼。

来到楼上，找到正在排队的爱人，跟她说：有张照片你看一下。他爱人说，这个时候看什么照片？但他还是坚持说，这是最后一个请求，你看一下吧。他爱人拿过手机一看，是两年前他们去海南旅游时拍的一张照片，当时他们俩站在一棵树的两边，树干上刻着两个人的名字。紧接着，也不管周围有多少人，他说了这么一段话：

"亲爱的，你还记得吗？两年前我们去海南的时候，我和你把彼此的名字刻在了这棵树上，希望我们能跟这棵树一样，永远在一起。这两年，我的确因为太忙而忽略了你，可我内心依然深爱着你。但如今，这棵树还在，你却要离开我了。"

他爱人眼角红红的，站在原地不动，他连忙拉着她下楼，开车回了家……

如今，他们的小孩已经上小学了。但每次我跟他聊起这件事，他总会忍不住很激动地用酒杯敲着桌子,大声地说:"多种树,一定要多种树!"

上面这件事情是一个很典型的生活案例,人与组织、人与人之间,维持住稳定的关系,最终还是情感与文化的作用,而"共同的回忆"则是这种情感中最宝贵的一环,也是那棵最大的"树"。企业留人的最高层次,就是通过企业文化与情感来留住人才。一家公司,团建结束了,第二天什么也没有改变,员工一切照旧;而另一家公司团建结束了,第二天公司的走廊、食堂里就出现了员工昨天团建的一些照片,这就是在"种树"。**所谓"种树",就是在企业中塑造企业与员工共同的习惯、回忆与情感,使员工与组织之间的关系越来越稳固。**

图 10-5 企业内"多种树"

企业内如何"多种树"?举例来说,员工在企业里每多交一个朋友,就是种下了一棵树;每参加一个集体活动留下的回忆,就是种下了一棵树;一起携手渡过难关、共享荣耀,也是种下了一棵树；领导给下属写的每一句寄语、送的每一个小礼物，都是种下的一棵树。按照经济学的"沉没成本"，"树"越多，"锚定效应"就越明显，员工就越来越离不开组织，甚至离开后去到别的组织里会感觉很不适应。

以下我以"习惯、回忆、情感"三棵树来举例，提出我对组织内"多种树"行为的一些建议和想法（表10-14）。

表10-14 "多种树"的逻辑及行为举例

三棵树	逻辑	行为举例（部分）
习惯	让员工在公司养成尽可能多的习惯	公司定期有团建、体育、文化类活动 公司按照年限每年给员工发纪念品 公司每双周有食堂创意大赛
回忆	创造尽可能多的员工与公司间的回忆	员工类活动照片上墙 走廊、食堂、会议室或培训场所的照片 定期组织员工座谈，谈工作思路想法
情感	把员工的情感、归属感留在公司	创造条件，鼓励员工在公司多交朋友 管理层注重员工关怀，恩威并施 让员工为公司发展建言献策、博纳雅言

第十一章
风险规避：中国企业人才战略十二大典型问题

由于职业原因，近些年我接触了大量不同类型的企业，在和管理团队交流各自的人才战略并潜心思考之余，我梳理了12个中国企业经常面对的人才战略典型问题（表11-1）。

表11-1　中国企业人才战略十二大典型问题

典型问题（十二个）	问题表现
人才渠道来源问题	未建立人才蓄水池或内外部交流机制，人才单靠外部引进
减员增效问题	一味认为减少人数可以带来人效的增加，忽略人的质量问题
人浮于事问题	组织结构或人才能力不足以支撑业务能力，结构性过剩
德不配位问题	关键人才与企业价值观脱节，重能轻德，无法胜任
空降兵阵亡率高问题	能引进优秀人才，却难以留住优秀人才
文化稀释问题	大量新员工进入企业，造成战略末端失效
激励创新问题	单纯依靠薪酬激励，忽略多元化激励创新
人才梯队建设问题	梯队建设没有前瞻性，或"选无所用"，造成资源浪费
薪酬的公平与平衡问题	极致追求薪酬内外部公平，忽略了财务能力与平衡性
短期绩效与长期发展问题	只注重短期人才的产出，不注重长期人才的发展
知识与经验的流失问题	企业走在"重复发明"的路上，经验成本过高
人才评价问题	缺乏有效人才评价工具，管理团队一言堂，产生劣性评价

这里面的十二大问题，有京东在2019年年初提到的"人浮于事"问题，也有华润在几年前快速业务扩张时遇到的"文化稀释"问题，还有一些企业遇到的"薪酬的公平与平衡"问题，更有一些外企、民营、家族企业遇到的"空降兵阵亡率高"的问题。这十二个问题以及对应的分析，我们在本书前十章里或多或少都有涉及。在最后一章，我们将在前面分析的基础上对每一个问题做聚焦式的回顾与必要的补充；同时，在每个问题的末尾关联本书的相应章节，并为大家推荐一本延伸阅读的书。

典型问题1. 人才渠道来源问题
表现：未建立人才蓄水池或内外部交流机制，人才单靠外部引进

✓ **对应建议：**

"问渠那得清如许，为有源头活水来。"人才渠道来源中的"源"字，代表人才的源头。这个源头可以是内部的，也可以是外部的；可以是现在的，也可以是未来的。

从第三章中人才供应链建设的"4B模型"来说，可以从"招、培、借、留"四个角度综合打造人才渠道来源。招聘涉及薪酬的偿付能力（硬）、雇主品牌（软）与招聘渠道的建设（多元化）；培养涉及"三段"，常态化的方式为"学习、实践、转化、提升"，加速化的方式为"选最优秀的人，用最优秀的师傅，用耳濡目染的方法，培养为目标岗位"，极端加速的方法为"扶上马、送一程"+"学中干、干中学"的策略；借用涉及内外部渠道的建设，外部主要是人

才代理及外包等，内部主要涉及"四个维度"+"两个方向"；保留则涉及多样性的激励、情感留人与看护成本，而看护成本是人才供应链当中隐藏的"魔鬼"。"4B模型"从四个角度在广义上提出了人才来源的四个大的方向，除了传统的招聘可以补员，培训也是可以培养出人才的，借用可以解决暂时性人才来源，而保留则稳定了人才来源的大后方，避免"一边挖人一边被人挖"的情况。

从第六章"群贤毕至：人才引进的渠道开拓与方法创新"中打造多种人才引进的渠道来说，既可以行业内挖猎，也可以建立内部的人才推荐机制，还可以跨行业挖猎人才。而从起点上我们需要弄清楚"我是否需要引进一个人"的问题，这涉及对"才干、方法、规划、机会"四个点的理解。"养人是很贵的"，打造多元化的人才引进渠道，创造性地提升中高端人才、低端人才的招聘效率，其基础依然是对"人工"和"人手"的理解。同时，要关注新兴招聘渠道，打造年轻人喜闻乐见的招聘形式，拓宽、加速外部人才引进及内部人才发掘。

从第八章"人才梯队：人才梯队建设的入库、在库与出库"打造面向未来的人才梯队思路而言，组织真正的基业长青，只有拥抱变化、主动孵化、代际传承，让组织能力可以有效复制、延展下去，才能支撑组织的永续发展。因此，内部渠道建设的重心，就是建立以人才梯队为核心的人才蓄水池，以"入库、在库、出库"三个阶段为价值链，注意"时差""级差"，持续性地打造人才。按照"先向内看、再向外看"的观点，需要对人才梯队予以选用性保护；当然，如果涉及培养后的保留，就会涉及组织激活的手段。

从第十章"组织激活：七大引擎与留人的奥秘（激励与保留）"

的观点而言，我们需要打造七个引擎，从"总报酬模型、希望系统、四维通道、人才绑定、事业合伙人、员工体验感建设、'多种树'"这七个角度夯实组织的激励体系，做到"留人留心"，避免"招来的人留不住、培养的人走得快、借人借不到、留人缺手段"这些现象。组织的激活是一种长线机制，应从制度保障上为人才来源问题保驾护航。

总结一下，如何避免人才来源渠道单一、未建立人才蓄水池或内外部交流机制，导致"项目等人"的情况呢？送诸位二十三个字：多渠道开拓、内外结合、短期与长期结合、引进与保留结合。

✓ 关联阅读章节：

第三章"人才供应链：围绕'招培借留'打造组织的人才供应链"

第六章"群贤毕至：人才引进的渠道开拓与方法创新"

第八章"人才梯队：人才梯队建设的入库、在库与出库"

第十章"组织激活：七大引擎与留人的奥秘（激励与保留）"

✓ 延伸阅读书目：

《才经》，[阿根廷]贾洛迪著，谢逸群译，东方出版社出版。

典型问题2. 减员增效问题
表现：一味认为减少人数可以带来人效的增加，忽略人的质量问题

✓ 对应建议：

减员在适度层面可以降低企业成本，让企业在短期内获得喘

息的时间，但实际增效的原因是由强大业务战略和组织能力协同带来的。再好的市场环境下，也有倒闭的企业；再不好的市场环境下，也有活得很好的公司。

此问题在本书第一章作为开篇案例已经有过分析，我们提到了××企业以裁掉高薪员工作为减员增效的一个误区，以及MINI Cooper在高科技下的减员增效成功的操盘路径。同时，在第二章聊到"全景罗盘"的时候，我们提到了深圳一家巴士集团做的"再培养、再定位、再出发"的策略。从整体上来说，短期内减员是可以操作的，有助于降低企业的压力，但从长期来看还是要做好组织能力的提升，推动战略的转型与成功；从结构上来说，如公司依然在向前发展，也可以考虑做结构性的调整，前台减员至后台，A部门减员至B部门；从企业内外部来说，如有合作伙伴或上下游企业，可以考虑减员至合作伙伴或上下游企业，让减掉的成员成为供应链中的一环。

当然，对于瘦身后的企业，我们建议始终以"养人是很贵的"观点来看待组织的规模问题，增员要谨慎。关于组织能力中人的数量与质量问题，我们在第一章做了分析，做强组织能力有助于支撑战略，迎接未来的挑战。从长线而言，做强组织能力涉及"组织赋能"，这在第七章"组织赋能：全方位提升组织的作战能力"中，从"意愿、工具、能力、力量"四个角度做了整体分析。

2020年年初的疫情重创了不少企业，由此不少企业开始减员增效，为企业减负，这是一条迫不得已之路。企业家担负了社会、组织、家庭的太多重担，减负的确可以让企业舒缓下来、活下去。但我们也看到，有不少餐饮、娱乐、教育等企业积极应变，将组织能力由线下调整到线上，在迎合消费者消费习惯变化的同时，积极探索企业未来的路径，这是一种不屈不挠、善于变通的能力；而调整后的组织能力，将更有助于组织灵活地应对未来的挑战，这才是成功的根基。还是那句话：再好的市场环境下，也有倒闭的企业；再不好的市场环境下，也有活得很好的公司——变化的是环境，而企业适应环境后造就的组织能力，将会带来组织的进化。我想，这就是组织角度的"进化论"。

总结一下，对于组织的减员与增效的结论、数量与质量的关系，送诸位二十二个字：**短期减员长期增效、结构性调整、合作方转移、组织进化。**

✓ 关联阅读章节：

第一章"顶层思考：破解人才战略的基本内涵"

第二章"TTSC：规划由业务战略到人才战略的基本价值链"

第七章"组织赋能：全方位提升组织的作战能力"

✓ 延伸阅读书目：

《老板，千万不要把企业做得太大》，[日]山本宪明著，代芳芳译，台海出版社出版。

典型问题 3. 人浮于事问题
表现：组织结构或人才能力不足以支撑业务能力，结构性过剩

✓ 对应建议：

"人浮于事"是一个古老的话题，《礼记·坊记》中有这么一

句话:"子云:君子辞贵不辞贱,辞富不辞贫,则乱益亡。故君子与其使食浮于人也,宁使人浮于食。"原作"人浮于食","食"是指禄,指任事人的才能高过所得的俸禄。后演化为"人浮于事",与原意不同,指人多事少,没有工作可做。根据现代企业的特征,我们这里把两个意思整合在一起,人浮于事在现代企业里既可以指人的能力不足以支撑组织要求,也可以指组织当中的人数太多,导致无事可做,这是两个很著名的"现代企业病"。

对于人才能力不足的问题,前端思考可以是在人才标准领域,我们是如何判断人才的,是否有明确的岗位说明书、岗位胜任力来甄别人才是否符合组织标准,甚至建立起"人才画像",这样就能在人才加入组织之前卡一道关;在现存的组织状态中,遇到人才能力不足的问题,那可能是人才能力的老化、面向未来战略的变化带来的组织能力新挑战,这就涉及组织赋能的问题,在意愿、能力、工具、力量等角度予以加强,解决"愿不愿、能不能、会不会"的问题。当然,我们在对人才实施赋能之前,还涉及是否足够了解人才的能力,通过人才盘点的工具对人才群体的现状做一个分析,"缺啥补啥",这样会使赋能动作更为精准。而能力不足还涉及是否淘汰的问题,那么别忘了是否出现了劣性评价,哪怕一个人要走,也要把他打造成"溢出性人力资源"。

对于组织中"人太多"的问题,则涉及业务量的问题、组织结构的问题。

如果是业务量暂时不够带来的人多,那么可以考虑人才储备,面向未来。如果业务量一直下滑,可以考虑减员增效,通过明确的绩效考核机制优胜劣汰,保留优秀人才,让"一个人干两个人的活,发1.5倍工资"是可以的,或者放开组织平台,打造事业合伙人机制,让大家内部创业,每个人领军一个队伍去市场上寻食、搏杀,通过市场决定谁去谁留。组织不养闲人,提高绩效标准能带来危机意识,就像京东那样降低快递员底薪、提高佣金激励,拿不到单就自行淘汰出局——总之,杜绝机构臃肿的问题,这是从古至今历届管理者都在考虑的问题,毕竟"养人是很贵的"。

如果是组织结构不合理,就涉及组织结构的优化。除了尽量减少汇报关系、"小总部、大前台"之外;在"组织赋能:全方位提升组织的作战能力"一章中提到的标准化建设、决策流程优化也是重要的作战工具,我们提到了华润、碧桂园、华为等企业在市场化决策流程角度所付出的努力。如何优化团队运作机制、确保团队高效运作,在管理、决策等角度,以市场为导向驱动团队,是企业管理领域一件非常重要的工作。

✓ 关联阅读章节:

第四章"人才标准:为组织人才画像,规避组织评价的风险"

第五章"人才盘点(IEA):人才战略中的大数据思维及应用"

第七章"组织赋能:全方位提升组织的作战能力"

✓ 延伸阅读书目:

《裂变式创业》,宗毅、小泽著,机械工业出版社出版。

典型问题 4. 德不配位问题

表现：关键人才与企业价值观脱节，重能轻德，无法胜任

✓ 对应建议：

对于组织的关键人才的评价和选拔来说，价值观应该是一条底线原则，在很多企业里价值观属于"一票否决"的要素。当然，在我们分析这个问题的建议之前，还需要关注三个前提条件。

1. 组织当中是否出现了劣性评价，导致类似价值观这样的"定性评价"区域成了劣性评价的重灾区？

2. 人力资源没有权力评价任何人的价值观。用马云的话来说：人力资源是政委，不是政治委员。

3. 价值观不是性格，不要以上下级性格不匹配作为人才价值观不匹配的判断依据。

对于第一个关注点，我们在"人才标准：为组织人才画像，规避组织评价的风险"一章后半段做了详细的分析，由于所有的劣性评价都能找到一个主观标准作为出口，所以劣性评价只能减弱不能消除，可以通过多维评价、复核评价、内外评价的方式来避免"冤假错案"的发生。

对于第二个关注点，人力资源出现这个问题的原因在于将自身放到了后台管控部门的身份上，成为人才的评价方。人力资源只是组织人才评价的部门，是搭建系统平台的部门，没有权力去以一个部门的身份评价其他任何部门或人才。评价人才是一个组织行为而不是部门行为，人才是公司的人力资本，管理者包括人力资源在内，

只是替公司代管这部分人力资本，而不能视其为私有财产，切勿"入戏太深"。

对于第三个关注点，有管理干部以下属和自己个性不合为由，打算启动"价值观一票否决"机制，这是有很大问题的。价值观是员工的守则、行为底线，和某两个人之间性格合不合适是两码事。要想解决性格、气场合不合的问题，应该在建立人才标准（岗位要求）或应用人才标准（面试）的环节进行筛选，而不是入职之后才发现互相抵触；如前端没有尽到全面筛选的职责，后端就会带来很明显的个性冲突，进而引发矛盾。

"德不配位，必有灾殃。"这话原意是指德行不行而位置尊贵是不行的。这一点适合于任何组织。鉴于我们前面已经提到了人才的能力问题，我们这里就将"德"聚焦于价值观评价。我们将组织当中人才的"能"与"德"做一个关系匹配，可以有四点建议。

1. **能力强、品德差，限制使用。**对于企业的某些稀缺型人才，确实没他不行，替代性又低，这样就不能因为其品德不好而立即淘汰，还是得有个底线的区别问题。如果触犯了企业或法律的底线，按照规则当然要进行淘汰。但如果没到那一步，则可以考虑将其变为"个人贡献者"，独立操作工作，不影响其他人；如无法限制其影响范围，则可以限制其影响时间：当下使用其价值，但尽快培养人才，有后备人才之后，就可以考虑将其调换至非关键岗位，降低其影响。一句话：用其独特能力、削弱负向影响、尽快培养后备、无法长期使用。

2. **能力差、品德差，即刻淘汰。**品德不同于潜力，是会给组织带来连带影响的行为。比如，一个人爱抱怨或老是推诿工作，又或犯了错误不愿意改正，这些都会影响他人。在这个基础上，如果工作能力本身又很差，无法产生其应有的价值，那么培养的潜力就不高。《论语·公冶长》中有这么一句话："朽木不可雕也，粪土之墙不可杇也！于予与何诛？"一个人的改变是来自内生力量的，如果自己完全不愿意改变，又能力低下，那么必然会带来很低的工作效能。组织养这样的人会比一般人更贵，从商业投资领域而言，也是个不划算的行为。

3. 能力强、品德强，破格提升。组织对于价值观、能力双优的员工，应该列为重点培养对象，因为如果你不培养，自然会有别的企业"替你培养"。不光要建立后备梯队，加强对这类人才的培养，同时要立为标杆、让他当师傅，通过优秀人才的影响力打造更多的优秀群体，使组织的优秀达到"均一"。发展、培养、影响，是这类人才的三个关键词。一句话：让优秀的人带出更优秀的人，组织才能建立起传帮带的基因。

4. 能力差、品德强，培养使用。很多国企按照"德能勤绩廉"观点选拔干部，这有极强的实践意义。毕竟能力培养相对容易，但价值观的改变却需要时间；你可以招来一个能力强的人，但其价值观和企业的匹配却需要一段时间。能力的提升可以靠实践，但价值观的改变却只能靠时间。时间对于组织是最高昂的"学习成本"，因此如果组织内部有品德很好的人，且有学习意愿，那么通过培养使其"德才兼备"，则是一条极佳的人才锻造之路。

✓ 关联阅读章节：

第四章"人才标准：为组织人才画像，规避组织评价的风险"

✓ 延伸阅读书目：

《跳出盒子：领导与自欺的管理寓言》，美国亚宾泽协会著，郑磊译，当代中国出版社出版。

典型问题 5. 空降兵阵亡率高问题
表现：能引进优秀人才，却难以留住优秀人才

✓ 对应建议：

只要企业需要从外部引进人才，空降兵的问题就会层出不穷。总的来说，渠道化、企业化、事业化是目前中国企业做外部人才梯队建设的三个特点，希望能够建立起外部多元化的人才渠道、让外部人才尽快融入企业并成为企业的"自己人"，这是每个企业老板的追求。

当然，对于外部优秀人才，想让他们和企业一条心，建立起主人翁意识，还必须涉及人才的激励与保留。第十章"组织激活：七大引擎与留人的奥秘（激励与保留）"里我们提到的"人才绑定""事业合伙人""多种树"就是一些很重要的思路，用中长期激励绑定关键人才，用内部创业的方式让平台更有活力，用情感与习惯留住人才。综合天罗地网的生态系统，以及组织激活的对应策略，让企业打造一个"请进来、活下来、留下来、做起来"的空降兵育成系统。

✓ 关联阅读章节：

第十章"组织激活：七大引擎与留人的奥秘（激励与保留）"

✓ 延伸阅读书目：

《零成本留住核心人才》，[美]贝弗莉·凯、[美]莎朗·乔丹·埃文斯著，李文远译，新世界出版社出版。

> **典型问题 6. 文化稀释问题**
> 表现：大量新员工进入企业，造成战略末端失效

✓ 对应建议：

文化是一种战略软实力，它打造了企业共同的故事与信仰，形成了员工共同的行为规范。但文化又很像一瓶淡盐水，如果外面注进来的水多了，就很容易变淡，甚至失去原来的味道。当今很多企业一旦业务扩张，就期待"群贤毕至"，但同时要注意"文化稀释"问题。

人总是要有信仰的，无论加入任何组织，实际上除了工作之外，就是选择相信企业的信仰，不然职业经理人是很难融入企业的。所谓"身在曹营心在汉"，就是一种典型的"可以做事，但不是你的人"的状态，我们很难相信，这种状态可以持久。这个世界上，坚持并不是最重要的，真正重要的是热爱——坚持很痛苦，热爱很快乐。

✓ 关联阅读章节：

第一章"顶层思考：破解人才战略的基本内涵"

第七章"组织赋能：全方位提升组织的作战能力"

✓ 延伸阅读书目：

《基业长青》，［美］吉姆·柯林斯、［美］杰里·波拉斯著，真如译，中信出版社出版。

典型问题 7. 激励创新问题
表现：单纯依靠薪酬激励，忽略多元化激励创新

✓ 对应建议：

如果要选择一个最重要的管理能力，我相信就是激励。在管理上没有什么比推动一群人勇往直前更令人兴奋的事情了。稻盛和夫所谓的"敬天爱人"，上端是顺应市场，下端就是激发团队。在第十章"组织激活：七大引擎与留人的奥秘（激励与保留）"里面，我们非常系统地探讨了组织激活的七大引擎，构筑了一个相对完整的组织激励系统。在这部分的回顾与延伸阶段，我想补充一点：

要善用精神激励角度的"管理者偏好"。在"总报酬模型"里，我们提到"员工认可"这个手段，将它分为"正负向""及时性"两个特征。在日常使用这种激励手段的时候，还可以将它变形为"管理者偏好"，来引导团队的正向行为。

我在企业做商学院院长的时候，有一天一个员工从成都出差回来，去办公室向我汇报工作。聊完工作之后，顺手把他在成都机场买的两个熊猫玩具放在我桌上，说是顺便送给我的两个女儿

的。我当时满脑子工作，没有想太多就让他放下走了。在他推开办公室门出去的那一刻，门口的很多员工都看到我的办公桌上多了两个熊猫玩具，而这个人面带笑容走了出去。从那以后，经常有员工出差给我带礼物。我几次开会明确提出来，出差不要带礼物，以完成工作为主，但依然挡不住大家给我带礼物的"热情"。最后我想通了：我虽然强调出差不要带礼物，但我毕竟收了礼物。"行胜于言"，管理者的任何行为，都会给团队带来一种"偏好性引导"。

试想一下，人都是一种"主观性动物"，我们毕竟不是人工智能，做不到绝对客观。"管理者偏好"一定会出现。那么，能不能将这种偏好有意识地导向正能量，进而引导团队呢？比如，我所"偏好"的小王，是一个业绩不错，并且很上进、很匹配我所倡导的管理风格的下属。我"有意识地"公开做出对小王的"偏好"行为，且不做过多的语言解释，那么大家一定会观察，并且得出结论：领导是认可这种行为的，值得效仿。这样，正能量的小王就在无形中被打造成了"榜样"，且潜移默化地引导着团队。如果你偏好的是一个负能量的、搞裙带关系的人，那么团队同样会被引导得乌烟瘴气。比如，我之所以对小王产生偏好行为，是因为小王帮我解决了小孩上学的问题。那么我相信，第二天一定会有个人敲开我的办公室门问我，领导你还有没有小孩？这就是"管理者偏好"的力量，善用它，"润物细无声"。

最后，涉及激励的创新，还涉及管理与协同的问题：组织里的每一个人都有"进取心"和"敬畏心"，我们可以通过"管理者承诺"

与"价值交换系统"来从管理与协同角度打造组织的动力；而HR从业者则需要有效地和业务协同，以获取推动力，确保人才战略的有效实施。

✓ 关联阅读章节：

第十章"组织激活：七大引擎与留人的奥秘（激励与保留）"

✓ 延伸阅读书目：

《赫茨伯格的双因素理论》，[美]弗雷德里克·赫茨伯格等著，张湛译，中国人民大学出版社出版。

典型问题8. 人才梯队建设问题
表现：梯队建设没有前瞻性，或"选无所用"，造成资源浪费

✓ 对应建议：

人才梯队建设的目的是打造组织持续发展的未来。我们在第八章"人才梯队：人才梯队建设的入库、在库与出库"里提到了人才梯队建设的"养猪论"，形象化地比喻了人才梯队建设的三个步骤：入库、在库和出库。为了确保其成功，在入库时一定要关注比例与标准，在库培养时要采取"训战结合"的方式、打造管理者的人才培养触点，在出库时要确保人才的使用、打通发展路径。

在最后的风险角度，下面我在第九章的基础上补充"后备人才建设的五大陷阱"以及对应的建议，如表11-2所示，希望对大家规避人才梯队建设的风险带来一些提示。

表 11-2　后备人才建设的五大陷阱

五大陷阱	具体建议	难度系数
选无所用	进入后备人才库的人员，应当优先使用（先向内看）	中
非持续性	各单位后备人才选拔工作持续进行，人才梯队不断档（持续性）	低
孤立培养	各职能、业务单元必须作为培养基地，共同实施培训工作（协同）	中
孤立使用	推荐单位（派出单位）优先选用，但若推荐单位因业务发生变化等原因未予任用的，总部可帮助推荐任用（打通内部人才交流关节）	高
培养偏科	要同步培养专家型的技术人才和综合型的管理人才（双线并行）	低

✓ 关联阅读章节：

第八章"人才梯队：人才梯队建设的入库、在库与出库"

第九章"培养基地：人才战略中企业大学的定位与作用"

✓ 延伸阅读书目：

《领导梯队》，[美]拉姆·查兰等著，徐中等译，机械工业出版社出版。

典型问题 9. 薪酬的公平与平衡问题
表现：极致追求薪酬内外部公平，忽略了财务能力与平衡性

✓ 对应建议：

薪酬属于员工收入的一部分，也是激励机制的要素之一。很

多企业不断地进行薪酬的外部对标与内部平衡,希望能够就此解决公平与平衡的问题。但就像我们在第三章"人才供应链:围绕'招培借留'打造组织的人才供应链"里所讲到的:薪酬吸引人的理论有个巨大的悖论,就是企业自身的财务偿付能力。因此,在吸引人的角度,当下可见的稳定性薪酬固然重要,但未来可期的变动性收入则是组织薪酬建设的一大方向——换句话说,是在工资基础上的员工收入体系建设。提到这里,我们不再谈精神上的激励,单就员工的物质激励补充两个关注点。

第一,关注物质激励的三种类别。 很多企业都遇到过一个"两难"现象:如果不用高薪从外面挖人,人才不来;如果使用高薪从外面挖人,老人不干。这个现象是一个典型的物质激励的平衡性问题,让我们先把精神激励放到一边,在只谈物质激励的基础上,我将物质激励切分为三种类别(表11-3)。

表11-3 物质激励的三种类别

收入(income)	要素内涵	要素特征	要素举例
1. 工资(salary)	保障性要素	好上不好下、人工成本	劳动合同签署项、工时/计件等
2. 福利	创造性要素	比较优势、创意设计	班车、食堂、团建、进修等
3. 激励(狭义,不含精神激励)	运营性要素	分享意识、短中长期	年终奖励、股权激励、事业合伙人、项目跟投等

在这三个类别里,工资(salary)只是其中三分之一,而比工资更为广阔的物质收益的总和,我们称为收入(income)。很多时

候，外部人才的高薪，是组织无法改变的现状——也许对方企业本身起薪就高，你改变不了。如果你为了让这个人进来，将同一级别人员的工资都调高，那么就会大幅增加企业的人工成本；而如果这个人不进来，组织又缺少这项专业能力，你还得招他进来（我们之前说过，招聘是购买人才能力的行为）。这个问题表面看是个两难的问题，实际上是两个问题：

问题1. 外面人才要不要进来？

问题2. 进来后老人觉得不公平怎么办？

如果第一个问题回答"是"，而且"非他莫属"，那么我们集中火力解决第二个问题：老员工觉得不公平的问题。建议方法就是，解决老员工在意的"公平性"问题。

我们看看如下的思考逻辑：如果我们将表中的"收入"和"工资"比较，就会发现收入里面还多了"福利"与"激励（狭义）"部分。在这三个部分里，工资是个保障性要素，它是维稳的，也是最容易被人看到、比较的；而福利和激励则是创造性和运营性要素，都是变动性的，没有一家公司可以明确地把福利或激励的数额写进劳动合同里。因此，管理者可以根据公司运营情况变化来创造性地设计针对老员工特有的福利或激励，使这两部分的收益加上工资，能够和外面"打平"或是"超过"，从而解决其在意的"公平性"问题。

比如，A公司有一项股权激励计划，凡工作满2年的老员工年底享有股权分红，而新来的员工没有；此时虽然新人工资比老人高，但老人的工资再加上年底的股权分红，将会追平或超过新员工，这就达到了一种动态的平衡。B公司推出了一项外部进修计划，工作满2年的老员工享受外部学费报销，但新来的员工没有。C公司推出一个事业合伙人计划，工作满2年的老员工可以在公司内部平台创业，公司提供团队与创业基金，而新来的员工则没有这部分激励。总体来说，我们要做的，就是使杠杆的一头是"income"，另一头是"salary"，从而通过灵活可变的物质激励部分（福利、激励）来调节内外的公平性问题。

当然，针对上面这个内外差异的问题，有的企业会从其他角度去解决。比如，和这个"不可或缺"的外部人才建立外部合作关系（工作外包），或聘请他成为专家顾问，或采取项目制用工等。这些方法也很灵活，但不属于物质激励的设计范畴，我们这里就点到为止。

第二，加薪是会上瘾的。我经常听到有管理者讲这句话：如果能给小王加薪，小王就不会走。这句话是真的吗？接下来，就我经历过的场景做一个案例分析。

小王向他的部门领导发出请求，他在部门工作的这两年绩效还不错，想请领导帮忙加薪20%。该领导若强调公司薪酬制度，小王便说：最近有个猎头老给他打电话，希望他能够去另一家竞争对手公司，年薪正好可以加20%。于是这个难题就转移到了这位领导身上，他要不要想办法给小王加薪呢？让我们来看两种场景。

场景1. 鉴于小王是个不可替代型人才，部门领导专门找大领导特批，给小王加了薪，希望小王稳定下来、好好干。结果过了半年多，小王又来找直接领导，希望再加薪10%，这次领导不干了，而且忍不住发了火。小王在确认部门领导已经无法再提高他薪酬的时候，选择了离职，而且告诉下一家公司，他现在的薪酬已经比半年前高了20%，希望对方能够给到比上次谈得更高的薪酬。

在这个场景里，小王顺利地完成了一次"薪酬的套现行为"。部门领导通过特批给他在第二年加了薪，也就意味着他第一次"套现"成功；但如果无法在第三年继续加薪，他就可以换一个地方继续"套现"。换句话说，一个没有忠诚度的员工，就是没有忠诚度；你用薪酬作为筹码，无非只是强化了这种"不忠"而已，该走的还是会走。

场景2.假设小王是个很忠诚的人，不会发生"薪酬的套现行为"。在第二年经由领导特批加过薪之后，第三年没有再提。但部门不光是小王一个人，过了几天，老刘找到这位部门领导，他听说小王做了两年给特批加了薪，那么他做了三年，更应该加薪。如果领导没办法又特批一次，那么再过几天，"做了四年的老张""做了五年的老李"都会过来找他，因为"会哭的孩子有奶吃"。这下，组织就更难平衡了。

形象地说，加薪就像抽大烟，是会上瘾的。单纯加薪并不能留住人，管理者要通过多样性的激励手段（薪酬、福利、激励；物质、精神；人才绑定等）来推动人、保留人。这一点，在第十章"组织激活：七大引擎与留人的奥秘（激励与保留）"里已有详述。有没有忠诚度和加薪之间不能建立起必然联系。忠诚度的建设需要时间，需要情怀，需要制度，而不是靠简单的工资高低——忠诚度＝情怀 × 制度。

✓ 关联阅读章节：

第三章"人才供应链：围绕'招培借留'打造组织的人才供应链"

第十章"组织激活：七大引擎与留人的奥秘（激励与保留）"

✓ 延伸阅读书目：

《薪酬的真相》，蔡巍、姜定维、水藏玺著，中华工商联合出版社出版。

> **典型问题 10. 短期绩效与长期发展问题**
> 表现：只注重短期人才的产出，不注重长期人才的发展

✓ 对应建议：

有的企业提出：招就要招拿来就用的人。有的企业提出：如果能从市场上买到合适的人才，就不要培养人。这种现状的出现，一方面和企业"急功近利"有关，希望减少人才的摸索时间，尽快上手；另一方面又和人才流动率过高，企业的人才绑定策略薄弱有关。"急功近利"式地使用人才，可以在短时间之内尽可能地让人才发挥效果，但不利于企业长期发展下的人才梯队。而面对流动率过高的问题，企业无法改变来自市场的影响，但可以自身做好绑定策略。

从"急功近利"角度来看，我们在第四章"人才标准：为组织人才画像，规避组织评价的风险"里提到了一个现象：某企业招来一个"带资源进组"的员工，在很短的时间里帮企业搞定了

甲方对于规划审批的问题，然后这名员工又在很短的时间内离开了公司。从某种意义上来说，这确实符合人才战略中的"动机理论"：不管黑猫白猫，捉到老鼠就是好猫，只要能够搞定当下的问题，就不用管人才能待多久。在企业创业之初或遇到极大危险的时候，救火型人才如同"神兵天降"，当然有助于解决问题、渡过难关；但难关过后，还是需要忠诚度高、稳定度强的人才梯队，这样才能沿着公司的战略发展，真正做强自身的组织能力。不然，出现一堆"薪酬套现者"的概率是很高的。因此，用人还是要长短期结合，短期解决救火问题，长期支撑组织未来。

从人才流动的角度来说，有人说低于2%是合理的，高于10%企业就危险了，这是一个教条式的观点。人才流动的结构分析非常重要，前后台不同部门、职级高低，都会有流动率的差异性。在很多行业，销售团队流动率超过60%的比比皆是；但这个数据如果放到中层干部以上人群，那就很可怕了。如果60%流动率存在于新入职员工身上，证明新人融入有问题、文化建设不稳固；但如果此流动率出现在工作了3年以上的老员工身上，则大概率说明企业的发展及战略出了问题。我们在第十章"组织激活：七大引擎与留人的奥秘（激励与保留）"里提到了一系列人才绑定的手段，从中长期的激励到姻亲关系、外部进修等绑定策略，再结合多元化的激励手段，从组织内控角度有效控制人才流动。只有人才稳定了，长期发展才能成为可能，才能真正解决一些老板烦恼的"为什么要培养人，反正人都会走的"这一问题。

当然，如果人才短期能力很强，但长期看价值观不匹配，就涉及我们前面提到的"德不配位"的问题,我们已经分析得出"能力强、品德差,限制使用"的具体策略。如果真的遇到救火式的场景,而这类人才掌握了关键技术,那么还是以先解决问题为主,但此行为相当于"饮鸩止渴",短期可以,长期就得"服下解药",找到真正价值观匹配的人才、培养出自己的"关键人才",才能真正确保企业的长期发展。

最后,要想使人才能够快速产出,还涉及"组织赋能:全方位提升组织的作战能力"一章里提到的标准化建设、"员工能力提升的铁三角"问题,这是从制度支撑和能力打造上让人才能够尽快上手。

✓ 关联阅读章节:

第四章"人才标准:为组织人才画像,规避组织评价的风险"

第七章"组织赋能:全方位提升组织的作战能力"

第十章"组织激活:七大引擎与留人的奥秘(激励与保留)"

✓ 延伸阅读书目:

《组织能力的杨三角》,杨国安著,机械工业出版社出版。

典型问题 11. 知识与经验的流失问题
表现:企业走在"重复发明"的路上,经验成本过高

✓ 对应建议:

我们在"组织赋能:全方位提升组织的作战能力"一章中提到了关于"复盘"的基本思路,不同于总结的"回顾过去",复盘存在

的意义就是避免组织重复发明。我们以"修身、齐家、治国、平天下"的思路来选择要复盘的事宜，在组织内部定期通过会议复盘、线上交流、文字复盘的方式，建立复盘的意识与行为，有助于帮助大家随时整理经验、保留智慧。

除此之外，在"人才梯队：人才梯队建设的入库、在库与出库"一章里，我们提到了"在岗辅导"与"师带徒"的关键机制。在岗辅导是职业经理人将自身工作经验传递给下属的重要手段，以工作本身作为工具来锻炼下属，属于一种管理性辅导手段，日常可以碎片化、"借力打力"地进行；而师带徒则是管理者与老师傅都可以实施的行为，需要建立起长期机制，通过优秀人才的技能传递，使组织"作战能力均一"。这是建立学习型组织的重要抓手。

最后，在"培养基地：人才战略中企业大学的定位与作用"一章里，我们提到了企业大学对于智库和岗位经验整理的作用，企业大学是组织经验梳理的重要基地，可以组织岗位经验萃取的活动，也可以在组织内部推动复盘机制，还可以帮助组织推动及编写案例手册，避免出现"人走茶凉"的情况。

✓ 关联阅读章节：

第七章"组织赋能：全方位提升组织的作战能力"

第八章"人才梯队：人才梯队建设的入库、在库与出库"

第九章"培养基地：人才战略中企业大学的定位与作用"

✓ 延伸阅读书目：

《学习型组织行动纲领》，［美］戴维·加尔文著，邱昭良译，机械工业出版社出版。

> **典型问题 12. 人才评价问题**
> 表现：缺乏有效人才评价工具，管理团队一言堂，产生劣性评价

✓ 对应建议：

在"人才标准：为组织人才画像，规避组织评价的风险"一章里我们详细探讨了四个价值方向（使用前与使用后、能力与学历、过去与未来、主观与客观），并从通用素质、岗位职责、岗位胜任要素角度分析了从"描述"角度建立人才标准的方式，还从"描绘"角度提到了人才画像的思路。这些内容便于企业管理者找到人才评价的标准，精准选人、用人。而在最后，我们提到了劣性评价的问题以及对应三个角度的解决建议。

在"人才梯队：人才梯队建设的入库、在库与出库"一章，我们提到"人才的入库在于标准"，重点看"能力"和"潜力"，通过多维评价、建立"后备干部考核委员会"的方式来规避可能的"一言堂"现象；而在"人才盘点（IEA）：人才战略中的大数据思维及应用"一章里，我们也提到了在盘点过程中需要关注人才的"过去、现在、将来"，以及对高潜人才的标准和潜力判断的"三高模型"。对上述工具应根据"丰俭由人"的原则进行使用，既要关注专业工具，也要关注管理层的"管理动机"，还要避免劣性评价的风险产生，推动组织内部"简单、坦诚、阳光"的沟通文化。

✓ 关联阅读章节：

第四章"人才标准：为组织人才画像，规避组织评价的风险"

第五章"人才盘点（IEA）：人才战略中的大数据思维及应用"

第八章"人才梯队：人才梯队建设的入库、在库与出库"

✓ 延伸阅读书目：

《现在，发现你的优势》，[美]马库斯·白金汉、[美]唐纳德·克利夫顿著，方晓光译，中国青年出版社出版。

双P模型：人力资源工作新起点

在本书正文结束之前，我从人力资源工作起点的角度提出一个"双P模型"，为人力资源从业者做一个工作思维的补充提示。

第一个P：Platform（平台），是人力资源团队的工作重心。在人才战略的各项工作过程中，应将系统与平台工作做好。比如，建立招聘的标准流程、绩效指标制定的原则、内部讲师管理办法等，让各项人才战略工作有明确的标准化及实施流程，做到"有法可依、有法必依"。

第二个P：Player（选手），是业务单元在人才战略中的工作重心。业务管理者要成为选手，充分参与到人才战略的实施过程中来。比如，提出招聘要求并亲自参与面试环节、制定本部门的绩效指标并实施绩效辅导、成为内部讲师并培养下属等。而管理团队级成员更是人才战略的决策者，作为"选手"，活跃度应该是最高的。

表 11-4　双 P 模型

关键步骤（4个）	操作逻辑	Player（选手）	Platform（平台）
1. T——思考你的业务	业务战略	制定并宣贯业务战略	建立业务战略的宣贯机制
2. T——定义你的人才	人才标准	提出明确的人才标准	根据标准建立人才体系
	人才盘点	对本业务单元进行盘点	建立人才盘点的制度流程
3. S——打造你的人才	招培借留	根据自身业务需要亲自实施招培借留行为	建立招培借留的一系列流程及必要工具
4. C——激活你的人才	激活组织	提出本组织的文化、绩效及激励要求，并推动践行	建立文化宣贯、绩效管理、组织激励的各项制度流程

人力资源工作最大的悲哀，就是既做了平台又做了选手。比如，自己定下招聘流程，又自己一个人全程做招聘；自己定下各部门的绩效指标，又自己为各部门员工进行绩效考核；自己定下内部讲师管理办法，又主要由自己去讲课，业务团队不愿意动。如果是以这样的方式来实施人才战略的话：第一，HR 迟早累死；第二，这个组织的人力资源体系离崩溃也不远了——HR 的"黯然退场"，也就是迟早的事。

而业务单元在人才战略中最大的困惑，是既做了选手，又要自己去做系统或平台。比如，他知道要为本部门建立考核指标，也认同这个考核指标代表他对员工的管理意志，但问题是他不知道按照什么方法去建立。这个时候，人力资源就应该为业务单元赋能，一方面建立或引进对应的系统和平台，打造对应的工具、流程；另一方面主动出击去了解和解决大家在推行人才战略时涉及的一些人才管理专业上的问题。不然，业务单元知道要做，但不知道怎么做，人才战略也不可能成功——选手最大的痛苦就是不了解规则，平台最大的痛苦就是选手不愿意动起来。

除此之外，还要关注两个点。

第一，双向赋能：业务团队与人力资源要学会双向赋能。业务团队要让人力资源更了解业务，如创造轮岗机会、让人力资源有机会参与一些业务环节，这个赋能叫作业务赋能；而人力资源需要让业务团队更了解人才管理，为业务团队传递必要的工具与培训，这个赋能叫作人才赋能。

第二，视角转换：人力资源工作最大的出发点，就是把自己的工作变成别人的工作。和业务团队协同任何人才工作的时候，需要充分思考这项工作对对方的益处，从对方视角入手，而不是以"管控方""要求方"的角度入手。比如，需要业务管理者提出部门绩效指标的目的，是让大家都了解管理者的管理要求，提升一线团队的执行力，更好地帮助部门完成业绩。如果动辄开口就是"为了完成公司的绩效考核工作，人力资源需要你提交部门的绩效指标"，这样的"要求"，就很容易带来"甩锅"的行为和两个团队之间的矛盾。还有很多日常的人才管理工作细节，建议人力团队都从"无利不起早"的角度思考：如何让对方认为这项工作是他的工作而不是你的工作，你是为了配合、帮助他而不是要求他——这是未来工作最大的出发点。

最后，人力资源一定要和管理团队的意志吻合，既善于了解管理团队的想法，又善于有效借力，千万不要单打独斗，这是成为"王者之师"的必要条件。而管理者永远不要忘记，自己是人才战略的天花板，左手战略、右手人才，双向并行、不可偏废。

最后的最后，我重复第二章开头的这个公式：

人才战略的成功 = 规划及实施人才战略的专业性 × 管理者承诺

后　记

　　写作这本书的时间跨度是 2018 年下半年到 2020 年上半年，这期间我正好完整地经历了由企业高管到自由学者的身份变化。2 年时间里，边写书、游学，边和不同类型的企业交流，同时受邀担任了几家公司的董事长特别顾问。在云端思考，在不同的企业场景里落地，更深入地实践过去近 20 年在企业当中的一系列人才战略、组织管理洞察。

　　人行走的半径决定了人的视野。1 年前我去以色列游学，当我在夕阳下端坐在约旦河岸边，拿着一块当地人分发的免费烙饼，和一个皮肤黝黑的小男孩在一起啃着饼，彼此仅用笑容交流就能很开心的时候，我才真正地理解了什么叫"最伟大的语言是内心的交融"。读这本书的所有读者，希望我也能有机会和你们从内心去碰撞、交融。

　　感谢中国法制出版社的潘主任，感谢我的老友贺清君先生，当我还是一位职业经理人的时候，是你们鼓励我乐于分享，将管理经验转化为可以留下的文字。感谢北京大学、清华大学、中山大学、武汉大学、深圳市经理进修学院、香港光华管理学院等国内优秀的商学院平台，教学相长，是你们优秀的平台，让我的所有观点能够在大量企业老板、职业经理人的实践中得以发光发热。

　　当然，限于篇幅，这本书还有两个小小的遗憾。其一，是对于"蓝天之上"这股力量的深入分析不足，在如何有效调用"管理者承诺"这个工具方面，本书所用篇幅不多。管理是有交易成本的，我们如何有效调用这种"交易成本"，在组织内部借力，达到"左右逢源"的目的，更好地推动人才战略落地，这就涉及"组织动能"的建设。在这本书里我们重点分析的是人才与战略之间的承接关系，而下一本书，或许我们可以更深入地探讨人才与组织之间的互动关系——在打造强大组织能力的同时，建构更为有力的组织动能。

其二，是当下疫情对市场环境、组织能力带来的新挑战。计划赶不上变化，当不少企业在2019年年末根据市场制定出了明确的2020年战略，确定了更高的业务指标的时候，一场突如其来的疫情改变了企业面对的外部环境，进而深刻影响了我们的战略和竞争格局，对组织能力提出了新的挑战。VUCA，这个20世纪90年代源于军事的用语，将会在未来更为深刻地映照在每一个组织的关键能力上。我们如何看待人力资本的问题？如何看待减员增效、减薪增效的问题？如何看待人才共享、人才绑定这类"伪新事物"？如何从企业文化、绩效导向、在线赋能、空降兵建设、数字化与新生代等新角度打造面向未来不确定情况的组织能力？

起心动念。也许，下一本书，我们可以重点讨论在这类变化下面临的挑战，以及组织动能的建设问题，让我们更加动静结合地看待人才战略。毕竟，再好的市场环境下，也有倒闭的企业；再不好的市场环境下，也有活得很好的公司。

为热爱而生活的生命是美好的。

我喜欢跑步，跑了7年的马拉松。感谢多年前一位叫李金桂的跑友带我从泰山马拉松开始跑进跑者的世界。有人跟我说："何老师，日常的训练有时坚持起来很痛苦。"实际上我们不应该提"坚持"这个词，比坚持更伟大的力量，就是爱。试想，一个男人回到家里，被他的老婆问："老公，你还爱我吗？"若他回答："坚持就是胜利"，我估计他老婆一巴掌就拍上来了。他最简单有力的回答，就是一个字："爱。"热爱是一种比坚持更伟大的力量。

　　让我们聚焦着生活，让我们热爱着活下去。

何欣
2020年5月深夜，于深圳家中

图书在版编目 (CIP) 数据

人才战略：人才战略规划、梯队、盘点及激活之道 / 何欣著．
—北京：中国法制出版社，2020.8
ISBN 978-7-5216-1056-7

Ⅰ．①人… Ⅱ．①何… Ⅲ．①人才－发展战略－研究 Ⅳ．① C964.2

中国版本图书馆 CIP 数据核字（2020）第 083459 号

策划编辑：潘孝莉
责任编辑：马春芳　　　　　　　　　　　　封面设计：汪要军

人才战略：人才战略规划、梯队、盘点及激活之道
RENCAI ZHANLUE: RENCAI ZHANLUE GUIHUA、TIDUI、PANDIAN JI JIHUO ZHI DAO

著者 / 何　欣
经销 / 新华书店
印刷 / 三河市紫恒印装有限公司
开本 / 880 毫米 ×1230 毫米　32 开　　　　印张 / 10.75　字数 / 221 千
版次 / 2020 年 8 月第 1 版　　　　　　　　2020 年 8 月第 1 次印刷

中国法制出版社出版
书号 ISBN 978-7-5216-1056-7　　　　　　　　　　定价：69.00 元

北京西单横二条 2 号　邮政编码 100031　　　传真：010-66031119
网址：http://www.zgfzs.com　　　　　　　　编辑部电话：010-66073673
市场营销部电话：010-66033393　　　　　　邮购部电话：010-66033288
（如有印装质量问题，请与本社印务部联系调换。电话：010-66032926）